U0573568

家庭教育能力提升

韩　珍◎著

线装书局

图书在版编目（CIP）数据

家庭教育能力提升 / 韩珍著. -- 北京 ：线装书局,
2023.8
　　ISBN 978-7-5120-5642-8

　　Ⅰ. ①家… Ⅱ. ①韩… Ⅲ. ①家庭教育－研究 Ⅳ.
① G78

中国国家版本馆CIP数据核字(2023)第162979号

家庭教育能力提升
JIATING JIAOYU NENGLI TISHENG

作　　者：韩　珍
责任编辑：白　晨
出版发行：线裝書局
　　　　　地　　址：北京市丰台区方庄日月天地大厦 B 座 17 层（100078）
　　　　　电　　话：010-58077126（发行部）010-58076938（总编室）
　　　　　网　　址：www.zgxzsj.com
经　　销：新华书店
印　　制：三河市腾飞印务有限公司
开　　本：787mm×1092mm　　　　1/16
印　　张：12
字　　数：290 千字
印　　次：2024 年 7 月第 1 版第 1 次印刷

定　　价：68.00 元

线装书局官方微信

前　言

我们中华民族在长期的家庭教育实践中，总结、积累了非常丰富的教育子女的经验，已经形成了重视家庭教育的优良传统。我国发展市场经济以来，人们从社会发展趋势上看到，在竞争日趋激烈的社会生活中，要使子女将来能够立足于社会，在事业上有所作为，有所成就，除了让子女接受良好的学校教育、社会教育以外，还必须要高度重视家庭教育，充分发挥家庭教育的职能作用。在许多家庭里，做父母的都把子女教育作为家里的头等大事来对待。一个崭新的蓬勃发展的社会主义家庭教育局面，正在我国形成。

繁荣的家庭教育实践，给家庭教育的理论研究提出了迫切要求；丰富的家庭教育实践经验，给家庭教育的理论研究提供了坚实的实践基础。然而，我们的家庭教育理论研究，还远远不能适应迅速发展的家庭教育实践的需要。恩格斯说过："社会一旦有技术上的需要，则这种需要就会比十所大学更能把科学推向前进！"

几乎所有家长都知道好习惯对孩子的成长有多重要，但自身具备好习惯的家长比想象的要少，能够真正理解好习惯是怎么通过行为内化为态度并且施加正确引导的，又更少。我们在《学习管理与家庭教育》中提出了学习管理的理念。从普遍存在的家长对习惯的曲解开始，介绍以学习者为中心的学习管理。孩子们的学习首先是个人的、家庭，内部的，然后是学校的、社会的。作为成年人，家长有义务、有必要帮助孩子实施学习管理。学习管理不仅是向内的对自我的管理，还包括对外部的社会资源的运用与整合。所以，它是一个家庭成员共同参与的家庭管理。

树立以学习者本，人为中心的学习管理理念，学校学习机会和社会学习机会都是需要去管理的学习资源，家庭学习已然成为家庭生活中重要的部分。不论有意无意，从心智发展和个人认知角度来理解，学习时刻在发生。同时，我们必须高度重视今天每一个人都不能脱离互联网的现实，互联网场景下的学习管理，变成一件很重要又很棘手的事情。这一分册的第三章专门介绍这一方面的趋势、现状和管理探索。

《家庭教育能力提升》着重介绍隐含在家庭人际关系中的结构性应力关系（系统动力）是怎样影响了孩子的成长，家庭教育需要如何应对和驾驭这种无形而强大的力量。

今天多元化的家庭和家庭中丰富的迭代关系，为家庭教育带来了更多不确定性。父母离异到底会对家庭教育产生什么样的影响？为什么同样是父母离异，有的孩子发展得很好，有的孩子发展得很糟糕？我们在这一分册中用一个独立的小节，对父母离异的孩子进行比较充分的解读并给出家庭教育建议。诸如服刑人员和吸毒者的家庭、留守儿童家庭等面临一些特殊家庭关系的情况，孩子们及其家庭可能更需要家庭教育指导者的帮助，我们用了一个小节进行专门的讨论。

城市化发展，已经使得以往的家族支持系统发生重大变化，尤其在家庭教养方面变得更加小家庭化，更加需要寻求社会支持。社会公共服务是否做好了这方面的教育支持，目前做得怎么样，公众需求在哪里，未来会怎么样？这些问题，我们放在本丛书的《社会发展与家庭教育》中进行探究。

由于千百年的中国文化根基，家庭需要并且已经习惯于族群社会支持体系。中国社会已经发展到知识经济时代，这种传统模式依然存在；但是也必须看到随着城市化发展，家庭小型化促使家庭开始寻求基于公共服务的社会支持，或者社交型社会支持。家庭的这种社群关系影响着家庭本身的成长，同时也影响着家庭成员的成长。今天，全社会都在提倡社会工作，社会工作体系中有家庭社会工作，也有学校社会工作，还有青少年社会工作和儿童社会工作的划分。这些社会公共服务目前处于什么样的发展水平，与学校教育、家庭教育具有怎样的关联，如何运用和促进社会工作进而促进家庭教育的指导？这些都是我们要深入探讨的领域。

绝大部分家长和专业工作者，都会把家庭教育指导与心理学联系起来。心理学方面的服务体系目前建设得怎么样，家庭教育如何寻求心理学的支持，心理学如何为家庭教育保驾护航甚至提供更贴切的主动服务？这也是需要我们积极探索和回应的问题。

习近平总书记在 2021 年全国两会上强调："无论学校教育还是家庭教育，都不能过于注重分数；分数是一时之得，要从一生的成长目标来看。如果最后没有形成健康成熟的人格，那是不合格的。"让每一个孩子形成健康成熟的人格，是家庭教育的首要目标。它是一个过程性目标。如何让这个过程性目标与社会合拍，如何管理这个目标，是家庭成长中的重要命题。本丛书编写方案，尤其是内容体系的安排，我们两易其稿。其中关键的地方在于，实践中有效的方式方法，有些在传统理论中可能没有充分讨论，怎么办？

我们本着实事求是的基本态度，从实践出发，围绕服务好家庭教育，抓住事物主要矛盾，分析矛盾的主要方面，在矛盾的对立统一中发现解决问题的杠杆和路径，最终形成今天呈现在读者面前的家庭教育及其指导服务。我们相信这些内容，依然是实践经验和理论指导相结合的初步成果，它还有很多需要进一步探索和完善的地方。

本书能够在这个令人兴奋的时代大趋势中，勇敢地先行一步，抛砖引玉，为家庭教育及其指导工作尽绵薄之力，对此我深感荣幸。我代表全体编写人员，真诚希望各界人士提出宝贵的意见。

目　录

第一章 家庭教育在教育中的地位与作用

第一节 家庭教育及其特征

一、什么是家庭教育

什么是家庭教育？家庭教育是相对于学校教育而言的，其作为一个概念，在学术界有众多的定义和界说。如《教育大辞典》对"家庭教育"是这样解释的："家庭成员之间的相互教育，通常多指父母或其他年长者对儿女辈进行的教育。"《中国大百科全书·教育》对"家庭教育"是这样定义的："父母或其他年长者在家庭内自觉地、有意识地对子女进行的教育。"

关于家庭教育的定义，虽然有众多的说法，但都有一个共同特点，就是"父母或者长辈对子女进行教育"。简单地说，家庭教育就是父母或长辈这些在家庭中处于支撑地位的成员对子女或晚辈进行的教育。而本书所说的"家庭教育"是指父母或者其他法定监护人对孩子的教育。

二、家庭教育的特征

家庭教育，作为一种教育形式，有着鲜明的特征，主要体现在以下几个方面。

（一）教育活动的开展通常是在家庭的范围内

我们知道，学校教育活动的开展主要是在学校这个特定的场所内进行。正如学校教育一样，家庭教育活动的开展主要是在家庭这个特定的范围内。如在礼貌教育方面，我们通常主要是在家庭里教育孩子的：一是称呼方面，主要教育孩子在亲戚朋友来访时要问好和"打招呼"或表示"欢迎光临"之类；在离开时要祝愿和表示"欢迎再次光临"等。二是在行为方面，主要教育孩子在亲戚朋友来访时给他们端"茶"送"吃"，或者不要在大人聊天时吵闹，或者在吃饭时要文明用餐等。这些礼貌虽然在家庭之外也要教育，但更多的是在家庭内部已经多次进行，如每次临出门前的提醒与叮嘱或强调。

（二）家庭教育的实施者主要是父母

"父母是孩子的第一任老师。"家庭教育的实施者主要是父母或者是其中之一。大家耳熟能详的俗语"子不教，父之过"等就是有力的证明。

孩子自娘胎出来，特别是在孩子进入学校学习之前，接触最多的就是父母。例如，孩子的牙牙学语是在父母的教育下完成的，孩子的蹒跚学步是在父母的教育下开始的……也许有人会说，孩子接触最多的应该是保姆，这个说法不是没有道理，但把小孩的一切都交给保姆负责的毕竟是极少数，更多的时候是父母一有时间就带着小孩这里看看，那里走走，在这看看、走走中潜移默化地影响着孩子。

入学后的孩子，尽管开始或正在深受学校、社会（包括各种培训机构）的影响，但是有些家族或家庭的传统习俗、规矩、礼仪等常常是通过父母的教育来落实的。如关于亲戚朋友迎来送往的各种"礼数"，很多父母都会在日常特别是重要节日来临前或正式或非正式地向孩子有所"传授"，在与亲戚朋友交往中予以示范，让孩子在身边"观摩"，以后可以"有样学样"，并且"以前怎样做，以后就怎样做"。随着社会不断发展，父母不仅在传统礼仪礼节方面充当孩子的老师，而且在体育、美术、音乐等方面也充当孩子的老师。如喜欢篮球或者足球的父母特别是父亲，常常在孩子刚刚学会走路时就让其接触篮球或足球，提前培养兴趣；在孩子能够自由灵活跑动时就带其到运动场上教授各种技能。

（三）家庭教育的内容是多元且庞杂的

家庭教育要教育哪些内容？对于这个问题，不同的家庭应该会有不同的回答：有的家庭会说应该是习惯与性格方面，"性格决定命运""习惯形成性格""少成若天性，习惯成自然"，司马光的《家范》、颜之推的《颜氏家训》、班昭的《女诫》就是这方面的代表；有的家庭会说是思想道德品质方面，"言必信，行必果""诚信是教育的根本""勤俭方能持家"，妇孺皆知的出自《韩非子》的"曾子杀猪"的掌故就是这方面的典型；有的家庭会说是技能方面，"学好百艺好防身""多一门手艺，多一条路"，现在各种艺术培训机构门庭若市，很多家庭的孩子周六周日忙碌奔波于各个培训机构就是对此很好的注释；有的家庭会说，习惯、性格、道德以及技能都需要，如香港"超人"李嘉诚，早年让儿子李泽楷到国外留学，学习技能，学成归来就到长实集团从底层做起，就是从技能到思想等多方面进行教育。

关于家庭教育的内容，这些说法哪个正确？大家都有理，都是正确的；这些说法哪个有误？大家都有误，都不够全面。基于这种情况，家庭教育的内容应该很难有一个全面规范的答案，只能这样说，家庭教育的内容是"多元且庞杂的"。哪怕某个权威机构经过反复研究、科学论证归纳出大家公认的家庭教育的"子丑寅卯"，但是在实际实施上也很难完全满足各个家庭的需求，因为有的家庭在某方面是具备的，其他方面是有所缺失或是薄弱的，自然就会针对缺失或薄弱的地方努力加强。

（四）家庭教育的开展是随意性很强的

家庭教育"先教什么，后教什么，怎么教"等不像学校或者培训机构那样有科学的规划——"谁先谁后"，井然有序，一目了然；也不像学校或培训机构那样有科学的方法——"怎么教"的方式、方法不仅一应俱全，而且行之有效。家庭教育的开展通常是自然随意的，更多的时候是基于家庭（家族）传统或者基于家庭（家族）的主要法定监护人，即父母（负责人）的某种想法或要求等开展的。例如，南北朝时期的颜氏家族应该是按照颜之推的《颜氏家训》的有关要求和做法开展家庭教育的；清朝名臣曾国藩的家族应该是按照《曾国藩家书》里面述及的有关做法开展家庭教育的；现代著名儿童文学作家郑渊洁的家庭则强调发挥家长的榜样作用，整个大家庭的成年人都应该为晚辈做好榜样，郑渊洁在中央电视台《朗读者》栏目上说："我们家有个规定，任何人不能当着孩子面看手机。"现实中像颜之推、曾国藩、郑渊洁等那样有条不紊地开展家庭教育的毕竟是极少数，能够坚持到底的则是极少数中的极少数，大多数都是"即兴"的，具有很强的随意性。有的是因为翻到某本书介绍家庭教育是这样开展的，就"这样开展"；有的是因为听到某个广播节目介绍家庭教育是那样开展的，就"那样开展"；也有的是因为参加了某个家庭教育的讲座，参照其中的方法开展家庭教育；还有的在某个时候家庭教育侧重于这个方面，在某个时候却侧重于另一个方面，而且这种侧重常受父母的认识变化而产生相应的变化。

（五）家庭教育的方法是无法统一的

学校教育需要讲究方法，家庭教育也不例外。"教学有法，但教无定法"，这是学校教育中众所周知的认识，它是由教育的实际情况所决定的：教育对象不同，选择的教育方法就会不同；教育对象相同，教育实施者不同，选择的教育方法也就会不同；教育对象相同，教育实施者相同，实施的环境不同，选择的教育方法也就会不同。"时移世易，变法宜矣"，教育的各种因素是相互联系的，一个因素改变，其他因素也会随之发生改变，只是改变的情况各有不同。在家庭教育方面也一样，如果处于家庭核心地位的父母的想法不一样，家庭教育所运用的方法就有可能不一样；父母的想法一样，但孩子的情况不尽相同，家庭教育所采取的方法可能也不尽相同。如主张"棍棒底下出孝子""严师出高徒"的父母很可能选择严厉的教育方法，认同"人能改变环境，环境也能影响人"的父母很可能选择潜移默化的教育方法，接纳"严爱结合"教育理念的父母有可能选择刚柔并济的教育方法。每个家庭需要孩子发展的方向不相同，每个家庭的孩子存在的不足不相同，这都会导致家庭教育所采取的教育方法不尽相同。

（六）家庭教育的主要实施者角色多样化

家庭教育的主要实施者当然是居于家庭核心地位的父母，以往父母就是父母，与孩子形成的是长幼关系，但随着社会的发展、观念的改变，父母除了父母的角色，还会逐渐形成不同的角色。有的父母为了更好地指导孩子健康成长或更好地监督孩子完成培训任务，让孩子参加某种培训，而他们其中之一也参加某种培训，形成一种"同学或陪练关系"；有的父母为了更好地发挥他们的教育影响力，主动跟孩子"交朋友"，形成一种"朋友关系"；有的父母因为醉心于各种"新潮"的管理理念和模式，会清晰地界定他们与孩子之间是管理者与被管理者的关系；还有的父母本身就是在某个方面或某个领域中的资深人士或专业高手，而孩子恰恰是他们某一方的教育对象或孩子某方面的薄弱环节是父母所擅长的，这又形成了"师生关系"。

第二节　家庭教育的地位与作用

家庭教育与学校教育、社会教育都是教育体系的重要组成部分，在帮助孩子健康成长、促进社会发展方面具有十分重要的地位与作用。

一、家庭教育的地位

中国的家庭教育源远流长、历史悠久，家庭教育在我们国家历来得到高度的重视，具有较高的地位。"在中国古代，由于生产力水平比较低下，学校的范围及规模都比较小，家庭教育的地位尤为突出"；"家庭教育受到古人的特别关注与重视，成为人们道德生活及社会精神文化教育的重要基地"。对此，我们可以从那些流传至今、为人所称道的家庭教育故事，脍炙人口的家庭教育名言以及妇孺皆知的家训中看出端倪。如"孟母三迁""曾子杀猪""欧阳修教子"等故事能够流传千古，从某种程度上反映了历代都十分重视家庭教育，正因为重视家庭教育，这些感人的家庭教育故事才得以代代相传、经久不衰。又如"育善在家，发智在师"就清晰地告诉我们，家庭教育（家）和学校教育（师）各有分工，分别是"育善"

与"发智",两者不能偏颇,足见家庭教育地位之重要。再如《曾文正公家书全集》是清末曾国藩教子的书信集,其中的书信充分显示了曾国藩虽然位列公卿、拜相封侯,但丝毫没有忽略家庭教育。正是十分注重家庭教育,曾氏子孙几乎人人成才,其中长子曾纪泽成为中国近代杰出的外交官,协助李鸿章建立北洋海军,次子曾纪鸿成为较有建树的教学家。

古代历来重视家庭教育,现代继续重视家庭教育并有很大的发展。古代重视家庭教育是从那些经久不衰、街知巷闻的家庭教育故事、家庭教育名言以及众多不同朝代的家训体现出来的,而现代重视家庭教育则更多的是从法律法规的陆续出台、不断完善体现出来的。如1995年制定的《中华人民共和国教育法》第50条规定:"未成年人的父母或者其他监护人应当配合学校及其他教育机构,对其未成年子女或者其他被监护人进行教育。学校、教师可以对学生家长提供家庭教育指导。"2012年修订的《中华人民共和国未成年人保护法》第12条规定:"父母或者其他监护人应当学习家庭教育知识,正确履行监护职责,抚养教育未成年人。有关国家机关和社会组织应当为未成年人的父母或者其他监护人提供家庭教育指导。"

"家庭教育"出现在法律法规中,足见家庭教育在社会中的地位——不是像古代社会那样各个家庭根据自身需要而决定是否开展家庭教育,而是具有强制性——法律规定要求有家庭教育,并且能从不同的地方获得相应的指导。

家庭教育在现代社会中获得高度重视,具有较高的地位,不仅体现在国家的法律法规中,也体现在国家各个层面的政府文件中。如1993年中共中央、国务院颁布的《中国教育改革和发展纲要》中强调:"全社会都要关心和保护青少年的健康成长,形成社会教育、家庭教育同学校教育密切结合的局面。"1999年中共中央、国务院《关于深化教育改革全面推进素质教育的决定》提出,实施素质教育"应当贯穿于学校教育、家庭教育和社会教育等各个方面"。2004年中共中央、国务院颁布《关于进一步加强和改进未成年人思想道德建设的若干意见》,专门在第五部分阐述"重视和发展家庭教育",提出"要把家庭教育与社会教育、学校教育紧密结合起来"。2010年中共中央、国务院印发的《国家中长期教育改革和发展规划纲要(2010—2020年)》在战略主题中提出:"把德育渗透于教育教学的各个环节,贯穿于学校教育、家庭教育和社会教育的各方面。"这些政府层面颁布的文件强调家庭教育、学校教育、社会教育三者要紧密结合起来,可以说在某种程度上已经将家庭教育提高至与学校教育、社会教育同等重要的地位。

我国高度重视家庭教育,国外也高度重视家庭教育,同样把家庭教育放在十分重要的地位。如苏联伟大教育家苏霍姆林斯基说道:"没有家庭教育的学校和没有学校教育的家庭教育都不可能完成培养人这一极其细致而复杂的任务。"家庭教育在教育人、培养人中的地位可见一斑。德国著名教育家福禄贝尔说过："国家的命运与其说是掌握在当权者手中，倒不如说是掌握在母亲手中。"福禄贝尔的观点间接说明家庭教育在培养人中居于十分重要的地位。

二、家庭教育的作用

关于家庭教育的作用，站在不同的角度，会有不同的说法，在这里，我们从孩子入学前与入学后这两个方面来说。

（一）孩子入学前的家庭教育的作用

1.家庭教育对孩子而言是"打底色"，对孩子的健康发展有着深刻的影响

家庭是孩子生活的第一个教育场所，是在孩子进入学校（包括托儿所、幼儿园）接受学校教育之前的主要活动场所。孩子进入学校前的所见、所闻、所感大多在这个场所里面完成，可以说，孩子一切的发展变化都与这个家庭密不可分。按照孟子"人之初，性本善"的说法，每一个孩子从娘胎出来时都是纯洁无瑕的，一切都是那么"原生态"，没有直接受到外部环境的影响。人生活在一定的环境里，或多或少会受到环境的影响。于是，我们的孩子自诞生到这个家庭开始就会受到这个家庭的影响，家庭教育是其中对孩子有深刻影响的一环。家庭教育作为孩子首次接触的教育，无论好与坏，都会对孩子产生深刻的影响，成为孩子这张"洁白无瑕"的白纸上的首次"底色"。如果是好的"底色"，我们可以在这个"底色"的基础上继续"增色"，往描绘精美画卷的方向努力前行；如果是不好的"底色"，我们唯有想办法、用力气把这个不好的"底色"铲除、洗净，然后再重新打上好的"底色"。即便我们花费了力气、耗费了时间，也不见得一定能"去色成功"。如果孩子因为不正确的家庭教育而形成不正确的价值观、人生观以及行为习惯等，要改正过来是非常艰难的，即使能艰难改正，也不敢保证不会"死灰复燃"。所以，家庭教育很关键，对于孩子来说是第一次"上色"，这些"色"就是孩子从呱呱坠地后，踏进家庭，睁开眼睛首次看世界，张开耳朵首次听世界所得到的各种外界信息：父母以及其他家庭成员的思想、言论、行动乃至家庭的氛围。这些"色"一经与孩子接触，就自然地在孩子身上留下痕迹，成为难以磨灭的印记，甚至终生难忘。因此，家庭教育对于孩子来说就起到"打底色"、定基调的重要作用。

2.家庭教育对学校教育而言是把"双刃剑"，对学校教育的顺利开展有着重要影响

对学校教育而言，孩子进入学校之前如果是白纸一张，既无图案，也无颜色，这样"洁白无瑕"的孩子更容易按照学校教育的要求去发展，学校无论进行思想熏陶还是习惯培养，都不会有任何的干扰——事先先入为主的思想、习惯等干扰。但正如前面所说，这是不可能的，孩子从降临到人间的那一刹那开始，已经接受教育，有的是无意的、非正式的；有的是有意的、正式的。不管是有意、无意还是正式、非正式的教育，只要是教育，就对孩子有所影响，孩子就不是白纸，而是画满线条或图案的"彩纸"。如果纸上的线条或者图案都不是你所需要的，却让你在不能清除那些线条或图案的前提下在原纸上继续画画，你说容易吗？当然不容易。所以，入学前的家庭教育对于学校教育而言，有利也有弊。利者，如果进入学校之前的家庭教育的方向、内容、方式、方法等都与学校教育的要求比较接近甚至相同，这样的家庭教育对学校教育当然是有利的，家庭教育已经打下一定的基础，学校教育不必花很大力气就可以开展。弊者，如果进入学校之前的家庭教育的方向、内容、方式、方法等与学校教育的要求相去甚远，甚至"背道而驰"，这样的家庭教育对学校教育当然是有害的。如果以这些与学校教育"南辕北辙"的家庭教育为基础，那么学校教育这座大厦可能会有倾斜甚至坍塌的危险；如果不以这些与学校教育"迥乎不同"的家庭教育为基础，那么学校教育唯有先把这些不合要求的基础矫正过来或者干脆全部清除，"另起炉灶"。可见，孩子入学前的家庭教育有利有弊，无论是利还是弊，都对学校教育有着重要的影响。

（二）孩子入学后的家庭教育的作用

1.家庭教育对孩子而言是终身接受的教育，对孩子的成长有着深刻的影响

孩子进入学校后开始接受学校教育，家庭教育并没有退出教育孩子的行列；相反，它还在教育孩子这个舞台上进行着它的"表演"，只是由"舞台"正中挪到"舞台"的边沿甚至退居到"幕后"。因为尽管孩子进入学校接受学校教育，但还是有相当多的时间停留在家庭里。以小学教育为例，除去每周一至周五白天上课的时间，每天放学以后（傍晚与夜晚）和周六周日以及寒暑假孩子都是回到家庭里。在这些时间里，孩子与其父母以及其他成员同处一室，交往频繁，互动密切。有的家庭有着计划性很强的家庭教育，孩子回到家里是暂停接受学校教育，重新按照家庭计划接受家庭教育；有的家庭虽然没有计划性很强的家庭教育，但大多数家庭都有父母在与孩子相处的时候会或多或少地就社会热点问题、新近发生的重大事件等进行讨论的习惯，孩子回到家里是暂停学校教育，重新回到零星地接受家庭教育的阶段。无论哪种情况，孩子都是继续接受家庭教育，都是在接受家庭内部的正式与非正式、有计划与无计划的各种教育。

2.家庭教育对学校教育而言是教育路上的"同路人"，对学校教育的开展有着重要的影响

如前所述，家庭教育并没有因为孩子进入学校开始接受学校教育而停止，而

是一直与学校教育并驾齐驱，成为教育路上一起行走的"同路人"。那么，这个教育"同路人"对学校教育有着怎样的作用呢？如果家庭教育的理念、目标以及方式、方法等与学校教育的这方面要求比较接近，甚至一致，那么这样的家庭教育对学校教育来说就是"助推器"或者"润滑剂"，对学校教育的顺利开展起到促进作用，让孩子更好地茁壮成长、健康发展。如果家庭教育的理念、目标以及方式、方法等与学校教育的这方面要求相去甚远，乃至相反，那么这样的家庭教育对学校教育来说就是"干扰器"或者"障碍物"，对学校教育的顺利开展起到阻碍作用，不能让孩子更好地茁壮成长、健康发展。

第二章　家庭教育的目的与主要内容

家庭教育在孩子的成长、发展中有着如此重要的地位与作用，对学校教育有着如此重要的影响，那么，该如何正确地开展家庭教育呢？要正确地开展家庭教育，首先要清楚家庭教育的目的，了解家庭教育的主要内容。

第一节　家庭教育的目的

教育是有目的的，家庭教育作为教育中的一种，也是有目的的。家庭教育目的之问题就是家庭教育让孩子成为怎样的人的问题。"家庭教育的目的就是通过家庭教育活动和家庭教育的全过程要把受教育者培养成什么样的人。"家庭教育的目的即"要把受教育者培养成什么样的人"涉及谁的目的的问题：家长的、学校的，还是政府的？"要把受教育者培养成什么样的人"，家庭教育的实施者不同，结果就会有所不同；"要把受教育者培养成什么样的人"，影响的因素很多，有家长（家庭）的因素，有学校的因素，还有社会的因素。"要把受教育者培养成什么样的人"，就家长而言，相信每个家长都希望受教育者即自己的孩子出类拔萃，成为受人尊重、得到重用的人才。就家庭所处的时代、所在的社会而言，相信学校、社会都希望家庭教育能够与学校教育、社会教育方向一致、目的相同，齐心协力使受教育者成为符合社会发展需要、满足国家建设需求，能够予以重用的优秀人才。家庭是构成社会的最小单位，与社会有着紧密的联系，深受社会的影响，家庭教育是教育的重要组成部分，也与社会有着深厚的联系，所以家庭教育的目的也自然深受社会的影响。家长和学校、政府对于家庭教育的目的有相同的地方：把受教育者培养成身心健康、思想积极、道德高尚、习惯优秀、才艺出众的符合社会需要的人才，简单地说就是成龙与成凤，后辈胜前辈。这些相同的目的，我们可以在现实生活中很容易找到有力的证据。

搜狐网在2017年9月刊登了马云的一篇题目为《未来我最担心的是孩子的教育!》的演讲,其中说到"成功家庭教育的衡量标准"时引用了21世纪教育研究院院长杨东平列举的三大标:第一,在儿童期,教孩子与书为伴,养成良好的阅读习惯。第二,培养孩子的情商,而不是更多强调智商。家长要提炼并关注孩子的情商,使他成为一个大气、包容、有爱心的人。第三,孩子到高中阶段形成明确的个人爱好,有主动学习的方向。孩子有了兴趣作为引导,学习也变成一件水到渠成的事。

搜狐网在2018年1月曾经刊登过一篇题目为《李嘉诚家庭教育曝光,果然犀利,无人不服!》的文章,里面提到香港"超人"李嘉诚先生的家庭教育见解:"对子女的教育,百分之九十九应该教他们做人的道理,即便是他们成人后,也应该是三分之二教他们如何做人,三分之一才是教他们如何做生意。……工商管理方面要学西方的科学管理知识,但在个人为人处世方面,则要学中国古代的哲学思想。不断修身养性,以谦虚的态度为人处世,以勤劳、忍耐和永恒的意志作为进取人生的战略。"

搜狐网在2018年2月刊登了题为《从〈傅雷家书〉看傅雷先生的家庭教育观》的文章,里面引用傅雷先生关于家庭教育的观点:傅雷先生认为,这同样不能局限于小家庭,而应涉及"更积极更阔大的天地和理想",明确地意识到家庭教育旨在"鼓励孩子培养自己以便对社会对人类有所贡献"。简言之,傅雷主张,家庭教育应当为国家的发展、人类的进步培养人才。傅雷给其子傅聪的临别赠言是四句话:"第一,做人;第二,做艺术家;第三,做音乐家;最后,做钢琴家。"

《中华人民共和国教育法》第5条规定:"教育必须为社会主义现代化建设服务、为人民服务,必须与生产劳动和社会实践相结合,培养德、智、体、美等方面全面发展的社会主义建设者和接班人。"

《中华人民共和国义务教育法》第3条规定:"义务教育必须贯彻国家的教育方针,实施素质教育,提高教育质量,使适龄儿童、少年在品德、智力、体质等方面全面发展,为培养有理想、有道德、有文化、有纪律的社会主义建设者和接班人奠定基础。"

《国家中长期教育改革和发展规划纲要(2010—2020年)》第一部分第一章规定:"全面贯彻党的教育方针,坚持教育为社会主义现代化建设服务,为人民服务,与生产劳动和社会实践相结合,培养德智体美全面发展的社会主义建设者和接班人。"

将前面选自搜狐网的三个关于家庭教育的案例与《中华人民共和国教育法》《中华人民共和国义务教育法》《国家中长期教育改革和发展规划纲要(2010—2020年)》进行对照,我们发现它们对教育的目的的规定是如此高度一致:"使他成为一个大气、包容、有爱心的人""教他们做人……教他们如何做人""不断修身养性，以谦虚的态度为人处世，以勤劳、忍耐和永恒的意志作为进取人生的战略"，这些内容不是与"培养德、智、体、美等方面全面发展""使适龄儿童、少年在品德、智力、体质等方面全面发展"中的"品德"相对应吗？虽然表述不一样，但实质是一样的，都是思想品德方面的要求。

第二节　家庭教育的主要内容

家庭教育虽然作为教育的组成部分，与学校教育、社会教育共同构成一个体系，但不像学校一样对教育的内容有着清晰明确的规定。如幼儿园阶段有它规定的教育内容，小学阶段有其明确的教育内容，中学阶段则分初中与高中阶段，也有与之相对应的教育内容。学校教育内容的明确通常是通过对应的课程标准以及《中小学德育工作指南》等呈现，如教育部印发的《中小学德育工作指南》明确将"理想信念、社会主义核心价值观、中华优秀传统文化、生态文明、心理健康"作为中小学学校教育（德育）的内容。而家庭教育由于其自身特点，如相对学校而言有着自己的特殊性，每个家庭的家长情况不同、家庭条件不同、接受教育的对象不同等，很难像学校教育甚至社会教育那样对教育内容有统一的规定。按照这个说法，家庭教育是不是可以随意地安排其教育内容，或者说根本没有教育内容？当然不是。家庭教育有着自身的特殊性，对它的教育内容的明确性没有丝毫影响，因为虽然各个家庭情况（家长素质、家庭环境、家庭传统等）不相同，但家庭的愿望（望子成龙、望女成凤）是比较接近甚至相同的；家庭是深受社会影响的，家庭教育的主要内容不可能远离其所在的社会，与所处的时代丝毫不沾边。"异中求同""求同存异"，家庭教育的基本内容是可以明确的。

"在传承中发展，在发展中传承。"家庭教育的主要内容，我们一方面可以从历代家庭教育史料中去挖掘，作为家庭教育所特有的一种文献形式的家训就是很好的参考，如魏晋时期颜之推的《颜氏家训》、宋代袁采的《袁氏世范》、陆游的《放翁家训》、明清之际朱用纯的《朱子治家格言》等；那些世代相传、家喻户晓的家教掌故、家教逸事则是有益的补充，如"孟母三迁""岳母刺字""燕山教子""孔母教子""画荻教子"等。另一方面可以从国家已经陆续出台的与家庭教育密切相关的各种通知、规定、指南、纲要中整理，如《全国家庭教育指导大纲》《上海市0—18岁家庭教育指导内容大纲（试行）》等；从现代那些大家颇为关注、耳熟能详的名人家教逸事或关于家教的言论中收集，如梁启超教子、李嘉诚教子、马云说家庭教育等。对照古代的家训（包括家书、家规、训诫）、家教故事，现代与家庭教育有关的系列指南、纲要以及名人家教故事与言论，我们发现，家庭教育的主要内容体现在以下几个方面。

一、思想道德

我国古代社会是十分注重伦理的社会，伦理的教化、道德的提升主要在家庭中完成。帝王家庭以及整个统治阶级都把道德教育作为家庭教育的重点，据历史记载，周朝初期就有"敬德保民"的家庭教育思想，春秋战国时期则把德教作为治国的首要任务，"亚圣"孟子推崇家庭教育要注重人格教育，妇孺皆知的《三字经》《增广贤文》中，就有大量关于思想道德方面的要求。这些思想道德要求中的绝大多数都跟《中华人民共和国教育法》《中华人民共和国义务教育法》《国家中长期教育改革和发展规划纲要（2010—2020年）》《全国家庭教育指导大纲》《上海市0—18岁家庭教育指导内容大纲（试行）》中提到的"德""社会主义核心价值观"的精神相吻合。归纳起来，主要体现在爱国、诚信、感恩、仁义、友善（和谐、睦邻）、关爱（尊老爱幼、扶贫救弱）、谦逊（温良恭让）、理想（齐家、治国、平天下）等方面。

二、行为习惯

我国是礼仪之邦，历来崇尚礼仪，素来强调规矩和注重礼节。"无规矩不成方圆""国有国法，家有家规"和"道之以德，齐之以礼"（《论语·为政》）、"不知礼，无以立"（《论语·尧曰》）、"凡人之所以为人者，礼义也"（《礼记·冠义》）等与"规矩""礼"有关的名言就是很好的例证。而"规矩""礼"说到底还是一种习惯，"规矩""礼"定出来后，大家都要遵守，每天都以这些"规矩""礼"来规范自己，久而久之就成为了习惯。

而在今天，我们无时无刻不在强调要守"规矩"，讲"礼仪"，有"礼貌"，要养成守规矩、讲礼仪、有礼貌等良好习惯。如《中学生日常行为规范》《中学生守则》都有习惯养成以及强调礼仪、礼貌等要求，包括卫生习惯、生活习惯文明健康、礼貌待人、注重礼节等。《全国家庭教育指导大纲》对不同阶段的家庭教育都提出了行为习惯养成的要求，如4～6岁阶段要培养儿童的良好生活与卫生习惯；7～12岁养成生活自理的习惯、适度花费的习惯、良好的学习习惯；13～15岁重视学习习惯养成。对照古代家庭教育的有关文献与今天家庭教育的有关守则、规范、纲要，我们发现培养卫生、学习、交往、健康生活、运动等方面的良好习惯是家庭教育的主要内容。

三、安全防护

"安全重于泰山""没有安全就没有一切"。社会不断发展，生活不断改善，但各种安全隐患也越来越多，各种安全事故频繁发生，给家庭带来很多的伤痛、给社会带来很多的负担，安全问题已经成为影响家庭幸福、社会稳定的重要问题。随着人们对安全重视程度的增加，安全问题比以往任何时候都更加让人关注，已经成为各项工作之首，"安全第一"成为一种共识，各种有关安全的法律法规也不断制定与完善，为人们的安全生活、工作、学习带来更多的保障，同时"安全教育"作为一项重要课题随之出现，各行各业都有与之对应的安全教育和安全专项检查。对孩子的安全教育，学校是主要的承担者，因为这是学校的职责，《中小学幼儿园安全管理办法》《中小学公共安全教育指导纲要》明确指出学校应当对学生进行安全教育。家庭作为孩子的主要生活场所，父母作为孩子的法定监护人，承担安全教育也是家庭的应尽职责。《中小学幼儿园安全管理办法》第46条指出："学生监护人应当与学校互相配合，在日常生活中加强对被监护人的各项安全教育。"家庭教育的安全教育内容主要包括用电、用水、防火、防盗、防骗、人身、卫生、运动等方面的安全教育。

四、人际交往

人是群居生活的，任何一个人都不是孤立的，没有一个人能脱离社会、断绝与他人的联系而独立存在。换句话说，人是必须与他人有联系、有交往的。人与人之间应该有联系，应该有交往，但不是每个人与生俱来就善于与人联系、与人交往，否则就不会出现人际交往障碍、人际关系处理困难等问题，《全国家庭教育指导大纲》就不会在"家庭教育指导内容要点"里明确指出"培养儿童良好的人际交往能力"（4～6岁阶段），"引导儿童与异性正确交往""引导儿童积极开展社交活动和正常的异性交往"（16～18岁阶段）。家庭教育中的人际交往教育通常包括人际交往的重要性与必要性、基本原则、基本礼仪、常用技巧、注意事项等。

五、心理健康

20世纪70年代，联合国世界卫生组织指出："健康不但是没有身体缺陷和疾病，还有完整的生理、心理状态和社会适应能力。"换言之，健康是指身心健康。社会在发展，经济在增长，生活在改善，健康水平也在提升。《广州日报》2018年4月刊发的《广东省社会科学院发布"2017年广东现代化进程报告"》指出：广东人均预期寿命达标率较高，珠海人最为长寿，达82.5岁；其次是广州，为81.34岁。但是在生活水平提升，寿命延长的同时，心理健康问题也在增加。中国科学院心理研究所在2008年4月公布了"2007我国国民心理健康状况研究报告"，指出12～18岁青少年健康指数随年龄增长呈下降趋势，青少年心理健康不容忽视。"腾讯健康"在2017年5月发布的"中国儿童青少年健康状况社会深度调查报告"指出，青少年心理行为发育异常占比为22.65%～45.58%。上海市精神卫生中心的调查发现，27%的中学生存在心理障碍或患有心理疾病。据一项对全国3000多名大中学生的调查，43.73%的学生做事情容易紧张，55.92%的学生对一些小事情过分担忧，47.41%的学生感觉人与人之间关系太冷漠，67.26%的学生在心情不畅时找不到朋友倾诉，48.63%的学生对考试过分紧张，感到有些吃不消（转自人民网《当前家庭教育存在的问题》）。有关家庭教育的心理健康教育，教育部《关于加强中小学心理健康教育的若干意见》是这样要求的："建立学校和家庭心理健康教育沟通的渠道，优化家庭教育环境。引导和帮助学生家长树立正确的教育观，以良好的行为、正确的方式去影响和教育子女。"家庭教育更多的是用家长或家庭的行为以及家庭氛围去帮助学生培养良好的健康心理。

第三章　家庭教育的基本原则

如果说家庭教育的目的与内容解决了家庭教育"为什么"与"干什么"的问题，那么家庭教育的基本原则就是解决家庭教育要"遵循什么"的问题，是确保家庭教育能够始终沿着既定的方向和能够围绕"干什么"的问题的客观需要。

第一节　目标性原则

所谓目标性原则，就是指在家庭教育中，家庭教育的实施者（父母）根据家庭教育的目的，结合家庭的实际情况（家庭环境、家庭成员情况、受教育者情况等）制定合适的家庭教育目标并以此目标作为家庭教育行动导向的工作原则。

家庭教育的目标性原则是家庭教育的首要原则，它首先要求家庭教育必须像学校教育、社会教育一样有自己的教育目标。因为目标对任何工作，包括人在内有着举足轻重的作用。我们可以看看下面关于目标的名言警句：

（1）无目标的努力，有如在黑暗中远征。（英国谚语）

（2）赢得好射手美名并非由于他的弓箭，而是由于他的目标。（莉莱）

（3）没有目标，哪来的劲头？（车尔尼雪夫斯基）

（4）伟大的精力只是为了伟大的目标而产生的。（斯大林）

（5）灵魂如果没有确定的好目标，它就会丧失自己。（蒙田）

（6）有了长远的目标，才不会因为暂时的挫折而沮丧。（查尔斯•C.诺布尔）

（7）崇高的目标造就崇高的品格，伟大的志向造就伟大的心灵。（泰龙•爱德华兹）

（8）所有成功人士都有目标，如果一个人不知道他想去哪里，不知道他想成为什么样的人，想做什么样的事，他就不会成功。（诺曼•文森特•皮尔）

（9）目标会丧失，力量也会化为乌有。（歌德）

（10）为时代的伟大的目标服务，才是不朽的。（苏联谚语）

这些名言警句告诉我们：目标能指明前进的方向，能让人产生强烈的积极性，能让人发挥潜在的力量，是走向成功的重要基石。

目标根据其在工作中的"体量"与"位置"，一般可以分为大目标与小目标、远期目标与近期目标、整体目标与阶段性目标。大目标、远期目标、整体目标是对整个项目而言的，如在家庭教育中，把受教育者最终培养成一个怎样的人就是大目标、远期目标、整体目标；小目标、近期目标、阶段性目标是对项目的某个时间、某个阶段、某个方面而言的，如在进入学校之前要培养受教育者主动协助父母做力所能及的家务、具有较强的独立思考能力、具有独立完成自己应该完成的事情的习惯等就是小目标、近期目标、阶段性目标。

家庭教育的目标性原则要求家庭教育必须制定自己的教育目标，包括大目标和小目标、远期目标和近期目标、整体目标与阶段性目标，确保家庭教育有一个明确的方向，并以此目标引领家庭成员共同努力；必须制定在大目标、远期目标、整体目标统领下的小目标、近期目标、阶段性目标，确保家庭教育在某个时间、某个阶段、某个方面有一个主要努力方向，为最终达成大目标、远期目标、整体目标增强信心、强化欲望、积累方法。

第二节　了解性原则

了解性原则就是指在家庭教育中，家庭教育的实施者（父母）必须对家庭教育及与之密切相关的各种因素（家庭教育的背景、意义、要求、方式、方法以及法律法规等）和受教育者的基本情况等都有比较深入的认识的工作原则。家庭教育的了解性原则是提高家庭教育工作准确性的重要保障原则。

家庭教育要有成效，家庭教育的实施者（父母）是关键因素，他们对家庭教育及家庭教育的受教育者的了解情况会对家庭教育工作的针对性产生深刻的影响。

首先，家庭教育实施者要对家庭教育的意义与作用有深刻的认识，对家庭教育这项工作高度认可，认为家庭教育对受教育者（孩子）的健康成长、全面发展有非常重要的意义和作用。只有这样，家庭教育的实施者才会将家庭教育放在一个重要的地位并高度重视，才会积极主动去开展家庭教育的一系列工作，包括在受教育者进入学校之前有计划地开展家庭教育、在受教育者进入学校之后与学校一起继续开展已经进行的家庭教育、协助学校落实有关的家庭教育等。相反，如果家庭教育实施者认识不到甚至不认可家庭教育的意义与作用，很可能就不重视家庭教育，与家庭教育有关的一切工作都很难从他们那里获得应有的支持与配合，更不要指望他们会自觉主动地开展家庭教育。譬如你不认可学生看课外书很重要，对其个人成长和学习成绩提升有很大的作用，你就不会重视孩子的课外阅读，也不会积极主动去配合学校开展家庭的课外阅读。

其次，家庭教育实施者要深入了解家庭教育的基本概况（家庭其他成员对家庭教育的基本态度、家庭教育的基本规律、基本原则、基本方法、基本内容、常见误区等）。只有这样，家庭教育实施者在开展家庭教育时才能够"有章可循、有法可依"，确保家庭教育的开展不走样、不变形，为家庭教育的有效开展提供形式上的保障。比如，一个人想在家养宠物狗，当然要了解家庭其他成员对养宠物狗的基本态度、小区对家庭养宠物狗的有关要求、家庭对宠物狗的日常要求（包括喂养、卫生、遛狗、防疫）等。否则，会带来很多意料之外的麻烦甚至事故：如果其他家庭成员都不喜欢家庭养狗，就可能由养狗引发各种不愉快；如果不清楚养宠物狗有那么多琐事，就可能由此而产生一系列烦恼，如不及时清理狗便带来的臭气熏天，每天多次遛狗增加自己的工作量，狗要经常打理而增加经济负担等。

最后，家庭教育实施者要深入了解自己与受教育者的基本情况。"人贵有自知之明""知己知彼，百战不殆"。为人与作战需要了解自己、了解对手，家庭教育也一样。家庭教育实施者如果对自己有清楚的认识，知道自己的优点在哪，缺点在哪，知道自己的强项在哪，弱项在哪，那么在家庭教育工作中就可以发扬优点，避开缺点，就可以巩固强项，提升弱项，从而提高自己的家庭教育工作能力。例如，你知道自己的弱点是口头表达不好、很难放低身段（脸皮薄）、不容易控制情绪，但书面表达很好，那么在家庭教育中与受教育者的交流可以采用书面（书信、留言条、微信、短信）的形式，这样就可以避免口头表达不好、不容易控制情绪等带来的尴尬。家庭教育实施者如果对受教育者有清楚的了解，清楚其优势在哪，劣势在哪；清楚其喜好在哪，厌恶在哪，那么在家庭教育工作中就可以"有的放矢""对症下药"，从而提高家庭教育的针对性和有效性。例如，家庭教育的受教育者如果时间观念比较强，动作比较迅速，但容易丢三落四，那么就没有必要在时间管理的问题上花精力了，而应该在改变"丢三落四"方面多想办法、多下功夫。

另外，家庭教育的实施者还需要密切留意家庭教育的发展趋势，及时了解家庭教育前沿的新思想、新理念、新理论、新方法，深入系统地掌握家庭教育的最新动态、最新策略与技能；积极主动地加强与学校的联系沟通，全方位、全心、全意、全力与学校一起做好家庭教育的各项工作，努力提升家庭教育的工作成效，帮助家庭教育的受教育者更好地成长。

第三节 计划性原则

《礼记·中庸》有这样一句名言："凡事预则立，不预则废。言前定则不跆，事前定则不困，行前定则不疚，道前定则不穷。"其中的"凡事预则立，不预则废"几乎家喻户晓，大概的意思是无论做什么事，事先有计划或准备，就能获得成功，不然就会失败。教育作为一件关乎民族前途、国家命运、家庭利益、个人前途的大事，当然要有计划、有准备。教育部作为国家教育事业的主管部门（即教育实施者）有其计划，如《国家中长期教育改革和发展规划纲要（2010—2020年）》；教育厅作为省级教育事业的主管部门也有其计划；教育局作为市县教育事业的主管部门亦有其计划；校长作为学校教育事业的主管责任人，当然有其计划，如"校长五年工作规划"或"学校五年规划"。这些纲要、规划是大的计划，一般都是对某个较长时期的宏观规划；还有小的计划，通常是以年度工作计划或者学期工作计划的形式出现。正因为有这些纲要、规划、计划，大的教育如我们的国家教育事业、省市的教育事业才能有条不紊地开展并且成绩斐然；小的教育如我们的区县教育事业、学校教育事业才能有条有理地推进并且效果明显。家庭教育也是教育，虽然不像国家教育（主要是学校教育）、社会教育那样规模宏大、体量巨大，但也不能小视，如果家庭教育缺失或者做得不好，小的方面会给这个家庭受教育者的健康成长带来负面影响，会给这个家庭的和谐乃至幸福带来不良的困扰；大的方面则会给社会、国家乃至民族的和谐、稳定、强大带来干扰。按照"凡事预则立，不预则废"的意思和精神，家庭教育要想取得成功，必须有计划，换句话说，就是家庭教育也要遵循计划性原则，确保家庭教育的各项工作都有科学、周密的计划，各项工作都能"依计行事"，一切都是计划内的、预料中的事情，最好没有计划外、意料外的事情发生。

家庭教育的对象是孩子，是随时随地都处在变化之中的"极度不稳定体"——他们的思想还没有定型，他们的情绪不容易稳定，他们的抗干扰能力不强，他们所处的外部环境多变；家庭教育的目标没有统一规定，内容没有统一要求，确定的目标、选择的内容很难找到可靠或者公认的参考标准，全凭家庭教育实施者的"拿捏"；家庭教育的时间跨度大而且非常不统一，从孩子降临这个家庭到其成家立室，对其的家庭教育才算暂且告一段落，这个时间近30年，家庭教育可支配的时间，在孩子入学前较多，孩子入学后较少。这些情况决定了家庭教育必须具有很强的计划性，必须从头至尾都做好科学、周密的计划，不能即兴发挥，想到哪干到哪。

家庭教育遵循计划性原则主要体现在两个方面：一是所有的家庭教育工作都

有事先经过反复思考、多方研究、周密考虑的"固定性"计划。首先体现在家庭教育实施者必须通盘考虑家庭教育的规划，充分考虑家庭教育的目标、特点以及家庭教育的情况，在宏观方面作出计划性安排，如0～3岁、3～6岁、6～12岁、12～18岁四个阶段家庭教育的整体性安排。其次是在每个阶段遵循整体性计划的基础上，做好微观方面的计划，从时间上看包括每一年、每一个月、每一天的计划；从事件上看包括每一次教育实施所用到的材料以及如何运用这些材料等。二是所有的家庭教育工作都必须在遵循事先制订的工作计划的基础上，再制订一些随机性的计划，即根据情况的变化而不影响整体目标的实现以及不改变整体布局的基础上按照有关预案作出"计划内"的调整。

第四节　一致性原则

家庭教育的一致性原则就是指在家庭教育中，家庭与学校、社会在教育特别是在家庭教育，如态度、方向、基本要求等方面保持一致；家庭教育实施者与其他家庭成员在对家庭教育的认识、家庭教育实施过程中的基本策略、方式、方法等方面保持一致的工作原则。家庭教育一致性原则是保障家庭教育形成合力，实现同心协力帮助受教育者健康成长、全面发展的重要原则。

首先，家庭教育的一致性原则要求家庭教育与学校教育、社会教育保持一致。关于家庭教育与学校教育的一致性，苏联著名教育家苏霍姆林斯基在《给教师的一百条建议》里这样说："最完备的教育是学校与家庭的结合，教育的效果取决于学校和家庭的教育影响的一致性。如果没有这种一致性，那么学校的教学和教育过程就会像纸做的房子一样倒塌下来。"家庭教育与学校教育的一致性主要是指受教育者进入学校学习后，其家庭教育一方面应坚持原有的正确做法，发挥对学校教育的互补作用，如学校的教育更多的是"共性"教育，具有明显的"标准化"特征，但受教育者是"独特"的，受教育者个体与个体之间是有"区别"的，学校教育很难顾及每一个受教育者的方方面面，这就需要家庭教育来协助、补充，围绕相同的教育目标，从不同的角度助力受教育者的健康成长、全面发展；另一方面发挥对学校教育的"加力作用"——在教育目标、方向、内容、行动等方面与学校保持一致，积极配合学校教育开展有关教育工作，如学校开展安全教育，家庭教育应该态度相同、行动一致，发挥家庭教育在校外的安全教育强化教育，通过家长的强化提醒、严格监管、督促落实进而形成"1+1>2"的效应，让安全教育落到实处、发挥效能。

其次，家庭教育的一致性原则要求参与家庭教育的各成员对家庭教育的观念、态度、策略以及方式、方法等方面保持高度一致。现当代的家庭一般都是一家三口，独生子女居多，随着"二孩"政策的全面深入实施，四口家庭也随之出现，在这样的家庭里，家庭教育的实施者一般情况下主要是父亲或母亲，很多时候，祖父、祖母或外祖父、外祖母也是家庭教育重要的参与者。无论是父亲抑或是母亲占据主导地位，承担家庭教育实施者的角色，在实施家庭教育的过程中，必然有着其他力量有意无意的"介入"，特别是受教育者的行为与家庭教育实施者的要求有所偏差，需要及时"用力"矫正的时候。这时候的"介入"力量若与教育实施者的力量是同方向或者接近的方向当然是好事，同方向的力量叠加就会形成合力；但通常"介入"的力量是异向的，往往形成直接阻力或者干扰。例如，受教育者犯了错，家庭教育实施者在义正词严地指出问题或要求及时改正的时候，有些家庭成员，特别是祖父母或外祖父母就会从旁唠叨，说没有必要小题大做，孩子犯错是正常的，没有酿成严重后果等帮助孩子求情，甚至还将孩子强行拉开说一些明显跟家庭教育实施者有冲突甚至完全相反的言论。这就是典型的家庭成员之间的教育理念或教育方式不统一的表现：一方面，严重干扰家庭教育的有效实施，降低行动的效果；另一方面，会对受教育者产生负面效果。战国思想家、法家代表人物韩非子说过："一家二贵，事乃无功；夫妻持政，子无适从。"不统一的教育方式和观念会让孩子失去心理上的稳定感和安全感，而长此以往，孩子会在性格上形成依赖性强、情绪波动大、不合群还有胆怯这些个性特征。为避免受教育者在接受家庭教育时不知道听谁的，陷入无所适从的尴尬或因此让他们产生有所倚仗可以寻找"靠山"的错觉，家庭教育的各成员之间必须保持一致，形成教育合力。

最后，家庭教育的一致性原则要求家庭教育实施者在家庭教育中必须保持前后一致、始终如一的原则。这既是家庭教育具有长期性特点的要求，也是家庭教育实施者具有示范性特点以及受教育者具有模仿性特点的要求。如大家非常熟悉的"孟母三迁"，孟母始终如一地把"给孩子一个良好的成长环境，借助良好的成长环境引领孩子健康成长"铭记在心、落实于行，经过"三迁"而让孟子终于在良好的成长环境里茁壮成长，成为儒家的代表人物，被世人尊称"亚圣"；又如家喻户晓的"曾子杀猪"，曾子始终坚持"言行一致"，给孩子做个"说话要算数"的榜样，兑现了先前对孩子的"承诺"，如期杀猪给孩子吃。孟母不顾辛劳坚持寻找良好的成长环境，曾子不顾妻子的阻拦坚持兑现先前对孩子的承诺，这实际上是两个家庭的教育实施者对教育方向的坚持，在保持教育方向上始终如一，引导受教育者自始至终沿着这个既定方向努力前行。如果孟母和曾子没有坚持下去，原先的既定目标半途而废，教育效果自然会受到影响：当初的教育设想没法达成（好环境成就好孩子；父亲守承诺，儿子也就守承诺），家庭教育实施者威信降低，孩子容易迷失，甚至形成双面性格。对此，新教育代表人物朱永新一针见血地指出："家庭教育方向不一致使儿童无所适从。"

第五节 相结合原则

家庭教育相结合原则就是在家庭教育实施过程中，各种力量、各种因素要互相结合、互相兼顾，形成互相配合、互相协助的良好局面的工作原则。家庭教育相结合原则实际上是家庭教育中的合力教育原则，是强强联合、优势互补、取长补短的体现。家庭教育相结合原则主要体现在以下几个方面。

一、言教与身教相结合

教育方式很多，从教育施教者对受教育者施加影响的形式看，可以分为身教与言教。"言教"就是教育者通过讲道理、谈利害、提要求、说禁止等方式对受教育者开展教育的教育方法。无论是学校教育还是家庭教育，抑或是社会教育，"言教"是最为普遍的做法，如学校教师给受教育者开设思想道德课程，教师在课堂或各种集会中向学生讲道理、说要求；家庭教育实施者给受教育者讲故事（孔融让梨、岳母刺字），教受教育者读《三字经》，学《弟子规》，背《道德经》；社会教育向受教育者开设各种形式的专题讲座等，都属于"言教"。言教作为一种教育方式一直深受教育者的喜爱以及得到广泛使用，具有突出的优势和鲜明的效果，尤其是在受教育者处在较低龄阶段（入学前儿童和低年级儿童），一方面这些受教育者因年龄小而理解能力不强，另一方面有些教育内容或因时代久远或不容易理解，必须通过"言教"来传达给受教育者，让他们从中得到教育。

"身教"就是教育者通过自身的行动或行为对受教育者开展教育的教育方法，以行动做示范，以行为做榜样，从而启发、感动、引领受教育者。无论是国内还是国外，教育界都毫不例外地倡议甚至强调"身教"，如大家烂熟于胸的"以身作则""现身说法""身教胜于言教"等就是有力证明；苏联教育家申比廖夫"没有教师对学生直接的人品影响，就不可能有真正的教育工作"的观点，马卡连科"教师个人的榜样，乃是使青年人心灵开花结果的阳光"的见解就是有力支撑。

"言教"与"身教"作为家庭教育的两种常用方法，都具有自身的优势，但也有明显的劣势，同时，任何一种教育方式都不能完全承担起教育的所有功能。"用'言传身教'来概括家庭教育无疑再恰当不过……言传和身教缺一不可……没有身教，言传无效。"就"言教"对家庭教育来说，它的教育对象是儿童或青少年，研究表明儿童或青少年注意力稳定性差、集中时间短，容易"走神"。面对这样的教育对象，我们很容易想象得到长时间的"言教"会出现怎样的情况：施教者侃侃而谈，受教者心不在焉；施教者滔滔不绝，受教者充耳不闻。对于家庭教育中的

"言教"，国内知名幼儿教育家与心理学专家孙瑞雪在2012年1月刊登于"凤凰网—凤凰亲子"的文章《教育孩子不要一味"说教"》里给出提醒："学龄前幼儿的理解能力有限……孩子的注意力集中时间有限，其理解能力也非常有限，使用冗长、复杂的语言，往往会令孩子感到困惑。"

另外，"言教"对言教实施者的口头表达能力要求高，但我们的家庭教育实施者，无论是父亲还是母亲有相当一部分口头表达能力一般，甚至有些连一般都达不到。一个口头表达水平低的言教者很难做到让受教者"洗耳恭听""言听计从"。况且，"言教"对象复杂多变，仅仅依赖"言教"或过度的"言教"非但很难达成家庭教育既定的效果，反而容易因此引发其他的家庭教育问题。如家庭教育实施者与"身在曹营心在汉"的孩子之间的彼此误解：施教者迁怒于受教者的不听教，受教者埋怨施教者的无聊，前者可能演变成施教者对受教者"暴风骤雨"般的批评甚至"拳脚交加"；后者可能导致受教者对施教者的"阳奉阴违""我行我素"乃至形成"恶语相向""背道而驰"的局面。

所以，"言教"对象的特点以及"言教"对施教者的要求很难保证"言教"这种教育方式能够独立承担起所有的家庭教育要求，还需要与其他的教育方式一起承担。

就"身教"对家庭教育而言，它的教育对象是儿童或青少年，喜欢模仿是这些教育对象的显著特点之一。"青少年时期是人类模仿性最强的时期，最容易和最喜欢模仿别人。"青少年这一鲜明特点的确是家庭教育实施"身教"的有利因素，但是青少年的模仿，首先是他们喜欢的，人物方面如体育明星、影视演员、经济学家、文化名人、政治伟人、网络红人等；行为方面如时尚的行为、潮流的做法。其次是他们觉得有必要、有意义，如现今的青少年热衷于某些行为或做法都会深受各种媒体或商家的宣传影响，让他们觉得很有意义、很重要。以往热衷于模仿西方过圣诞节、感恩节、情人节等洋节日就是鲜明的例子。事实上，家庭教育中的实施者虽然是受教育者的父亲或母亲，但父母要求的不都是他们喜欢的，如果父母没有说明为什么这样做或这些要求的意义，他们往往是不知道的。他们不喜欢或者不知道（不认可）这些要求的意义，就很可能不喜欢模仿，也就让"身教"的效率有所降低，发挥不了应有的效果。"身教离不开言教。言教是身教的内涵、纲领、路标。没有言教这一旗帜的引导，身教就会失去目标和动力。"

所以，实施"身教"需要的条件本身存在的缺陷又让它很难独立地承担起家庭教育的所有要求，也需要与其他的教育方式一起承担。"教师要对学生发挥教育作用，概括起来有言教和身教两个实施途径。言教和身教相互补充、相辅相成，是一个事物的两个侧面，彼此难分轻重。"

二、正面教育与反面教育相结合

什么是正面教育？对于这个问题，教育界众说纷纭、莫衷一是，有人说是指教育者运用充满正能量的人物对受教育者进行教育，也有人说是指教育者运用正面的语言即鼓励、赞赏、表扬对受教育者进行教育。这些说法各有道理，谁也不能否定谁。对于什么是正面教育，本书是这样认为的：从采用的教育材料来说，正面教育是指将那些充满正能量，即对社会、国家、民族有杰出贡献或有重要、积极影响的人物作为帮助受教育者健康成长、全面发展引领者的教育方式；从教育者的教育言语、教育策略来说，正面教育是指能给受教育者以激励、鼓舞，能起推动受教育者健康成长、全面发展作用的教育方式。概括地说，正面教育就是从好的一面对受教育者开展教育，包括选择正面的教育材料和运用正面的教育语言。

教育，无论是学校教育还是家庭教育抑或是社会教育，大都采取正面教育的方式。这一点我们可以从古代到现当代社会毫不例外地宣传那些为社会、国家、民族作出杰出贡献的杰出人物——英雄人物、社会楷模、道德模范、社会贤达等感人事迹、杰出成就、高尚品格的行动中清楚地感受得到，政府或社会通过这些充满正能量的素材为广大的人民特别是青少年树立良好的榜样，利用这些良好的榜样作为引领，告诉人们那是我们应该学习的对象，我们应该学习那些高贵的品质，学习那些崇高的精神，学习那些优秀的行为，像这类人一样为社会发展、国家富强、民族壮大而努力奋斗。我们也可以从当今社会颇受关注的"赏识教育""积极教育""鼓励教育"中得到明确的答案：众多的教育专家从不同的场合，以不同的形式大张旗鼓地倡议对受教育者特别是未成年的受教育者予以更多的肯定和鼓励，通过挖掘他们的优点，寻找他们的进步，让他们不断发扬优点，积累进步，从而帮助他们健康成长、全面发展。事实证明，正面教育的的确确在教育人特别是未成年人方面具有非常重要的作用。

但是，我们在看到正面教育对受教育者带来积极影响的同时，也要看到正面教育不能消除那些潜在的消极影响。如果把正面教育比作太阳，受教育者就是太阳底下的小幼苗，显然小幼苗要长成参天大树，未来能高耸挺立、不惧狂风、不怕暴雨、不畏严寒，老是躲在温暖的太阳底下，那是几乎不可能的。只有经历过狂风、暴雨、严寒的洗礼，乃至与之"交锋"，才能认识狂风、暴雨、严寒的"秉性"，才能获得对抗狂风、暴雨、严寒的经验，最后实现面对狂风、暴雨、严寒不会掉以轻心的目标，也不会在面对它们时惘然若失或任由它们肆虐。这里的"洗礼"以及"交锋"就是反面教育。

反面教育是相对于正面教育而言的，从教育实施者对受教育者开展教育时采用的教育材料这个角度说，反面教育就是运用反面的典型材料（人物、事件），如触犯国家法律、有违传统道德、有损公众利益等被社会摒弃的人物或事件以及成长历程充满坎坷的人物或事件去教育受教育者；从教育实施者对受教育者开展教育时采用的教育方式这个角度来说，反面教育就是运用反面的教育方法，如告诫、批评乃至惩戒等方式教育受教育者。前者通过反面的典型材料帮助受教育者明白人生旅途中有很多不能触碰的"雷区"和不能超越的"红线"，必须时刻警钟长鸣、明镜高悬，处处小心翼翼、头脑清醒，否则会付出沉重的代价；人生不是一帆风顺、一马平川的，而是时时充满变数，处处充满坎坷，必须目标坚定、意志坚强、耐力超凡、能力出众，否则会屡战屡败，一事无成。

正面教育与反面教育相结合就是家庭教育者利用人"趋利避害"的天性，通过正面教育帮助受教育者趋近对他们有利的一面：羡慕那些榜样，向往那些先进，学习那些优秀者并努力像他们一样功成名就；通过反面教育帮助受教育者远离对他们有害的一面：鄙视那些典型，远离那些后进，摒弃那些卑劣者并努力避免重蹈他们的覆辙。正面教育与反面教育相结合让受教育者既获得阳光和煦的照耀、清风的温柔轻抚，也得到暴雨的猛烈冲刷，拥有这样的经历，受教育者就会不惧烈日、不畏狂风、不怕暴雨，具有强大的"免疫力"和坚硬的"保护膜"，健康茁壮成长。

三、说服教育与体验教育相结合

说服教育就是通过讲道理、摆事实的方式、方法对受教育者施加影响，引导受教育者认可、接受施教者的主张、见解，促使受教育者按照施教者的设想、要求发展，最终达成施教者的教育目标。家庭教育里无论"言教"与"身教"，还是正面教育与反面教育，都是说服教育。"言教"是借助语言来讲清道理，通过摆事实来阐明原因，说服的媒介主要是施教者的"言语"；"身教"是倚重行动来"讲清"道理，"阐明"原因，"说出"意义，"说服"的媒介是施教者的"行动"；正面教育是运用语言、借助事实从正面说服教育；反面教育是运用语言、借助事实从反面说服教育。这些教育都有鲜明的共同的优势：理由充分、事实清楚，可以晓之以理、动之以情地说服受教育者，实现教育目标。"以理服人，以情感人，以美动人，以心暖人，集真理的力量、感情的力量、人格的力量、艺术的力量于一体，充分发挥说服教育的作用。"

说服教育优势明显，缺点也很突出。说服教育无论是"言教"与"身教"，还是正面教育与反面教育，主要依赖的是施教者。说服教育的效果不仅取决于施教者的综合水平（选择材料的能力、口头表达的能力、选择行动时机的能力、临场发挥与应变的能力），而且取决于受教育者的接受程度（听取的情况、接纳的情况、认识的情况），还有这些材料（无论是来自古代还是现代，无论是来自国内还是国外）大多与受教育者都是有些距离的，直接关系不大。于是，很多时候，说服教育会出现说服效果与说服行动付出不呈正比，甚至呈反比的情况。"说服者与被说服者之间的关系犹如子弹与靶子一样，靶子只要被击中，就会产生效果。然而大量的研究实践表明，问题远非如此简单。说服教育者发出的'子弹'未必会使'靶子'应声倒地，有的反而会加强被说服者的对立态度。""说服教育并不是万能钥匙，它只适宜于改变'由于认识问题引起的偶发或初始行为，至于那些需要意志努力才能改变的、与习惯人格相关的、与心理健康问题相关的不良行为，说服教育并不是有效的选择'。"基于以上情况，家庭教育在实施说服教育的同时，还要实施其他的教育方式，其中体验教育就是一种很好的教育方式。

什么是体验教育？体验教育就是家庭教育的施教者借助或创造各种条件（场景、事情、活动）让受教育者亲自参与其中，通过受教育者的"做"来获得"感受、体会、启迪甚至共鸣等"以实现教育目标的教育方式。体验教育最大的特点就是受教育者必须参与其中，从所参与的活动、经历的事情中获得收获，如体会、思考、感悟、启迪、共鸣乃至震撼等，最终促使自己的思想观念发生自觉的更新，道德品质得到显著的提升，行为习惯发生彻底的改善，换言之，受教育者经历体验教育后脱胎换骨，焕然一新。"如果我听到了，那么就知道了；如果我看到了，那么我就明白了；如果我做了，那么我就真正懂得了。"

体验教育作为一种教育，并非"舶来品"。《孟子·告子下》中的"故天将降大任于斯人也，必先苦其心志，劳其筋骨，饿其体肤，空乏其身，行拂乱其所为，所以动心忍性，增益其所不能"，陆游《冬夜读书示子聿》中的"纸上得来终觉浅，绝知此事要躬行"，刘彝《画旨》中的"读万卷书，行万里路"等虽然是不同朝代的名句，但都不约而同地强调体验，通过"苦、饿、空、躬、行"等经历，人都有明显的提升。从这些例子中，我们可以看到古代先贤在教育中除了广泛运用说服教育这个教育方法外，还非常重视体验教育，强调教育必须让受教育者在"做"中学，通过"做"真正明白道理，掌握技能。

第六节　循序渐进原则

"循序渐进"出自宋代理学大家朱熹对《论语·宪问》中"不怨天，不尤人，下学而上达，知我者其天乎"的集注："但知下学而自然上达，此但自言其反己自修，循序渐进耳。""循序渐进"在《现代汉语词典》里是这样解释的：学习、工作按照一定的顺序逐步加深或提高。循序渐进作为教育教学的原则之一，它强调必须遵循教育的原则，按照教育的规律，根据教育对象，即受教育者的实际情况去组织、安排、开展一系列教育工作。

教育自古以来就强调要遵循循序渐进的原则。如《礼记·学记》中就提出："当其可之谓时，不陵节而施之谓孙"（当学生可以教导的时候加以教导，这就是合时宜，不超越学生的程度，不跨越学生学习进度，不超出学生能力去引导）；"杂施而不孙，则坏乱而不修"（东学一点，西学一些，却不按进度学习，只会使头脑混乱而没有条理）。《论语·子路》中说："欲速则不达（想求快往往达不到目的），见小利则大事不成。"《孟子·离娄下》说："原泉混混，不舍昼夜；盈科而后进（水流满一个地方再流向另一个地方），放乎四海"；《孟子·尽心上》说："流水之为物也，不盈科不行（不流满一个地方是不会往其他地方流的）"。宋代理学大师朱熹对于循序渐进的教育原则也有独到的认识，"君子教人有序，先传以小者近者，而后教以远者大者"（圣贤教导人有一定的顺序，先传授小的、近的方面，然后教授大的、远的方面），"圣贤教人，下学上达，循循有序"（圣贤教育学生，从低到高、由浅入深，按照一定的顺序，依次开展）。搜狐网2013年7月刊发的文章《从家训看我国古代家庭教育传统和方法》指出，"我国在很早就发现儿童在不同阶段具有不同的发展特点，并根据这些发展特点实施不同的教育。如早在西周时期，周代贵族家庭就有一套按儿童年龄安排教育的程序"。

家庭教育作为传统教育的一种形式，自古以来就已经存在，对古代传统教育中优秀的教育经验予以继承是家庭教育发展的自然而然的事情。北京师范大学教育学部教授、国学经典教育研究中心主任徐梓指出，"既然是一种教育活动，那就必须遵循教育的原则，按照教育规律办事……在众多的教育原则中，最基本的一条就是要循序渐进，循序渐进也是中国传统教育的优良传统。历代教育家把这个传统的意蕴和意义诠释得显豁透亮"。家庭教育作为传统教育的一种形式，是学校教育、社会教育的基础和重要补充，必须与学校教育、社会教育一样遵循循序渐进的教育原则。《国家中长期教育改革和发展规划纲要（2010—2020年）》中指出，"全面推进教育事业科学发展……把握教育发展阶段性特征，坚持以人为本，遵循教育规律……尊重教育规律和学生身心发展规律，为每个学生提供适合的教育"。《上海市0—18岁家庭教育指导内容大纲（试行）》指出，"实施家庭教育要注重科学性与人文性的统一，引导家长关注以下原则……正确了解孩子身心发展的特点及规律，尊重孩子接受意趣，顺应孩子的天性，关注经验获得的机会和发展潜力，让他们能在丰富的、适宜的环境中自然发展，和谐发展，快乐成长……在遵循一般规律的基础上有针对性地进行个别化教育"。

家庭教育循序渐进原则，主要包括以下两个方面。

一是家庭教育的教育内容安排要循序渐进。家庭教育的内容比较多，涉及思想、道德、行为、习惯等多方面，虽然这些内容都很重要，是受教育者全面发展所需要的，但是在教育时必须充分考虑受教育者的年龄特点、思维接受力等因素，不能"眉毛胡子一把抓"，不能"全面开花"，应该有所侧重，哪些安排教，哪些不安排教，哪些先，哪些后等应该充分考虑，要处理好内容安排的主与次、多与少等关系，强调教育内容的适当性，避免因内容过多或混乱而让受教育者不堪重负，继而影响教育效果。

二是家庭教育的教育进度要循序渐进。家庭教育的内容主要是思想、道德、行为、习惯等，这些内容对受教育者来说，都是"外来物""新东西"，不论多与寡，他们对这些内容的认识、接纳、固化都有个过程。过程就得需要时间，但不同的内容需要的时间也是不一样的，如受教育者完成思想转变所需的时间与完成习惯养成特别是改变旧的习惯、养成新的习惯所需的时间是对等的。同时，受教育者处于不同的阶段，认识、接受新事物需要的时间是不尽相同的，如孩子在5岁与6岁两个不同年龄段对同一事物的认识、掌握所需时间是有很大的差异的。所以，家庭教育在教育进度的安排上必须遵循循序渐进原则，要充分考虑受教育者的情况及掌握教育内容所需时间等因素，把握好教育的节奏，处理好快与慢、缓与急等关系，努力避免因为急于求成、一蹴而就等心态而出现过分追求教育速度，讲求教育频率而忽略教育有效性的误区。

第四章 家庭教育的常见类型

家庭教育的类型，按照不同的标准或从不同角度出发有不同的方式，如从家庭教育主要实施者（父亲或母亲）对家庭教育的掌控与施教风格来看，常见的有专制型、民主性、放纵型（自由型）；从家庭教育施教者的态度与采用的主要方法来看，常见的有溺爱型、惩罚型、说教型、冷漠型等。下面就以上常见的家庭教育类型有选择地作简要的分类阐述。

第一节 专制型的家庭教育

专制型的家庭教育主要是指家庭教育的实施者在家庭教育中处于绝对的核心地位，对家庭教育拥有绝对的话语权。如通过家庭教育将施教者培养成怎样的人，采取什么样的家庭教育方式与方法，怎样安排受教育者的家庭教育活动，受教育者在家庭教育中如何落实家庭教育的要求等，都是家庭教育施教者一个人说了算，其他人要么坚决服从安排，要么彻底靠边站。

一、专制型家庭教育的指导思想

专制型家庭教育的家长一般都会这样认为：家长作为受教育者的法定监护人，是家庭教育的"权威""专家"，对受教育者的成长与发展拥有绝对的"话语权"，让受教育者成为怎样的人、如何成为这样的人等都是他（她）应尽的职责；受教育者成为怎样的人、如何成为这样的人等问题都是凭他（她）个人的认识、体会，这些认识与体会包括他（她）个人的所见、所闻、所感；受教育者个人无论从身份、地位以及成长需要的条件看都离不开家庭教育施教者，纯粹处于"依赖者"地位，离开家庭教育施教者的指导、帮助，受教育者是没办法健康成长、全面发展的。

二、专制型家庭教育的基本模式

在专制型家庭教育里，施教者是家庭教育的"决策者""发令员"；受教育者是家庭教育的教育对象，是"被改变者"，在家庭教育里处于绝对服从的地位，他们对施教者必须"言听计从"，不能有丝毫的"拒绝"甚至"迟疑""偏离"。专制型家庭教育的教育开展模式一般是单线的，即施教者直接对受教育者发挥"一对一"影响（见图4-1），也有施教者联合其他家庭成员对受教育者发挥"多对一"影响（见图4-2）。

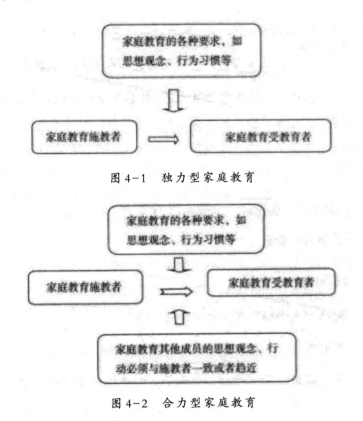

图 4-1 独力型家庭教育

图 4-2 合力型家庭教育

三、专制型家庭教育的影响

（一）积极影响

专制型家庭教育的积极影响主要体现在两个方面：一是容易形成家庭教育的强大合力，对受教育者形成强大的外在推力，促使受教育者基本上甚至完全按照家庭教育施教者的教育意图与要求成长、发展。专制型家庭教育施教者的核心地位决定了他（她）在家庭教育中具有高度集中统一的"权力"，集决策者、号令者、管理者于一体，容易将家庭教育其他成员"团结起来"，容易形成家庭教育的理念统一、调门一致、行动一样的良好局面或态势。二是容易促使家庭教育的受教育者按照施教者的教育意图、教育要求去发展，能快速有效地实现教育目标。专制型家庭教育的受教育者一方面是迫于这个家庭教育人员的"团结""统一"所形成的强大外在推力而被动地往施教者预定的方向发展；另一方面是受从众心理的影响——家庭教育施教者及其他家庭成员都这样认为、这样行动，应该是必须的、重要的，照他们那样去做应该不会吃亏、不会落伍等。这样的情势，这样的想法，就算受教育者之前不愿意、不认可，也会在专制型家庭教育施教者及其成员所形成的合力和造成"多数人这样认为"的态势共同"驱动"下自觉或不自觉地跟着他们往前走。

（二）消极影响

专制型家庭教育的消极影响主要体现在以下三个方面。

一是家庭教育的方向、方法等容易出现争议甚至失误。一个人就算智慧超群、能力出众，考虑问题也难免有纰漏、有瑕疵，毕竟他的观念难免会落伍、他的视角可能会有盲区、他的认识也许会有偏见……于是家庭教育的目标可能过高，也可能偏低甚至不合时宜；家庭教育的方法可能欠科学、不先进甚至错误；家庭教育的要求可能过严，也可能过宽甚至不切实际。这样的情况在家庭教育中并不少见，如大家耳熟能详的"拔苗助长"就是有力的证明，今天常常见之于报端、闻之于广播、传之于网络的家庭教育悲剧就是其中血的教训。

二是家庭教育容易出现多种冲突，给家庭教育带来负面影响。在专制型家庭教育中，如果是施教者个人"专享"对家庭教育的全面主宰，常常容易出现矛盾冲突：家庭教育实施者因其他成员不自觉的"异见""异行"而与之发生"口角"，毕竟家庭教育一个人"独揽大权"，其他人未必服从，多少也会有些异议，尤其是对于那些有个性、有主见的家庭成员来说更是如此，他们不经意地在家庭教育中"插嘴""插手"是常见之事。专制型家庭教育人员完全享有对家庭教育的话语权，对于受教育者来说，在他们深入接触家庭外的各种人与事之前，是会"唯施教者马首是瞻"的，但随着他们与外界频繁与深入的接触，他们会对专制型家庭的专横、高压有所反应：心里有怨言、异议，行动会迟缓、走样……甚至出现比这些更严重的表现。类似这样的家庭教育实施者与其他家庭成员之间、家庭教育实施者与受教育者之间的矛盾冲突如果高频率发生、长时间存在，必然会给家庭教育的整体效果带来负面的影响。

三是容易让受教育者养成家庭教育施教者难以早期发现的追悔莫及的各种"异常"。家庭教育受教育者是正处于不断发展变化的个体，往哪个方向发展，当然取决于他自己，但外界因素的影响是一个不可忽略的环节。在专制型家庭教育中，受教育者可能在心理不够强大的前提下，迫于施教者的高压，养成一切言听计从、逆来顺受、被迫服从的性格；也可能形成别人已经安排好了，自己无须动脑、缺乏主动作为的依赖习惯；还有可能形成迫于压力表面服从，暗里反对，即"阳奉阴违"的双面性格。这样的受教育者的确"听话"，但这并不是家庭教育施教者所希望的。

第二节　放纵型（自由型）的家庭教育

放纵型（自由型）家庭教育是指家庭教育实施者虽然在家庭教育中处于核心地位，对家庭教育拥有话语权，但无论是对家庭教育的宏观规划，还是微观计划都没有深入、完整、明确的思考以及确定，更多的是"心血来潮"式地在家庭内部安排或开展对受教育者的家庭教育。通过家庭教育将受教育者培养成怎样的人，采取什么样的家庭教育方式与方法，怎样安排受教育者的家庭教育活动，受教育者在家庭教育中如何落实家庭教育的要求等，这些需要家庭教育施教者深入思考并加以确定的内容，在放纵型（自由型）家庭教育中一般都是没有经过深思熟虑的，更没有形成具体的家庭教育规划与计划。如偶然要对受教育者开展家庭教育工作，由谁来负责落实也常常是临时安排或看谁有兴趣、有时间就安排谁去实施。"自由"和"不确定"是放纵型（自由型）家庭教育最显著的特点。

一、放纵型（自由型）家庭教育的指导思想

放纵型（自由型）家庭教育的家长通常有这样的想法：一是认为孩子是不用教的，他们自己会自然健康地成长。"仔大仔世界""儿孙自有儿孙福""好人不用教，丑人教不好"等坊间俚语就是他们持这种观点的有力证据；"以前我们的父母早出晚归、起早摸黑，根本没有时间管教过我们，我们照样成功成才"等"生活事实"是他们持这种观点的强力支撑。二是认为孩子不是自己教的，是别人教的，是学校、老师教的。"小的时候有幼儿园教，稍大的时候有小学教，再大点的时候有中学教"是他们的基本认识，几乎完整的教育链"幼儿园—小学—中学（初中，高中）—大学"也是他们能依赖的重要力量。三是认为教育人是一门艺术，没有经过专门培训的人是无法胜任的，家长只能教一些基本的生活常识。认为家长没有经过专门培训，让孩子吃饱、穿好、玩好，看着孩子不让他们出意外，逗逗孩子大家开心开心是可以的，但教育孩子家长就难堪大任了。四是看到孩子实在有些"不正常"时就出手干预一下，看到别人都这样，而自己的孩子没有这样做的，就学学人家，也"这样做做"。

二、放纵型（自由型）家庭教育的基本模式

在放纵型（自由型）家庭教育中，施教者是家庭教育的"决策者""实施者"，受教育者是家庭教育的教育对象，是"接受者"，但是由于施教者对家庭教育的"不确定性认识"或者对家庭教育的"片面认识"，只停留在教一些诸如避免孩子有"出格"危险的基本要求层面。在这样的前提下，孩子的家庭教育就会出现时有时无，或者时强时弱，或者随波逐流——不切合实际地跟随潮流的尴尬情况。放纵型（自由型）家庭教育的教育开展模式，如果从施教者对受教育者实施家庭教育的行为、力量看，基本上是断断续续（见图4-3），时强时弱、忽高忽低（见图4-4），杂乱无章（见图4-5）的"一对一"模式。

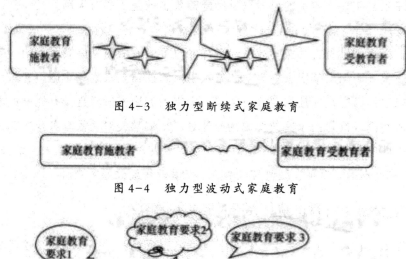

图4-3　独力型断续式家庭教育

图4-4　独力型波动式家庭教育

图4-5　独力型杂乱式家庭教育

从家庭教育受教育者承受教育要求的频率、连贯性看，也是断断续续、忽高忽低、忽多忽少、杂乱无章的。

如果从家庭教育施教者放开对受教育者的教育权限，即除了负起家庭教育主要责任的父亲（母亲）这个家庭教育核心外，其他成员都可以随时随地地对受教育者开展家庭教育的角度看，家庭教育就会出现另外一种模式——"多对一"模式，这种模式参与者发生了变化，即由"一对一"变成"多对一"，教育断断续

续、忽高忽低、时强时弱、飘忽不定、杂乱无章的情况依然存在。"多对一"模式可以用图4-6表示。

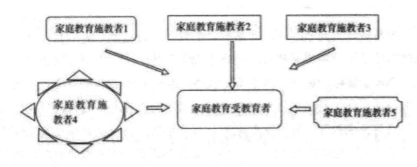

图4-6　合力型杂乱式家庭教育

三、放纵型（自由型）家庭教育的影响

（一）积极影响

放纵型（自由型）家庭教育的积极影响主要体现在两个方面：一是家庭教育施教者可以形成多股力量，能增强施教者的施教力量。放纵型（自由型）家庭教育放纵的一面是指对家庭教育施教者角色的放纵，施教者可以是一个，可以是两个，还可以是三个，这显然比只有一个人负责对受教育者的施教更强大，毕竟"人多力量大"。二是家庭教育有更大的空间与自由度，便于施教者的教育发挥，也有利于受教育者的消化、吸收。放纵型（自由型）家庭教育没有严格、完整、明确的家庭教育宏观规划与微观计划，让家庭教育存在较大的时间间隔、腾挪空间，对于家庭教育施教者来说没有接踵而来的压力，可以抽时间予以分析与思考，看清需要、看准时机对受教育者实施家庭教育；对于受教育者来说，没有应接不暇的家庭教育要求，可以有"喘气与咀嚼的时间"，有助于更好地认识、理解、落实家庭教育的要求，有助于更好地完成家庭教育的目标。

（二）消极影响

放纵型（自由型）家庭教育的消极影响主要表现在以下几个方面。

一是容易错失家庭教育的有利时机。放纵型（自由型）家庭教育因为对家庭教育的随意性很强，很容易让家庭教育错失对受教育者进行教育提升的有利时机，如果没有宏观规划，很可能漏掉家庭教育的几个关键节点，如3岁、8岁、12岁、14岁四个特别年龄段的家庭教育，毕竟"看着办""到时再说"的教育模式很容易受到外在因素的冲击，放纵型（自由型）家庭教育的实施者可能会因为工作忙，也可能以为其他成员会开展相关的教育，还可能有其他原因，如家庭矛盾、个人情感等的影响而不经意忽略家庭教育。如果没有微观计划，很可能在对受教育者实施家庭教育时出现手忙脚乱或没有抓住重点、关键点的窘况，也可能会因为其他意料之外的情况出现，但没有预案而不能让意外或失误成为良好的家庭教育契机等。

二是容易造成家庭教育的混乱局面。放纵型（自由型）家庭教育因为对家庭教育的随意性很强，很容易让家庭教育出现混乱局面，一方面体现在"只要是家庭的年长者，谁都可以对受教育者开展家庭教育"，没有明显的核心，导致家庭教育工作的混乱，你说要加强思想道德教育，想跟受教育者讲名人故事，他说要加强行为习惯的养成教育，要跟受教育者分析其近期表现，没有预先安排或事先约定，也可能出现时间安排的"冲突"；另一方面体现在"家庭教育目标、内容等没有明确、清晰的规划与安排"，什么时候教育什么、什么时候实现什么目标等都不清楚，很可能就会出现这个目标没有达成，又要追求另一个目标，这个内容还没有完成，就要安排另一个内容的"乱象"。

三是容易让受教育者无所适从。放纵型（自由型）家庭教育的混乱，一方面让施教者处于冲突、忙乱中；另一方面也让受教育者无所适从。如家庭教育这个施教者这里有要求，那个施教者那里也有要求，受教育者分身乏术，加之学校又有那么多的要求，受教育者不知道究竟先完成哪些要求。如就某些思想或习惯的看法，家庭教育这个实施者是这样说的，那个实施者是那样说的，如果说法接近甚至一样还好办，如果有差距甚至迥乎不同，受教育者不知道究竟听谁的。

四是容易让受教育者得不到应有的帮助。放纵型（自由型）家庭教育因为缺乏明确的规划与计划，一方面会导致受教育者得不到系统、完整的家庭教育；另一方面容易带来混乱而让受教育者在特别需要教育指导时难以得到及时的帮助。如放纵型（自由型）家庭教育特别依赖学校教育，如果受教育者需要的教育在学校里面没有，或虽有但对学校里的教育不是很明白、有疑问，很可能会因为家庭教育施教者过分依赖学校而没有密切留意受教育者的心理需求、情绪变化导致受教育者很长时间存在迷惘、困惑，久而久之成为很难消除的"痼疾"。

第三节　民主型的家庭教育

什么是民主型家庭教育？对于这个问题，我们先来看什么是民主家庭。什么是民主家庭呢？可以借用苏联教育家苏霍姆林斯基的话作为解释："父母善良和睦，互敬互爱、互谅互让；父母尊重孩子，理解孩子，与孩子成为朋友，这种民主的家庭拥有天下最大的幸福。"参照苏霍姆林斯基对民主家庭的解释，我们将民主型家庭教育定义为：在家庭教育者中，家庭教育的负责人与家庭其他成员在家庭教育中的地位是平等的，只是因为家庭教育的需要而承担角色有所不同，在开展家庭教育的过程中施教者与受教育者之间是相互理解、相互尊重、相互配合的，家庭教育的决策、组织、执行、反馈等环节都是经过民主的各个环节，体现尊重规律、尊重原则、尊重实际、强调集体、强调合作、强调交流、突出平等、突出互动、突出协调等精神。换句话讲，民主型家庭教育就是平等团结、和谐快乐的家庭教育。

一、民主型家庭教育的指导思想

民主型家庭教育的家庭教育实施者一般都会有这样或接近这样的认识：

一是教育是一种合力，不是一个人单独可以完成的。基于这种想法，他（她）就会充分发动家庭其他成员参与到家庭教育这项活动中。

二是教育需要集体智慧，一个人哪怕聪明绝顶也有思维（思考）盲点，"智者千虑，必有一失""百密终有一疏"。因为这种思想，他（她）就会集思广益、广纳良言。

三是教育的对象是受教育者——孩子，要顾及孩子的情感需要，孩子积极参与、密切配合、主动落实，才能让要求落到实处。如果受教育者消极参与、表面配合、被动落实，教育者的行动可能是"隔靴搔痒"，收效甚微，甚至"白做功"。由于这种意识，他（她）就会理解、尊重受教育者，想方设法调动受教育者的积极性、主动性，充分发挥受教育者的主观能动性。

四是教育必须有针对性，所教育的内容和要求除了正确、重要，还必须是受教育者所缺乏的，如果不是受教育者需要的，哪怕非常正确、非常重要也不会让受教育者去接受。这样的理念驱使他（她）深入了解受教育者的情况，找出其存在的"不足"，确定需要及时补充的"内容"。

二、民主型家庭教育的基本模式

在民主型家庭教育中，家庭教育的施教者基本上都是先召开家庭会议或与其他家庭成员深入交换意见、反复研讨达成共识，明确家庭教育的远期目标、中期目标和近期目标，并制定与之相匹配的宏观规划与微观计划等，然后充分考虑受教育者的实际（年龄、性格、心理等情况），遵循科学规律、原则等选定科学、合理的方式方法，创造和谐的环境、构建协调的关系，在理解、平等、合作中开展家庭教育。家庭教育实施者与其他家庭成员之间的联系交流和家庭教育实施者与受教育者之间的联系交流，没有谁先谁后、谁主谁次的严格限制，根据需要可能前者先，后者后，也有可能后者先，前者后；家庭教育实施者开展家庭教育可能直接面向受教育者，也有可能通过其他家庭成员面向受教育者。虽然没有严格的限制，但都有很强的规划性与计划性，它强调在有规划、有计划的基础上突出民主的教育氛围。正是由于这样的情况，民主型家庭教育的基本模式往往没有固定模式，常常随着情况而有所调整，变更模式。相对来说，根据出现的频率，网状式是比较常见的模式，具体如图4-7所示。

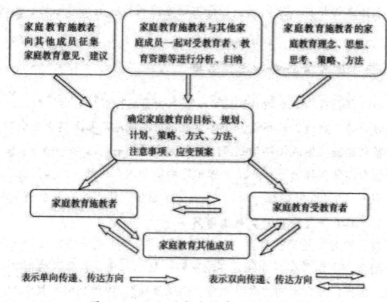

图4-7　民主型家庭教育网状式模型

三、民主型家庭教育的影响

（一）积极影响

民主型家庭教育的积极影响主要体现在以下三个方面。

一是民主型家庭教育的教育目标会更加正确、合适，教育规划和计划更加科学、周详与精准，教育策略、方式与方法更加合理、易操作。民主型家庭教育集思广益、广纳良言、共同研究与分析等思想与行为基本上集中了家庭的集体智慧，尽可能地吸收了外界各种关于家庭教育的信息，包括目标、理念、方法等，具有一定的科学性、前瞻性、先进性、针对性以及可行性，很大程度上避免了个人决策的缺陷。

二是民主型家庭教育的教育环境更适合教育者的发挥，也更利于受教育者的成长。民主型家庭教育的平等思想、尊重意识、谅解精神，让家庭教育实施者容易得到其他家庭成员的理解、支持与帮助，容易形成齐心协力、齐抓共管的良好局面，一方面消除势单力孤的担忧，另一方面形成后方有援的优势，可以勇往直前。民主型家庭教育的平等思想、尊重意识、谅解精神，让受教育者容易获得尊重、关爱、体谅、帮助、和谐等心理感受，一定程度上消除了高压、强制、硬塞的教育氛围，受教育者更加愿意接受施教者的教育。

三是民主型家庭教育更容易帮助受教育者养成良好的思想素养与行为习惯。父母是孩子这个受教育者的第一任老师，父母的一言一行对受教育者有着深刻的影响，特别是当受教育者还处于幼年时期和敏感年龄时期。尊重、关爱、体谅、帮助等思想以及行动是自古至今都备受推崇的精神与品格，一方面是受教育者从心底里渴望的东西，他们更愿意接纳；另一方面是受教育者长期接触的内容，看得见、听得到、摸得着，长期的近距离接触很容易对他们产生深刻的影响，潜移默化地成为他们自己的良好思想素养、道德品质和行为习惯。

（二）消极影响

民主型家庭教育的消极影响主要表现在以下两个方面。

一是民主型家庭教育中民主的尺度难以准确把握，容易造成教育工作的拖沓，降低教育工作成效。民主型家庭教育的主要施教者的民主思想与民主行为虽然可以让家庭教育的目标确立、规划制定、方法选择等变得更加科学合理、精准可行，但也存在考虑过度、讨论过多甚至意见难以高度统一的可能性，这样会影响家庭教育的及时开展；民主型家庭教育的民主思想、民主行为固然可以让受教育者有宽松的受教育氛围、广阔的受教育空间、较长的受教育时间，但如果过度追求教育的良好氛围，过分考虑受教育者的接受空间、认可时间可能会无意中让受教育者陷入家庭教育的低强度、低密度地带，从而影响家庭教育的应有频率、速度，造成家庭教育效率低下。

二是民主型家庭教育中民主的尺度难以把握，容易让家庭教育受教育者揪住施教者的"软肋"，让家庭教育的民主由优势变成劣势，让受教育者滋生不良思想与行为，最终让家庭教育得不偿失。民主本身没有一个明确的界定，在家庭教育中更是如此，如果家庭教育施教者自己对民主的思想与行为拿捏不准，很容易让民主泛化——尊重过度、平等过头、谅解过分、帮助过量等，让受教育者错误地认为施教者可以轻易放松要求、随意改变规则，慢慢地家庭教育施教者就会在不知不觉中放松对受教育者的严格要求，甚至被受教育者牵着鼻子走，或者无意中陷入溺爱、听任受教育者的境地。在这样的家庭教育下，受教育者很容易滋生其他不良的思想道德与行为习惯。

第五章　家庭教育的主要方式

从家庭教育施教者对受教育者进行家庭教育所倚重或借助的媒介看，我们可以把家庭教育分为以下三种主要方式：有声式家庭教育、无声式家庭教育和混合式家庭教育。

第一节　有声式家庭教育

所谓有声式家庭教育，就是指在家庭教育中，家庭教育施教者运用有声的教育形式对受教育者进行教育，帮助他们健康成长，全面发展。有声式家庭教育主要有说的教育、讲的教育、读的教育、唱的教育等，它通过说、讲、读、唱等有声的形式让受教育者知道、理解、认可家庭教育施教者提供的家庭教育内容，让受教育者在说、讲、读、听等环节中得到教育，进而影响其自身的思想及行动。

一、有声式家庭教育的理论依据

有声式家庭教育的施教者通常这样认为：一是"人是很容易受到外界信息的暗示的"。这一点我们可以从心理学家伯特伦福勒的巴纳姆效应中找到依据。二是有声式家庭教育自古以来就是家庭教育的常用方式。如古代著名的"孔母教子"的故事，孔子的母亲颜征将教唱歌作为教育孔子的重要方式；北宋司马光看到儿子司马康污损图书马上予以训诫，日常也经常训诫"食丰而生奢，阔盛而生侈""由俭入奢易，由奢入俭难"；清代大学士张英在《聪训斋语》中屡次提到做人要立品，强调读经书的重要——"读经书、修善德"。三是古今中外有大量的教育故事、传说、格言、歌谣，其中，故事情节生动，引人入胜；传说曲折离奇，扣人心弦；格言言简意赅，耐人寻味；歌谣通俗易懂，朗朗上口，这些都非常适合受教育者去听、去读、去唱，特别是经过施教者的加工，声情并茂，为这些原本已经具备很强吸引力的教育素材增添了新的魅力。四是受教育的对象毕竟年龄小、阅历浅、经验少,理解力和辨别力相对较低,还需要及时地予以帮助。如父母亲自给幼儿讲故事或用播音设备给幼儿播放故事,教他们读《三字经》《弟子规》《千字文》《百家姓》《增广贤文》,父母面对幼儿出现的某些不良表现予以纠正及解释等都是常见做法。五是"操千曲而后晓声,观千剑而后识器",强调经过多次反复的熟悉能帮助受教育者提高理解力。常常向受教育者讲述成人、成才的故事及道理,让受教育者经常唱成人、成才的歌谣都是可行的做法。

二、有声式家庭教育的常见方式

有声式家庭教育作为一种源远流长、经久不衰的家庭教育方式,主要有以下几种形式。

(一)说故事

我国是历史悠久的文明古国,有着数不胜数的为人称道的关于成长成才的感人故事,我们几乎不需要额外的时间与精力、财力就可以轻而易举地找到适合不同阶段、不同需要的受教育者的经典故事。我们要做的只是抽出些时间给受教育者讲述那些精彩故事,分析里面蕴含的深刻道理、高贵精神和高尚行为。口头表达能力出众的可以亲自"操刀上阵",口头表达能力一般的可以"请人代劳"——利用录音机、专门讲故事的故事机和各种播放器等。

(二)讲道理

我国还有很多关于为人处世的正确道理,它们大多以格言、谚语、成语、名句的形式出现,有的背后有着感人肺腑的故事,以故事的形式流传下来;有的有着多重的含义,以诗歌的形式广为传播;有的就是片言只语……这些内容有的浅显易懂,一目了然;有的艰涩隐晦,需要必要的解说予以协助,特别是对于那些进入学校前或入学后仍处在低学段的受教育者而言;还有些良莠并存,需要经过必要的甄别,有选择地进行解读。例如,关于在名胜古迹留诗刻字的争论,有小孩提及《西游记》有孙悟空"到此一游"的题字情节,中国很多名胜古迹中有古代名人留下的诗歌、书法等作品,如果施教者不及时予以协助和解读,很可能会造成误解。

同时,受教育者正处于急剧变化、快速成长的阶段,容易受外界因素的影响,在受到外界影响前、影响中、影响后都需要及时给予他们适当的提醒和指点。另外,受教育者在成长过程中可能会走偏甚至犯错,这个时候需要施教者及时"拯救",或是牵引,或是阻挡,这时要给受教育者讲清楚为什么、怎么办的原因或道理。例如,小孩因为诚实而在生活中感到委屈甚至吃亏,对父母或老师提倡的

"为人要诚信、守诺言"如果不及时予以解说，很可能会出现偏离"航道"的危险。

（三）唱歌谣

我国作为四大文明古国之一，还是一个诗的国度，一个歌的家园。古代很早就有运用歌谣教育孩子的记载，现代也有运用歌谣教育孩子的案例，如伟大教育家陶行知就是运用歌谣进行教育的倡导者与践行者。今天也有主张儿歌教育课程化的倡议与研究，唱歌谣教育包括施教者唱给受教育者听和施教者教、受教育者唱的形式。北京大学教授、著名学者陈平原先生预言，儿歌将在21世纪回到文学的主体地位。如果这个预言成为现实，教受教育者唱歌谣的教育形式会更加流行。

三、有声式家庭教育的优劣

（一）有声式家庭教育的优势

有声式家庭教育，无论是说故事，还是讲道理，抑或是唱歌谣，它们的共同特点是有声音的教育，只是声音的呈现有所不同，说是说的声音，讲是讲的声音，唱是唱的声音，但目的是相同的，都是借助声音对受教育者施加影响，引导受教育者能在人生旅途中行得正、站得稳，避免误入歧途；使教育入耳、入脑、入心，最终留下深刻印记，内化成一种精神、一种品格。

施教者对受教育者说的故事多，即输入多，受教育者听的故事也就多了，听的过程也会思考以及与施教者交流，这样思考也多；施教者的观点多，今天说一个，明天说一个……日积月累，积少成多，汇沙成塔，从量变到质变，受教育者在故事的引导下会深受影响：其中应有自己的学习楷模，推崇的思想品质，欣赏的行为习惯并慢慢形成自己的价值观、人生观。说故事会润物无声地影响受教育者，讲道理也一样，唱歌谣亦应如此，计日程功，潜移默化。

（二）有声式家庭教育的劣势

有声式家庭教育借助的媒介是声音，这个声音首先是施教者的声音，包括施教者本人发出的声音，如亲自说故事、讲道理、唱歌谣，也包括非施教者的声音，如播放器发出的声音。在教育效果方面，声音的质量是一个不可忽略的因素，众所周知，一个好的声音，包括音质、音调，大家都喜欢，这是毫无疑问的；一个不好的声音，让大家都喜欢是不现实的。也许有人会说，施教者声音一般，那就借助播放器呗。但播放器选哪个声音才是受教育者喜欢的，谁也没法保证。同时，播放器里那个人物的那种情感也未必一定是受教育者所喜欢的。可见，声音对教育质量来说是一个不稳定的因素，这是有声式家庭教育方式的一个劣势。

有声式家庭教育，无论是说故事，还是讲道理，抑或是唱歌谣，大多是家庭教育施教者说了算，所选的内容并不都是受教育者所喜欢的，模式或流程几乎都是施教者说（讲）、受教育者听，唱歌谣时会由施教者教、受教育者唱或者两者一起唱，但形式还是略显单一而且固化（期间虽然有双方的交流讨论，但毕竟不是经常的，而且时间也不长）。这样的情况就很容易出现审美疲劳，久而久之产生厌倦感，这是有声式家庭教育方式的另一个劣势。

第二节　无声式家庭教育

无声式家庭教育是相对于有声式家庭教育而言的，是指在家庭教育中家庭教育施教者运用无声的教育方式对受教育者进行教育，帮助他们健康成长，全面发展。无声式家庭教育主要采取除了说故事、讲道理、唱歌谣等有声式教育方式外的方式开展家庭教育，通过施教者提供或创造的条件让受教育者在看、学、做、思等活动中得到教育，进而影响受教育者自身的思想道德、价值观念以及行为习惯等，最终完成家庭教育的目标，实现家庭教育的目的。

无声式家庭教育的施教者一般持有这样的观点：一是"正先正己"具有强大的说服力。春秋时期季康子问政于孔子，孔子说："政者，正也。子帅以正，孰敢不正？"（政就是正的意思。您本人带头走正路，那么还有谁敢不走正道呢？）汉代桓宽在《盐铁论·疾贪》中说，"欲影正者端其表，欲下廉者先之身"（要想影子正就把个人仪表搞端正，要叫下属廉洁先要自身廉洁）。施教者想将受教育者教育成怎样的人，他自己就先要成为怎样的人。这里怎样的人既可以从整体上说，也可以从某些方面说，只有这样要求自己，才能理直气壮、义正词严地要求别人那样做。正如"打铁还需自身硬"，不然打到铁板，铁板没有变形自己却变形了，怎么能将铁打造出需要的样式呢？二是"以身作则"具有很强的引领力。孔子在《论语·子路》里指出，"其身正，不令而行；其身不正，虽令不从"（执政者自身行为正派，没有命令老百姓也会自觉行动；执政者自身行为不正，即使发布命令老百姓也不会听从）。南朝时期宋代的范晔在《后汉书》里提到"以身教者从"（以自己的模范行动教导百姓，百姓就接受你的教化）。西晋哲学家杨泉在《物理论》中说"行之以躬，不言而信"（亲自去做，即使不用去说也能取信于人）。三是受教育者具有很强的模仿倾向。瑞士儿童心理学家皮亚杰在他的研究中指出儿童具有模仿的能力；美国心理学家班杜拉经过大量实验研究，建立了现代社会学习理论，对人的观察行为作出了比较全面而客观的解释：人是有学习活动的，这种活动是通过观察他人在某种特定情境里的行为，审视他人所接受的强化，把他人的示范作为媒介的模仿活动。"模仿是儿童早期发展的主要能力之一，它是儿童在特定文化背景下，从别人那里获得相应行为方式的能力。"

第三节　混合式家庭教育

　　混合式家庭教育就是指将有声式家庭教育与无声式家庭教育这两种方式搭配起来运用的家庭教育方式。将有声式与无声式家庭教育结合起来使用，刚好避免了单一使用其中一种教育方式所存在的缺陷，相应地形成一种互补，大大地降低了长期使用其中一种教育方式带来不足的风险。

　　在混合式家庭教育方式中，如何协调好有声式家庭教育与无声式家庭教育的运用机制，即何时用有声式家庭教育、何时用无声式家庭教育、各自运用的时间怎样分配、如何安排两者的使用秩序或同时使用等，这些问题应该结合家庭的实际情况来考虑，如考虑家庭教育施教者的综合素养、家庭教育施教者与其他成员的教育共识与教育协作、受教育者的具体情况等。

第六章 家庭教育应该具有的基本心态

第一节 愿意等的心态

愿意等的心态就是指在家庭教育中，家庭教育的施教者根据家庭教育、孩子成长、能力形成与提高的规律和孩子及其生活、学习环境的实际情况，接受受教育者的发展变化需要有个过程，而且可能是长时间且充满不稳定性的过程的教育心态。这既是家庭教育所必需的良好心态，也是家庭教育施教者必须具备的最基本的理念与精神。有人将家庭教育比作农业工作，家庭教育中的施教者是农夫，受教育者是被栽培的农作物，家庭教育施教者对受教育者的教育就是农夫对农作物的栽培。农田里农作物的生长是有规律的，成长是有个过程的，从种子破土露出地面，由嫩芽、幼苗长成壮苗乃至成熟收获需要一定的时间，甚至是漫长的时间。事实上，这种比喻是很有道理的，受教育者某种思想的形成、某种习惯的养成、某种行为的持续，是有个过程的，不是突然间就形成、养成、出现的；如果这些思想、习惯、行为是有瑕疵甚至是不好的，需要改变乃至清除，这同样需要时间和过程，不可能一蹴而就。因为时间久了，思想、习惯等不仅会固化，而且会渗透到深处，就好像在树干上涂油漆，时间久了油漆会渗入树干内部，入木三分。同时，要改变乃至清除受教育者这些有瑕疵的思想、习惯、行为也不是一帆风顺的，其中充满"拉锯"式的争持、改变了又恢复原形的多次反复这样的"激烈冲突"。

另外，受教育者的改变大多数是被迫的，不是出于自愿、自觉，难免有怨气甚至有恶语，其改变也是拖拉、迟缓、"一步三回头"式的，如果逼迫急了，也不能保证他们不会跟你"对着干"，你越是要求快改，他们越是慢改；你越是焦急，他们越是拖沓，甚至干脆"破罐子破摔"。改变的确很艰难，我国台湾地区著名电

/ 43 /

视时事评论员唐湘龙先生对此有精辟的见解："人换衣服，换头发很简单，要换脑袋非常困难。"

所以，家庭教育施教者这个"农夫"如果无视农作物生长的规律、成长需要时间的现实，一味追求生长速度、期盼快速收成，很可能会再闹出新时代的"揠苗助长"的笑话，陷入"欲速则不达"的尴尬，甚至劳而无获。

既然如此，我们作为家庭教育施教者与其承受"吃不了热饭反而被热饭烫着"的风险，不如稍微缓一缓心态，停一停步伐，饭一口一口地吃，路一步一步地走，来个"慢咽细吞"，在时光慢慢流淌里静待花开。

第二节 敢放手的心态

敢放手的心态是指在家庭教育中，家庭教育的施教者根据家庭教育、孩子成长、能力形成与提高的规律和孩子及其生活、学习环境的实际情况，相信孩子凭借自己的综合能力可以相对独立或者完全独立地做好力所能及的任务的心态。这是家庭教育所必需的良好心态，也是家庭教育施教者必须具备的理念与精神。如果家庭教育施教者没有敢于放手的思想和胆识，自然就没有相应的行动。一旦家庭教育施教者这样认为，并且这样行动，那么他就会对受教育者干什么都担心，对受教育者的所有事情都过问甚至代劳乃至包办，这样只会让家庭教育施教者一直处于高度紧张甚至焦虑的状态之中，一直会有忙不完的事情，家庭外面的事要忙，家庭里面的事也要忙。长期下来，家庭教育施教者会不堪重负，若一切都顺利，再忙再累可能也乐意；若偶尔有磕碰，甚至诸事不顺，不忙不累也会不乐意。这样的经历、这样的感觉，相信不少的家庭教育施教者都不陌生。不相信孩子，不给孩子空间，这是非常不利的：一方面，家庭教育施教者因为事无巨细全包全揽，会陷入疲于奔命之中，没有精力也没有时间抽身把家庭教育的主要事情做好，所谓"好钢用在刀刃上"，但此时此刻是没办法这样做了；另一方面，受教育者很多能力并非与生俱来的，而是后天形成的，特别是心理承受能力（如情绪控制能力、抗挫折能力、应急处理能力）、生活自理能力（煮饭、做菜、洗衣、简单修整家具）、人际交往能力等，这些能力如果没有家庭教育施教者的放手，或者施教者想放但不敢放手，受教育者就没有办法在后天获得锻炼的机会，能力的形成也就无从谈起。事实证明，很多受教育者无法在能力形成关键时期获得应有的锻炼而最终没有养成必要的能力，是因为家庭教育施教者不敢、不愿放手。如中国青年网2017年5月刊发题为《1/3受访者觉得孩子自理能力差父母"过度照顾"》的文章，其中提及：中国青年报社会调查中心联合问卷网对2020名受访者进行的一项调查显示，33.4%的受访者觉得现在孩子的自理能力差，63.9%的受访者认为孩子自理能力变差的原因是父母及家人的溺爱；接受采访的上海某小学班主任郑穆琴说，"有些父母溺爱孩子，什么都不舍得让孩子做，生怕磕着、碰着、累着"。

因为错过在能力形成关键时期获得应有的锻炼而无法获得应该具备的能力，从而对今后生活、工作带来消极影响的报道也屡见不鲜。如东方网2014年9月刊登题为《年轻夫妻婚后缺乏生活自理能力日常家务成"难题"》的文章指出，"因为原先在家被父母照顾得无微不至而缺乏生活自理能力，做饭和搞卫生这些必备的日常家务活儿成了一道'难题'"。北方网2011年7月刊登题为《暑假不妨给孩子补补生活能力课》的文章指出，"除非是某一方面的奇才，每个人都需要有独立生活、自我管理的能力。一个才华横溢但缺乏生活自理能力的人，很难说是健康的，也很难在社会上立足。被认为'天才'的少年考入高校后，又因缺乏生活自理能力而退学，这样的案例已非个别"。

为了让家庭教育施教者减轻负担，减少焦虑；为了让受教育者能在能力形成的关键时期有时间和空间去培养那些应该具备的能力，我们还是要"该放手就放手"。作为家长，要督促、教会小辈们养成做家务的习惯，不要越俎代庖，不要样样主动包办小辈的家务活儿，该放手的要放手，即使放不了手也要狠心放手，让其渐渐地能独立自主生活才是家长们最理想的目的。

第三节 容许错的心态

容许错的心态是指在家庭教育中，家庭教育的施教者根据家庭教育、孩子成长、能力形成与提高的规律和孩子及其生活、学习环境的实际情况，容许他们在成长过程中犯错的心态。容许错的心态是家庭教育施教者应该具备的基本思想观念和心理状态，这是因为"人非圣贤，孰能无过？"圣人也会犯错，何况一般人，更何况那些还没有长大的受教育者？也因为家庭教育是一个长期的过程，至少经历十几年，而且家庭教育这个过程不是一马平川，而是充满高低起伏的，受教育者在这个漫长又起伏不定的成长历程中难免会犯这样或那样的错误，而且这些错误有时会"你方唱罢我登场"，有时会隔三岔五出现，完全没有规律，也不能确定是大还是小。作为家庭教育施教者，如果没有容许受教育者犯错的心态，就很难坚持下来。如果施教者没有容许受教育者犯错的心态，受教育者稍微犯错就可能会对其揪住不放——究责任，以儆效尤；分析原因，以免重蹈覆辙；指明方向，助其改正。施教者也有可能会唉声叹气—怜悯其不幸运，埋怨其不争气，怒其不明智。这样持续下去，作为家庭教育施教者，肯定整天提心吊胆，吃不香、坐不定、立不稳、行不远、睡不甜。如果施教者没有容许受教育者犯错的心态，就不会放手让受教育者自己尝试他们渴望做又应该做的事情，这样一来施教者又要对受教育者时时刻刻关怀备至，"眉毛胡子一把抓"，自然会增加自己的负担，导致没有时间和精力腾出力量来抓好家庭教育的重要事情，从而影响家庭教育的计划实施、目标达成；同时，也因为施教者不放手，受教育者也就没有独立锻炼的机会，自然也就错过受教育者后天能力形成的最佳关键时期，没有机会独立行事，就会缺乏应有的经历，就难以积累相关的经验，没有独立行事的经历，也就可能没有犯错后获得的教训……如此一来，后天能力培养也会大打折扣，甚至无从谈起。

法国作家罗曼·罗兰说："人生应当做点错事。做错事，就是长见识。"英国著名的科学家戴维也曾经说过："我那些最宝贵的经历都是失败后得来的。"心理咨询师彭华勇在其博客上的文章《不允许犯错，就是在扼杀孩子的天性》中指出，"相信孩子，在可承受的容错范围内，给孩子一个充裕的空间让他去尝试。我们需要明确的是：试错也是孩子成长路上所必不可少的一个重要环节"。所以，家庭教育施教者应该基于既为自己考虑，也为受教育者考虑的原因，即为己为人，用容错的心态替代以往根深蒂固的不容许受教育者犯错的老观念、旧思想。《战国策·楚策四》曰："见兔而顾犬，未为晚也；亡羊而补牢，未为迟也。"此时此刻，施教者"悬崖勒马"还能来得及，让受教育者有犯错后改正的机会，在知错能改、有错就改的独立行走中培养自己应该获得的能力。

第四节　不比较的心态

所谓不比较的心态，就是指家庭教育中，家庭教育的施教者根据家庭教育、孩子成长、能力形成与提高的规律和孩子及其生活、学习环境的实际情况，不轻易将受教育者和别人（包括自己的兄弟姐妹、亲戚以及他们的同学）作比较（尤其是频繁比较）的心态。比较应该是一种很好的思维和常用的方法或者技巧，"不怕不识货，就怕货比货""有比较才能知优劣"，这些大家耳熟能详的俗语能够代代相传，为人们所熟识，就是很有力的说明。在日常管理中，"比较"的使用范围是十分广泛的，使用的频率是相当惊人的：在国家经济监测中，我们每月或者每季度都有与上一年相同时期的对比，如GDP的对比、CPI的对比、国家进出口同期对比等；在企业经营管理中，有生产成本、产品销售、利润增长等方面的对比；在学校教育教学方面，外部有校际考试成绩对比，内部有班级之间整体成绩的比较和学科成绩的比较等。

比较在各行各业里大行其道，大受欢迎，广泛应用于对质量、数量变化的了解，管理方法、策略的采用，物品、人才的甄别与选择，但不见得就适合在家庭教育中将这个受教育者与另一个受教育者作比较，或者将自家的受教育者与别的家庭的受教育者作比较。事实上，大多数人是不喜欢拿自己与别人作比较的，无论是自己主动地与别人比较，还是被动地与别人作比较（别人拿自己与另外的人作比较），除非自己已经相当出色，比那些比较对象要出色得多，希望比较后能对自己有利，如获得物质奖励、赢得良好名声、取得高级职位等；否则，能少比较就少比较，最好能不比较就不比较。在教育领域里，受教育者大多处于被动的位置，他们经常不是被拿来跟这个比较，就是跟那个比较，因而对比较更加敏感。在日常教育特别是家庭教育中，经常会有因为家庭教育实施者动辄就将受教育者与其他受教育者比较而引发不愉快的事情发生。轻者，导致施教者与受教育者关系紧张，施教者的教育常被当作耳边风；稍重者，导致受教育者刻意与施教者对着干，施教者要求这样，受教育者偏偏不这样；严重者，受教育者让施教者寝食难安，有的受教育者故意到同学或朋友家或滞留在网吧、KTV里，减少与施教者的相处时间，也有的受教育者决裂地离家出走，这里逗留几天，那里停留几天，让施教者干着急。很多时候，这些冲突因为其他因素的影响而导致意外，甚至引发悲剧，最后让人后悔不已。

可见，"比较"这个思想和方法是一把"双刃剑"：用好了，可以借助它来了解家庭教育实施的优劣，可以帮助受教育者看到自己做得好的一面，自己做得不够的一面，找到努力的方向，也可以让其找到前进的动力；用得不好，可能会因此而引发很多让人意料不到的意外甚至麻烦，"剪不断，理还乱"，让施教者陷入"心力交瘁"的旋涡里，最终筋疲力尽。所以，家庭教育的实施者应该对"比较"有清醒的认识，对"比较"这个思想和方法慎重使用，最好有不轻易比较的心态。

第五节　勿跟风的心态

所谓勿跟风的心态，就是指家庭教育中，家庭教育的施教者根据家庭教育、孩子成长、能力形成与提高的规律和孩子及其生活、学习环境的实际情况，以及既定的家庭教育目标、教育规划等，不轻易改变既定方针、不随便改变已有做法，更不会盲目跟风的心态。这里所说的"风"当然是风气，风气是无处不在的，而且是到处传播的，可以传播到这里来，也可以传播到那里去，就好像流水，哪里低就流向哪里一样。在教育这个领域，特别容易形成风气，也特别容易出现盲目跟风的现象：如到国外留学的风气，入读名校的风气，还有安排受教育者参加各种培训机构的风气，受教育者喜欢也罢，不喜欢也罢；受教育者有需要也好，没有需要也好，别人都去做，我也要去做。

教育领域里的这种风气、这种盲目跟风的情况也蔓延至家庭教育中：一是家庭教育的施教者容易跟风学习其他家庭教育施教者的做法，如人家认为"艺多不压身""艺高人胆大"，把受教育者的周六周日安排得满满的，今日奥数、舞蹈，明日美术、英语；我家也不能落后，也把受教育者的周六周日时间塞得严严实实的。二是家庭教育施教者容易跟风学习其他家庭的教育方式、方法或一些所谓的家庭教育家推崇的"舶来品"教育理念、方法，一时是美国的，一时是法国的，一时又是澳大利亚的；别人突出理财教育，我也突出理财教育；他人强调礼仪教育，我也强调礼仪教育；人家推崇严厉教育，我也推崇严厉教育。

家庭教育施教者的盲目跟风，让受教育者苦不堪言：一是平添不少额外的学业负担，原有的课业压力已经很大，现在更是"雪上加霜"。二是平时要应付学校的课业已经很少有自己的时间和空间，现在则根本没有自己的时间和空间，既无法腾出时间、挪出空间有针对性地"扶弱""补缺"，根据自己的兴趣发挥特长也都无从谈起、无法实施，弱的依然是弱的，缺的还是缺的，有兴趣的得不到满足，有特长的无法成为特长。道客巴巴和百度文库两个网站先后刊登题为《小学生不堪奥数折磨写信求助称无周末也无童年》的文章，这在某个侧面反映了家庭教育实施者盲目跟学奥数的风气无意中给受教育者带来了心理和精神伤害。中国教育在线、百度文库等网站都刊登过《给孩子补课带来的伤害》的文章，指出跟风式参加周六周日课外补课会给受教育者带来严重的危害：丢失对学习的兴趣，丧失学习自信心，因学业过于繁重而让身心得不到调整、锻炼，也使受教育者与施教者的沟通受影响。三是不考虑家庭实际情况（教育实施者情况、受教育者情况、家庭背景情况、家庭教育目标），盲目跟风教育，时而严厉教育，时而宽容教育；忽而赏识教育，忽而批判教育，常常让受教育者无所适从，最终一事无成。

为让家庭教育施教者少一些后悔与遗憾，我们倡导施教者应该多一些思辨的思维，多一些坚持力，拥有不随便跟风的心态。

第七章 了解孩子

"知其心，然后能救其失也。"

《礼记·学记》

小画走进学校心理咨询室，耷拉着脑袋，散漫地走到沙发边，坐下后，懒洋洋地靠在沙发上："我受够我妈妈了！不，严格来讲，她都不是我妈！我现在这个样子，都是她造成的。"小画右手放在额头，低垂着眼睛，皱着眉头，边摇头边说。

小画被医院诊断出重度抑郁症。小画的父母关系一直不好，经常吵架，在她小学一年级时，妈妈只身一人离家住到了另一个小镇，留下她跟着爸爸和爷爷奶奶生活。每个月，小画都会主动过去找妈妈，但妈妈总是有各种事情，要么睡觉要么打麻将，留下小画独自在客厅。随着小画渐渐长大，小画觉得妈妈一点都不爱自己。自己的存在对妈妈而言是可有可无的。到大学后，看到其他同学和妈妈说说笑笑，有事情可以互相商量，而自己的妈妈却未曾主动打电话给自己，内心越发觉得妈妈一点儿都不爱自己。当初选这个专业，也是妈妈硬要让自己填报的，觉得这个专业就业形势比较乐观；有时候还要给自己揽活，如帮某个阿姨的孩子免费补习作业等，好像自己成了妈妈经营关系的工具，但妈妈却总是说："我这是为了你好。"现在小画得了抑郁症，妈妈却觉得是小画矫情。小画越想越不开心，她觉得妈妈一点都不了解自己，也从来没有想过要了解自己，只是按照她的方式来跟自己相处、沟通，妈妈给的都不是自己想要的，小画想要跟妈妈断绝母女关系。

当小画的妈妈走进咨询室的时候，含泪诉说着自己这几年的艰辛、对女儿的付出，却不曾想到自己的付出换来了女儿要离开自己的决心，她看着小画说道："妈妈怎么可能会不爱你！"

"妈妈怎么可能会不爱你！"道出了多少母亲的心声，为什么这份爱有些子女却感受不到呢？诚如小画所说的："妈妈给的都不是自己想要的。"了解孩子，是家庭教育之始，是良好亲子关系之始。

第一节　为什么要了解孩子

　　孩子从一出生来到父母的身边，每次一哭，父母就开始揣摩：是不是饿了？是不是该换尿布了？是不是想抱了？……于是一一尝试，一一排除，最终找到让孩子停止哭的方法，在不断探索中，父母慢慢找到婴儿的规律，开始知道什么时候是要吃了，什么时候是要换尿布了……这个探索，就是了解婴儿的过程。所以，了解孩子，是从孩子一出生，父母就自然而然投入的事情。教育家蒙台梭利就说过："教育所面临的最紧迫的任务，就是去了解这个尚未被认识的儿童，并把他从所有的障碍物中解放出来。"

一、了解孩子，是陪伴孩子健康成长的重要前提

　　三岁的田田和爸爸在楼下散步回来，田田开心地跑在爸爸身后，看见电梯，喊着："我来按电梯，我来按电梯。"结果爸爸一个手快，按了电梯按钮，原本开心的田田开始大哭大闹，不肯进电梯，面对哭闹不止的田田，爸爸一把抱起田田进了电梯。到家后，田田还是哭着"我要按电梯，我要按电梯"，爸爸终于不耐烦了，对着田田吼道："哭什么哭，无理取闹，男孩子哭哭啼啼，再这样爸爸不喜欢你了！"被吼的田田哭闹得更大声了。妈妈开门进来了解情况后，抱起田田问道："宝贝是不是想要自己按电梯？"田田点点头。"那我们重新去楼下，你按了，我们再上来好吗？"田田停止哭闹，点头同意。于是，妈妈抱着田田到楼下，田田自己按了电梯按钮，坐电梯回到了家。田田终于破涕而笑，开开心心跑去玩玩具了。一旁的爸爸不停摇头，对田田妈妈说道："都是被你宠成这样的！"田田的妈妈拿来书，向田田爸爸普及了"敏感期"的知识，后来，奶奶在面对类似情况抱怨时，田田爸爸安慰奶奶说，这个时期的孩子都是这样的。

　　田田爸爸从最初的抓狂，到后来安然接受并开导田田奶奶的转变，最大的原因是了解了田田这个成长阶段心理特点的知识，了解田田为什么会变得如此"不可理喻"，因而安然接受田田的情绪反应。

　　了解孩子，就要了解孩子的成长特点，这样才能陪伴孩子健康成长。婴儿在其成长过程中，需要完成一个又一个内在的心理发展任务，经历一段又一段完成特定心理任务的时期，这个时期称为敏感期。荷兰生物学家德·弗里在研究动物成长时发现，蝴蝶幼虫总是围绕在有光的地方，但这种特性在幼虫长大后就逐渐消失了，由此提出了"敏感期"的概念。意大利著名教育家蒙台梭利在幼儿身上

也发现了同样的现象，提出了"敏感期教育"。敏感期是指孩子在自身内在生命力的驱使下，于某一特定时间内，特别关注某一事物的特质，并且不断重复实践的过程。上述例子中的田田正处于"执拗敏感期"，试想下，如果田田妈妈也不了解田田这个行为是三岁孩子执拗敏感期的行为特点，田田的情绪可能就在父母的责备中中断了，他的内在需求受到妨碍而无法发展，就会丧失学习的最佳时机，日后若想再学习发展任务，不仅需要付出更多的时间和精力，效果也不尽然明显。所以，了解孩子的身心发展特点，有助于了解孩子的行为，接纳孩子的情绪，从而帮助孩子顺利渡过生命中的每一个成长时期。

二、了解孩子，是引导孩子成长的重要桥梁

在前面的个案中，小画的妈妈始终不明白，之前如此乖巧的女儿，怎么变得如此叛逆，处处与自己作对；之前如此优秀的女儿，现在却厌学，没有了生活目标。"我是看着心疼，看着难受，但我真的不知道该怎么办！"小画的妈妈泣不成声。彼此不了解的母女，在面对问题的时候，除了彼此抱怨，似乎都束手无策，最终都采用了最简单的方式：我不想理你。小学一年级分开之后，两个人很少有情感上的交流，已经习惯说着"吃饱了吗？""注意多穿点衣服！"之类的话，后来在咨询师的帮助下，彼此慢慢打开心扉，女儿终于说出了自己厌学的原因，其实并不是厌学，而是内心苦闷，因为自己想要考研的想法告诉妈妈的时候，不曾料到妈妈立马就否定了，认为自己仅仅是心血来潮，肯定会考研失败。小画的妈妈终于明白女儿对未来的规划以及曾经的回应给女儿带来的苦闷，她突然感觉到乖巧的女儿其实一直未消失，只是自己一直不了解，对女儿一味指责，却从来没有想过真正倾听女儿内心的真实想法、真实感受。在了解女儿的真实想法后，小画妈妈开始支持小画考研，并积极做好女儿考研的后勤工作，小画也全力以赴投入考研的学习中。

了解孩子，就是要了解孩子内心的真实诉求，这样才能引导孩子成长。当孩子出现不符合成年人期望的行为时，家长往往会困惑："我的孩子怎么变成了这样？"从而，把所有的责任都归结在孩子身上。只有耐心倾听孩子为什么要这样做，了解孩子内心的真实诉求，才能找到问题的根结所在，这样，寻找问题解决的方法就会变得容易得多。

三、了解孩子，是良好亲子情感联结的保障

"妈妈，我不要上台！"清清拉着妈妈的衣角，含着眼泪轻声说道。这是四岁清清第一次要上台表演节目，她有些紧张害怕。清清的妈妈笑着对清清说："宝贝，不要紧，就是上去唱一下，没什么大不了的。"清清依然摇头，妈妈继续说

道:"你看,其他小朋友都上去了,妈妈相信你也可以做到!"妈妈还没说完,清清开始大哭:"我不要上去,我不要上去!""在家不是练得好好的嘛,在家什么都会,出门胆子这么小,不就是上去一下!"妈妈终于变得不耐烦,清清见状,哭得更大声了。

对于四岁的孩子而言,第一次上台,是需要很大勇气的事情,清清的妈妈显然只是处于清清不上台给她带来的焦虑当中,忽略了孩子的这份恐惧。年幼的孩子往往不能清晰表达自己的内心感受,内心感受得不到妈妈的理解,而妈妈的指责反而让清清承受了更大的压力。所以,当妈妈的反馈不是清清想要的时,清清终于委屈至大哭,对话无法继续。

了解孩子,就是要了解孩子自己的感受,只有这样才能真正建立亲子情感联结。回想我们自己在日常人际交往中,如果对方的反馈能直达你内心的感受,让你觉得他确实是理解你的真实感受了,你会觉得对方是在认真聆听,并能理解你的感受,这样的聊天会让你感觉非常愉悦,所以,你也会更乐意跟这样的人待在一起,也更愿意与他们分享自己的点点滴滴。也许你们之间所说的话不多,但和能够了解自己的人在一起,可以让自己变得更愿意分享,内心变得更坦然、更幸福。相反,如果对方是一个不了解你的人,尽管表面上看似在聊天,但总感觉无法直达内心,似乎总是存在一个隔阂,你讲着自己的恐惧,对方却认为这份恐惧是无法理解或可以直接忽略的,大谈特谈自己的兴奋,你也许已经不想再继续这次的对话。亲子关系也是如此,如果孩子认为父母是了解自己的,特别是了解自己的内心感受,如清清的妈妈了解孩子第一次上台因没有经验而不安、害怕,这份了解会让清清有更大的安全感,觉得妈妈在身边是一份支持而不是压力。在善于了解、理解自己的父母身边,孩子会更乐于和父母分享自己的成长故事、成长困惑,亲子之间的情感联结更为紧密,亲子关系就变得更和谐。

第二节 了解孩子的原则

所有的父母都爱孩子,都渴望尽自己所能给孩子更多的爱与支持,也期待在孩子的任何一个成长阶段,都能成为最了解孩子的人。真正的了解,是懂得孩子成长阶段的身心特点,是走入孩子的内心深处,切身体会孩子的真正感受;真正的了解,不仅仅是知晓,更是懂得引导和教育。

一、了解孩子,意味着要多陪伴

父亲下班回家已经很晚了,身体疲倦、心情也不太好。这时,他发现5岁的儿子正靠在门边等他。"我可以问你一个问题吗?"儿子问。"什么问题?"父亲有些不耐烦。"爸，你1小时能挣多少钱？""这与你无关。为什么要问这样的问题？"父亲生气地说。"我只是想知道。"儿子望着父亲，恳求道："请告诉我，你1小时挣多少钱？""假如你一定要知道的话，那我就告诉你吧。我1小时挣20美元。"父亲有点按捺不住了。"喔。"儿子沮丧地低下头。过了一会儿，他又抬起头，犹犹豫豫地说："爸，可以借给我10美元吗？"父亲终于发怒了："如果问这种问题就是想要向我借钱去买毫无意义的玩具，那你还是回房间去，躺到床上好好想想为什么你会那么自私。我每天长时间辛苦工作，现在需要休息，没时间和你玩小孩子的游戏。"儿子一声不吭地走回自己的房间，轻轻关上了门。儿子走后，父亲还在生气。过了一阵儿，他渐渐平静下来。想到自己刚才有些粗暴，他走进孩子的房间，轻声问："你睡了吗？""爸，还没呢。我还醒着。"儿子回答道。"爸爸今天心情不太好，所以刚才可能对你太凶了，"父亲说，"这是你要的10美元。""爸，谢谢你。"儿子欣喜地接过钱，然后又从枕头下拿出一些皱皱的钞票，仔细地数起来。"你已经有钱了为什么还要？"父亲又开始生气了。"因为只有那些还不够，不过现在足够了。"儿子回答道。然后他将数好的钱全部放在父亲手里，认真地说："爸，我现在有20美元了，我可以向你买一个小时的时间吗？明天请早一点回家，我想和你一起吃晚餐。"

这是故事《爸爸，我想买你一小时！》，非常让人感动。孩子最大的期待就是父母的陪伴，而对父母而言，陪伴孩子，更是了解孩子的开始。

要了解孩子，首先要有足够多的时间来了解孩子，这就是陪伴。如果少了陪伴孩子的环节，身为父母更多的感受可能是，孩子突然长高了，外貌变了，但同时也会感受到这份变化中的模糊，因为父母同时也隐约感受到，好像并不了解孩子的内心世界。

现在越来越多的家长懂得陪伴的重要性，因而也慢慢重视陪伴孩子，但有时候还是会陷入"隐性失陪"的状态。隐性失陪特指虽然家长有足够的时间陪伴子女，但因为缺乏有效的沟通，从而给孩子造成的精神失陪。很常见的情景：孩子在搭积木，一旁的妈妈低着头专注地玩着手机，孩子完成一个积木的作品后转身看着妈妈期待妈妈的反馈时，结果发现无法和妈妈眼神对视，于是孩子很高兴地跑去跟妈妈说："妈妈，这是我新搭的积木，你看！""嗯，很不错！你去玩吧！"妈妈望了一眼作品，敷衍道。父母与孩子虽然同处一室，但只是身体共在，精神并没有相遇，父母甚至还在排斥孩子的依恋和依赖："你为什么不能一个人玩？！"这是一种陪而不伴的状态，这种隐性失陪不会带来爱的联结。心理学家研究发现，对于3—11岁的孩子，父母参与度过低的陪伴，反而会给孩子造成负面影响。而在隐性失陪中，父母的回应往往是被动或敷衍，那么，父母与孩子之间的联结是无法建立起来的，没有联结就没有流动的爱。

　　真正高质量的陪伴，应该会给孩子一种自己"被看见"的感觉。这里的"被看见"不单单指肉眼上的视线所及，更重要的是读懂孩子，看到孩子内心的情感需求。在刚才的例子中，妈妈要放下手机，关注自己的孩子，知道他在干什么？他好像碰到了困难，他会以什么方式来解决？他在砸积木，好像有点不耐烦了……妈妈在一旁关注孩子的行为动作以及情绪反应，根据孩子的状态来决定自己要不要加入以及何时加入这个游戏当中。当孩子完成一件积木作品后，孩子与妈妈分享的是内心的成就感，他希望妈妈可以和他一起分享这份快乐，如果妈妈了解孩子的这份内心需求，就可以回应他的这份流动在内心的愉悦，情感也因此在母子间流动。这种"被看见"的感觉，可以帮助孩子建立内在的安全感。婴幼儿只有看到母亲，才觉得踏实，因而温尼科特说：孩子在妈妈的眼睛里看到了自己。幼儿时期，孩子通常会要求妈妈一定要在身边，慢慢地，幼儿可以离开一会独立玩耍，但还是会时不时回到妈妈这个安全基地上，而后再离开，逐渐地，依恋关系开始建立。个体如果在小时候，总是感受到被父母"看见"，那么带给他的便是一种"我很重要"的感觉，从而建立起自信；当他长大，到家之外的地方建立关系时，这种"我很重要"的感觉依然根植在他内心深处，也会倾向于认为自己以及自己的一切是重要的，就不会在关系中患得患失。我们每个人，终其一生，都是在不断寻找这样"被看见"的感觉。"被看见"意味着自己被重视、被关爱，这份爱滋养着孩子的一生。

二、了解孩子，意味着要多沟通

孩子，请把你的手给我

　　十岁的安迪问他的爸爸："在哈莱姆，有多少孩子被抛弃？"安迪的父亲是一个律师，他很高兴儿子对社会问题感兴趣，于是就这个问题发表了一场长长的演说，然后又去找了数据。但安迪还是不满意，继续问同样的问题："在纽约被抛弃的孩子有多少？美国呢？全世界呢？"最后安迪的爸爸终于明白了，他的儿子并不是关心社会问题，他关心的是个人问题。安迪问这些问题并不是因为对遗弃孩子的同情，而是担心自己被遗弃。他并不是想得到被遗弃孩子的数据，而是想得到确认他会不会被遗弃。于是爸爸仔细考虑了一下安迪的担心，然后回答道："你担心你的父母可能会像其他父母那样将你抛弃，我向你保证我们不会抛弃你，如果你再为此感到烦恼，告诉我，怎样我才能帮你消除担心。"

　　和孩子沟通并不意味着你听了即可，特别是年纪较小的孩子，他自己也不知道自己想要表达什么，他的表达有时是源于内心无法言表的情绪。正如安迪，他或许并没有如此清晰地知道自己内心的情绪是一种对被抛弃的担忧，直到他的爸爸帮他说了出来。

　　沟通是人们分享信息、思想和情感的过程。有效沟通须具备两个必要条件：首先，信息发送者清晰地表达信息的内涵；其次，信息发送者重视信息接收者的反应并根据其反应及时修正信息的传递。因此，有效沟通是一个双通道的互动过程。了解一个人最直接的方式也许就是沟通，了解自己的孩子也是如此。能促进对孩子了解的沟通，肯定是有效的沟通。

　　但我们现实生活中往往有一些错误的做法，导致了亲子沟通的不顺畅。很多父母认为，自己生育教养孩子这么多年，看着孩子长大、自然最清楚孩子在想什么，于是用自己的主观判断来推论孩子的内心想法，还没听孩子的心声，就用自己的判断来否定孩子的行为或拒绝孩子的请求，直接中断了亲子沟通；或者仅仅停留在事件的探讨上而忽略了事件背后的情感诉求；或者如果孩子的直接表达是反对父母的意见，有些父母把孩子的直接表达当成对自己权威的攻击，从而忽视了孩子表达的诉求，而将重点放在孩子在挑战自己权威这件事情上，让亲子沟通不欢而散。这样的沟通，越沟通越愤怒，慢慢地变得不再想要沟通，阻断了了解孩子的通道。其实这种沟通不顺畅有时候是因为沟通的向度不同造成的。罗纳德·B.阿德勒等人在《沟通的艺术》中提出，沟通中所有的信息互换都发生在内容和关系两个向度上。内容向度是指双方明确讨论的信息，关系向度指的是一方对对方的感觉。所有的内容向度中都带有关系向度。例如，孩子表达对父母的不同意见，孩子关注在内容向度，专注在自己的表达内容上，而父母却聚焦于关系向度，觉得孩子是对自己不满。因而孩子会觉得父母怎么想这么多，我只不过说了自己的想法，我在说事情，而你却觉得我在说你，交流自然会不欢而散。与孩子的有效沟通意味着父母要站在孩子的角度，去理解他们所要表达的真正含义。

三、了解孩子，意味着要多尊重

　　了解孩子，要懂得尊重孩子。首先要尊重孩子的独立性。孩子是一个个体，也会有自己的情感、认知、性格等，也会有自己的自尊、观念等，但是很多父母把孩子当成了自己的附属品，认为孩子的成长自己说了算，他们只是从自己的角度来认为孩子该有的样子，很少想去了解孩子的内心，甚至当孩子主动找他们阐述自己的观点时，他们并不会认真对待。他们从父母的角度自以为了解孩子。从根本上而言，他们并不懂得尊重自己的孩子，不把孩子当成一个独立的个体。心理学家艾·弗洛姆说：如果没有尊重，"那责任心就很容易变成控制别人和奴役别人"。这也是为什么很多家庭在孩子青春期的时候，开始出现很明显的冲突，如孩子要离家出走、拒绝上学等，这是因为控制的爱随着孩子的长大，终有一天会失控。可能也会有人提出，孩子在小时候无法分辨善恶、好坏，如果不加以指导，走偏了怎么办？确实，特别是孩子还小的时候，容易受到外界的影响，但是如果孩子不分享，父母可能根本无法得知孩子到底有没有接触他们认为不好的理念，更谈不上引导和教育。更何况，尊重孩子并不是放任孩子，而是在把孩子当成独立个体的前提下教育孩子。

哲学家卢梭曾指出：在人生的秩序中，童年有它的地位，应当把成年人视为成年人，把孩子视为孩子。这就意味着不但要尊重孩子的独立性，还要尊重孩子本来的样子。其中一层含义是要尊重孩子每个阶段特有的样子。每个阶段的孩子都有自己的身心特点，每个阶段孩子的这种身心特点都让孩子显得如此独特，例如，青春期是孩子思维快速发展的时期，这个阶段的孩子往往以叛逆来表示自己的独立和存在，他们渴望父母将自己视为有独立担当的成年人，也期待父母能以对待成年人的态度对待自己，所以，这个阶段的父母要转变角色，成为孩子青春期的陪伴者，转变亲子关系的模式。尊重孩子本来的样子另一层含义是尊重孩子个体的差异性。世界上没有两个完全一样的孩子，就算双胞胎也存在差异，有些孩子外向，有些孩子内向，作为父母，要用心来了解孩子的特点，按照孩子的气质类型来鼓励、引导孩子的成长，而不是按照社会评价来塑造孩子。如果一味按照社会评价来塑造孩子，忽略孩子的真实感受，容易让孩子形成"假自体"。假自体是由精神分析客体关系中间学派的代表人物之一温尼科特提出的，与之对应的是"真自体"。总的来说，我们可以将真自体理解为"就是我的那个人"，能够自发地表达和呈现自己的真实状态，大体觉得内外一致。而"假自体"，就像是戴着一个"真皮面具"，虽然看起来行动、功能与正常人无异，但却感觉不到自己真实的存在，就像是一个"借来的人格"当我们的梦想不被社会主流价值的评判标准所接纳时，我们是能够坚持自己的"真自体"，还是顺从于"他者的欲望"而建构"假自体"，外部看起来让父母安心，让他人赞叹，被社会认可，但是自己的内心却空空如也，没有活力、没有激情，找不到生命的意义与方向？只有了解孩子，才可以帮助孩子成为真实的自己，活出真实的状态。

第三节　了解孩子的方法

面对不同年龄阶段的孩子，了解孩子的方法也会有所差异，大体可以分为言语和非言语的方式，非言语方式包括观察、绘画、沙盘、游戏等。

一、通过言语方式了解孩子

前面我们说过，面对面的沟通是了解孩子最快速的方式，沟通信息的真实性将直接影响对孩子的了解。如何确保沟通的顺畅以及信息的真实性呢？学会倾听非常重要。一项针对大学生的研究显示，他们沟通时间的55%花在倾听上，所以倾听和说同样重要。美国著名的电视节目主持人林克莱特，在一档访谈节目中，问现场的一位小朋友："你长大后想当什么呀？"小朋友天真地回答："我要当飞机驾驶员！"林克莱特接着问："如果有一天，你的飞机飞到太平洋上空后，所有引擎都熄火了，你会怎么办？"小朋友想了想回答："我会先告诉飞机上的人绑好安全带，然后我系上降落伞跳出去。"当现场的观众都笑得东倒西歪的时候，林克莱特继续注视着这个孩子，想从他的眼神中看到他内心的真实想法。这时，两行委屈的热泪从小朋友的眼里夺眶而出，让林克莱特觉得这个小朋友的悲悯之情远超现场观众的想象。于是林克莱特问他："为什么要这么做？""我要去拿燃料，我还要回来！我还要回来！"孩子真挚地回答道。林克莱特的可贵之处，在于他能够让孩子把话说完，并在现场观众都笑得东倒西歪时，仍然能够保持一份倾听者应有的亲切和耐心，让我们最终听到了这位小朋友最善良、最纯真、最清澈的心语。

认真倾听，首先要放下自己、放空自己，不要用自己的权威去打断孩子的说话。其次要积极反馈。倾听不是默默关注而不做任何反应。孩子说得多了，如果不给任何反馈，他会疑惑对方到底有没有在听。"是吗？听起来挺不错！""后来呢，我真不敢想象对方当时的神态。""再说得详细些，我想多听一点。"……这样一些简单的反馈能让孩子知道你在认真倾听，并且对他分享的内容感兴趣，孩子自然就更加愿意分享。也可以运用肢体动作来表现，在孩子发言时，父母应及时调整身体姿态、面部表情、肢体动作等，营造出真心倾听的氛围。例如，当孩子开始倾诉时，将身体正面朝向孩子，头部正对孩子，表明自己愿意关注孩子说的话；当孩子停顿时用点头的动作或期待的眼神来表明自己正在认真聆听：当孩子结束倾诉时，用鼓掌的方式肯定他愿意倾诉，并用平缓的声调表达自己的不同意见……这些沟通都能让孩子感受到父母对自己的重视，感到被接纳和认可。

二、通过非言语方式了解孩子

在了解孩子的方式中，家长往往最重视言语沟通，因为他们认为，语言是最能表达个人意见和情感的方式。但是，心理学研究发现，脊椎动物的语言在沟通中只起到方向性或规定性的作用，交流中的绝大部分信息通过非言语媒介传递，人们往往会通过非言语行为来表达自己的真实想法。而且，非言语沟通能真正地反映出说话者的准确思想和感情，在沟通中起到支持、修饰或否定的作用。同样地，在了解孩子上，父母也可以借用一些非言语媒介。

（一）观察

观察，是我们了解孩子常用的方法，也是发展心理学中最常见的研究方法。从孩子一出生，我们就开始用观察法来了解孩子，观察宝宝几个小时吃一次奶，观察宝宝一天的睡眠状况，几点睡觉、连续睡眠时间有多长、以何种方式入睡等。因为刚出生的宝宝还不会说话，只能用哭声等非言语方式表达信息，所以，观察宝宝的行为、表情以及生活作息，就成为妈妈最重要的任务。观察也就成为在孩子生命初期父母了解孩子唯一的途径。等孩子慢慢长大，有些心事孩子不愿意告诉父母，父母依然会用观察法捕捉孩子内心世界的只言片语。蒙台梭利认为，能够有效地帮助儿童并满足他们发展需求的唯一途径是观察儿童。她认为，如果我们观察得好，孩子会告诉我们他的需求是什么。

要想通过观察获取有效信息，意味着要放空自己，不要把自己的主观判断、先前经验带入观察。通过观察可以总结孩子的表情符号、动作模式，从而推导出孩子的内心世界。例如，一个孩子一遇见快乐的事情就喜欢踮着脚走路，假如某一天看见他踮着脚走路，就可以得出推论，也许他今天碰见了一件让他快乐的事情；又如，孩子情绪处理的方式是先让自己冷静，那么如果孩子放学回家情绪低落，关上房门，此刻，父母可能需要静静等待，等着他处理好情绪，再去问他发生了什么。所以，观察不单是要看，还要结合孩子的行为习惯进行思考，方能不断了解孩子。

（二）绘画

孩子可以以艺术性的形式来表达自我，最常用的就是绘画。绘画将自己内心对外部世界的理解通过想象加工得以表达，特别是年纪较小的孩子，绘画可以成为了解他们内心的有效方式。可以说，儿童的画作表现了他们的思想、感情、兴趣和对外部世界的认识，是儿童认识世界、与外界进行交流的手段与工具，也是父母走进他们内心的桥梁。儿童由于心智发育尚未成熟，通过绘画通常能表达出一定的情绪倾向。他们会通过绘画，投射自己的内心世界，他们可以画出开心的事情，也可以画出悲伤的事情，所以绘画不仅是父母了解他们的方式，也是他们宣泄情绪的途径。

许多投射性研究显示，从儿童绘画中可以了解他们内心的家人关系与情感表达，因为他们的创作表达是一种象征符号意义的语言，通过绘画，父母或老师可以了解他们的内心世界，发展出一种新的语言沟通密码。例如，一般认为，在画面上占的比例越大，代表这个人在孩子心中越重要，孩子对父母的爱在画中会得以表现。更重要的是，孩子绘画作品完成后，通过询问，可以让孩子讲述画中的故事，这也是孩子讲自己的故事。

（三）沙盘

在心理辅导过程中，我们还可以通过沙盘来了解孩子的心理。沙盘游戏疗法主要指以荣格的理论为背景、由卡尔夫创造的、使用沙及沙盘、以一些人或物的缩微模型来进行心理治疗与心理辅导的一种方法。卡尔夫在实践中，关注儿童2~3岁的发展时期，他的目标是创造一个"自由的和受保护的空间"，孩子可以玩一段时间的沙、水以及缩微模型，在此过程中创建自己内心世界的具体的表现形式，它允许孩子在沙盘上天马行空，创作各种主题的沙盘作品。因此，沙盘游戏对于释放幼儿压抑的能量和恢复其自我 意识都是有益的。儿童在学会说话之前已经能够听懂许多词语，但儿童的语言发展水平使其不能够表达特殊的需求和特别的想法，在玩沙盘的过程中，他们会将这些需求和想法无意识地流露出来。对于日常家庭，可以在家里买一些魔法沙来代替沙盘，孩子可以通过玩沙子来表达情绪以及表达自己。

（四）游戏

玩，是孩子的天性，玩的过程也可以让家长了解自己的孩子。一个枕头、一张纸、一瓶水都可以成为孩子游戏的道具，孩子对游戏有天然的创造力，只要你给他一个游戏的空间，他立马就能玩出各种花样，孩子在游戏过程中的行为表现都是真实的，其个性特点在游戏中暴露无遗。因此，游戏是父母了解孩子最重要的途径。

在孩子游戏的过程中，父母可以观察孩子是喜欢独自一人游戏，还是喜欢和邻居小朋友一起游戏，或是和爸爸妈妈一起游戏，从而反映其交往的需要。孩子喜欢扮演什么样的角色，是主角，还是配角，是"娃娃家的爸爸"，还是"娃娃家的儿子"，这些角色游戏的内容可以反映孩子对安全需要的情况。孩子在游戏中经常使用哪些材料，是用买来的现成玩具做材料，还是利用废旧物品做材料，反映出孩子创造的需要……

在游戏中，孩子还可以进行角色扮演，特别是年纪比较小的孩子，更容易在放松的游戏中表达自己真实的想法。例如，自己扮演妈妈，妈妈扮演宝宝，孩子扮演妈妈的角色会表现妈妈平时的状态，这时可以询问孩子，如果妈妈这样做，宝宝会有什么感觉，从而来了解自己平时的行为给孩子的感受。还有一种角色扮演是各自扮演不同的角色，如扮演狮子或大象，给角色赋予现实生活中的真实场景，孩子在扮演角色时就代入了自己真实的感受。

第四节　了解孩子的内容

一、了解孩子的生理发育规律

父母有两个职责——养和教。养即养育，把一个孩子从出生之后养大成人，这就是一个孩子生理上的发育。首先，父母要了解孩子生理发育的特点。婴幼儿期是生理发育最迅速的时期，婴幼儿生长发育的规律：第一，婴幼儿生长发育有连续性和阶段性，年龄越小体格增长越快。出生后6个月内生长最快，尤其在出生后3个月内。第二，各系统器官发育不平衡。神经系统发育先快后慢，生殖系统先慢后快，而且各系统发育快慢与不同年龄生理功能有关。第三，婴幼儿生长发育一般遵循由上到下、由近到远、由粗到细、由低级到高级、由简单到复杂的规律。例如，运动是先抬头，后挺胸，再会坐，站和走；先抬臂和伸臂，后控制双手的活动；先控制腿，再控制脚的活动；等等。第四，生长发育在一定范围内受先天和后天因素的影响因而存在差异。婴幼儿期之后，个体的生长发育进入稳定期，直到青春期，身体各个方面迅速发育并逐渐达到成熟，主要表现在第二性征的出现，这也使得男女在外形上的差异日益显著。生殖系统是人体各系统中发育成熟最晚的，它的成熟标志着人体生理发育的完成。

父母在了解一般的成长发育规律后，还要了解孩子的生理成长情况，才能更好地监控孩子的成长状况。例如，孩子出生后，固定时间要去体检，检查孩子的身高、体重等，可以与平均数据对比，偏高了或偏矮了，体重超重了或太轻了，建议父母绘制孩子成长曲线图，这就是让父母了解孩子的生理发展情况。只有了解了孩子的生理发育状况和一般成长发育规律，才能相互比较，得出孩子的生理发育是超出其年龄阶段还是低于其年龄阶段的发育。

二、了解孩子的心理发展规律

父母了解孩子另一个很重要的方面就是了解孩子的心理发展规律。大脑、神经系统和感官的活动是心理活动的基础，因此，个体的生理发展直接影响并制约着个体心理发生、发展的过程，孩子的心理发展也呈现出规律性。

伴随着生理的迅速成长，婴幼儿心理也得到快速发展。例如，幼儿到3岁左右，已经可以说出和理解1000多个词汇，拥有相当的观察、记忆、思维能力，而且情绪和情感也大大丰富了。在这个阶段，幼儿初步形成了个体的语言能力、情绪情感的获得能力等。小学时期是儿童思维发展的一个重大转折时期，它标志着儿童的思维从以具体形象思维为主要形式逐步过渡到以抽象逻辑思维为主要形式。中学时期开始进入青春期，青少年开始迎来自我意识的飞速发展。他们开始关注自己的外在形象，摆脱小孩的形象，并通常以叛逆来标榜自己的独立。这个时期的孩子常常幻想自己是个成熟的成年人，但又常常因为能力不足而体验挫败感，因此，在情绪上也开始表现出矛盾的特性，时而强烈狂暴，时而温和细腻。在交友上，孩子逐渐克服了团体的交往方式。孩子不断成长，心理不断发生变化，只有了解孩子在各阶段的心理特点，父母才能不断转变自己沟通、相处的角色和模式，成为孩子成长的陪伴者，真正走入孩子的内心。

三、了解孩子成长的独特性

每个孩子都有自己独特的发展水平，作为父母，要了解孩子成长的独特性，尊重孩子的个体差异，用欣赏的眼光看待孩子，使他们得到最大程度的发展。

首先，从思想和心理上尊重并接受孩子间存在个体差异。只有从思想和心理上接受孩子的个体差异，才能理解和接受自家孩子和别人家孩子间的个体差异。对于每个孩子，每个阶段的发展是不同步的，有些阶段发展快些，有些阶段发展慢些，这些都是孩子发展过程中的正常现象。父母必须尊重孩子发展的这些特点，通过有目的、有意识的观察，获得大量具体、真实的信息。

其次，要善于发现孩子身上的优势和美德。积极心理学家彼得森领导的课题组梳理了人类几乎所有的重要文化典籍，从《圣经》《古兰经》《道德经》这样的宗教典籍，到《哈利·波特》这样的流行小说。他们想从中整理出具有"普世价值"的、能被所有文化和时代承认的、又彼此独立的性格优势。

最后，他们总结了6种核心美德和24种性格优势：一是智慧和知识，包括创造性、好奇心、热爱学习、思想开放和洞察力5种性格优势；二是勇气，包括诚实、勇敢、坚持、热情4种性格优势；三是仁爱，包括善良、爱、社会智慧3种性格优势；四是公正，包括正直、领导力、团队合作精神3种性格优势；五是节制，包括原谅、谦卑、审慎、自我调节4种性格优势；六是精神卓越，包括对美和优点的欣赏、感激、希望、幽默、灵性5种性格优势。每个人都能找到自己的优势和美德，作为家长，孩子生命中最重要的陪伴者，更要发掘孩子自身具有的优势和潜能，让他们能感受到自己身上的闪光点。了解孩子的独特性，并充分尊重孩子成长的独特性，家长才能做到静待花开。

第八章 不同年龄段孩子的家庭教育

在过去的一百多年间，有的人认为："一两的遗传胜过一吨的教育。"这些人坚持"遗传决定论"，他们认为，一个人的成长成才，很大程度上只与遗传有关。也有的人认为："给他一打健康的婴儿，在一个由他支配的特殊环境里，他可以按照他的意愿把婴儿们训练成为任何一种人物，如医生、商人、艺术家、律师，甚至强盗。"这些人坚持"环境决定论"，他们认为，一个人的成长成才，很大程度上只与环境有关。当然，令人乐观的是，更多的人认为，一个人的成长成才是遗传和环境共同作用的结果。

一个不争的事实是，环境的教育的确在很大程度上影响着个体的成长成才。环境教育主要包括家庭教育、学校教育和社会教育。而家庭教育是基础中的基础，是一个人成长的地基。然而，现实生活中，很多人不懂家庭教育。面对孩子的各种问题时，很多家长束手无策。本章，我们梳理了家庭教育中常见的各种问题，通过问答的方式呈现给读者朋友。

第一节 婴儿期（0~3岁）的家庭教育问题

一般认为，婴儿期是指从出生后到3周岁以前的这段时期。这是个体出生后，生长发育最迅速的一个阶段。这个阶段有哪些令人困扰的问题呢？

1.问：很多人说，剖宫产对宝宝的发育和成长不好，会影响到今后的学业。但是，我在生产前，出现了产前高血压，无法自然分娩。我的宝宝是剖宫产出来的，我现在每天都提心吊胆，怕他以后会成为问题孩子。

答：目前西方世界有记录的、最早的活体剖宫产是在1610年，当时的外科医生特劳特曼和顾斯，在德国的维滕贝格给一位产妇实施了剖宫术。当时子宫切口不缝合，仅依赖子宫肌肉的自然收缩力止血。后来，由于出血和感染，这位产妇在术后25天死亡。因此，在输血术、麻醉术和抗生素发明以前，剖宫产主要用于抢救濒死孕妇和胎儿，医学上并不主张无医学指征的剖宫产术。但是，您在产前有高血压，对您来说，剖宫产是没有办法的选择。

有人说，顺产的宝宝更聪明，因为宝宝的头颅经过了产道的挤压，所以"开窍"了。也有人说，剖宫产的孩子更聪明，因为顺产的孩子在出生时，头部会受到挤压而变形，所以"夹坏"了。目前并没有证据能够证实剖宫产与顺产的孩子在智力上有差异。所以，您不用特别担心剖宫产会影响孩子今后的学业。

不过，剖宫产的孩子由于缺乏来自产道的挤压，他们对外界环境的应激能力总体比顺产的孩子要差一些。顺产时，虽然胎儿头部被压变形，但是这种变形在一两天后即可恢复正常。而且，由于头部受到挤压，呼吸中枢受到了更多的刺激，出生后更容易激发呼吸。此外，顺产的胎儿经过子宫的收缩与骨盆底的阻力，其肺部及鼻腔、口腔中的羊水和黏液被挤出，有利于防止吸入性肺炎的发生，这些都是顺产的好处。所以，能顺产的准妈妈们，尽可能不要剖宫产。

剖宫产的孩子还会有别的什么问题吗？心理学研究发现，一些剖宫产的孩子容易出现情绪敏感、注意力不集中、手脚不协调等问题，小儿多动症的发生率也比顺产高很多。家长朋友可以通过以下方式，加强对孩子的锻炼：第一，大脑平衡功能训练。在孩子出生后的前3个月，可适当地摇抱孩子，或让孩子躺在摇篮里，家长轻轻摇晃摇篮，这样可以训练婴儿的前庭平衡能力。在孩子7个多月时，可以让孩子多爬行，不要经常抱在怀里。1周岁后，当孩子会走路了，多训练孩子荡秋千、过独木桥等。第二，本体感训练。有的孩子出现手脚协调能力差，走路易走偏或摔倒等，可以通过翻跟斗、拍皮球、游泳、跳绳等运动方式加以训练。第三，触觉训练。可以通过玩沙子、玩泥土、赤脚行走、按摩身体等方式加以训练，多让孩子与其他小朋友交流、玩耍。

相信在您和家人的呵护下，您的孩子一定能够健康成长的！

2.问：我家大宝5岁了，小宝才9个月大。大宝很喜欢看动画片，小宝也似懂非懂地盯着电视机看。我很担心，不知道这样对小宝来说，是一种早教还是一种伤害。

答：现代家庭中，电视机已经成了孩子们不可或缺的"小伙伴"。电视机不仅能让孩子学到很多科学文化知识，同时也是很多父母的好"保姆"——很多小朋友可以非常安静地看电视而不再调皮捣蛋，从而不给父母增加麻烦。而且，在很多成年人心中，动画片都曾给他们的童年带来无限的欢乐。

按照个体身心发展的规律来看，9个月的宝宝一般能扶着家具站起来了，即便没有大人扶助，宝宝也能抓住栏杆从座位站起。如果你当着他的面，将他喜欢的玩具往旁边一放，他能够快速将玩具拿回来。9个月的宝宝已能听懂你常说的赞扬的话，亲子之间已经可以做简单的互动了。9个月的宝宝已经能对不同的声音产生不同的反应，虽然他不能用语言表达自己的意愿，但他会急得喊叫，这时候的宝宝能够理解的语言已经超乎你的想象。而且，从这个阶段开始，宝宝的分离焦虑感开始迅速上升，主要表现出对家人的依恋。如果父母不在身边，宝宝很快会出现哭闹等情绪，这是一种焦虑和恐惧情绪的表达。所以，这时他们已经能够看懂电视中的一些节目内容，但是，他们更需要的是父母的陪伴、互动与呵护。

对于婴幼儿看电视，这是一种早教还是一种伤害？不同的家长有不同的观点。一种观点认为，婴幼儿看电视，可以促进他们的语言发育，扩大他们的词汇量，有助于开发他们的大脑，拓宽他们的视野。另一种观点认为，长时间看电视，会造成婴幼儿斜视、近视、自闭、肥胖等。

"比较行为学之父"肯拉特·Z.罗伦兹认为，婴儿如果太早接受过强的光和声音的刺激，大脑会对机械的声音产生反应，对于母亲和其他亲人的声音反而没有反应了，这是造成自闭症的一大原因。他认为，电视对于头脑还在发育的婴儿会产生完全的破坏作用。儿童心理学家皮亚杰认为，0—2岁孩子的思维发展处于"感觉运动时期"。在这两年里，婴幼儿主要是通过听觉、视觉、触觉等感觉和手的动作来学习和认识这个世界。也就是说，婴幼儿主要在感知行动中进行具体而直接的思维。所以，2岁以下的婴幼儿不可能把电视机的画面组织成有意义的故事。

日本小儿科学会的一项研究表明，2岁以下的婴幼儿看电视的时间越长，语言表达能力越弱，两者之间呈负相关。每天看电视4小时以上的婴幼儿，其表达能力要远低于不看电视的婴幼儿。而且，他们的研究还发现，即使婴幼儿不直接看电视，如果父母经常看电视（因为专注看电视而缺乏与婴幼儿沟通），婴幼儿的语言发展同样也会受到影响。为什么会这样呢？因为婴幼儿的语言功能是在与人，尤其是与家人的情感交流中不断增强的。所以，婴幼儿不宜多看电视，尤其是在哺乳或进食期间最好关掉电视，否则会让孩子养成不良的进食习惯。

综合以上的内容，建议这位家长，大宝可以适度让他看电视，但是要调好房间的光亮，调好电视的音量，控制好他看电视的时间；小宝建议少让他看电视，多给他一些陪伴，多与他互动交流。当然，如果父母能够陪着大宝一起看动画片，并适时提出一些有启发性的问题，对大宝来说，收获会更多哦！

3.问：现在社会竞争这么激烈，我身边有很多家长都带着孩子出去早教。请问，1周岁以内的孩子，怎么开展早教比较好？

答：早教，即早期教育。广义的早教主要指个体从出生后到读小学以前所接受的教育，这里大约有7年的时间。狭义的早教主要是指从个体出生后到读幼儿园以前所接受的教育，这里大约有3年的时间。根据敏感期和大脑发育理论，婴幼儿时期是孩子神经系统发育最快、各种潜能开发最为关键的时期，早期教育能够促进大脑的发育，这是一个"机不可失，时不再来"的阶段。因此，很多人非常重视婴幼儿的早期教育。

然而，令人遗憾的是，很多家长认为早教就是提前学习英语、语文和数学，学习画画、钢琴和围棋。有些孩子不喜欢这些，家长硬是逼着孩子学。这不是早教，而是"早害"；这不是学习，而是灌输。这种做法导致的结果之一就是厌学情绪呈现低龄化。应该说，早期教育是身体、心理、精神全面成长的教育，它的目的是要帮助父母和孩子建立亲密的亲子关系，帮助宝宝建立信任感，培养宝宝形成积极探索世界的好奇心和主动性等。所以，早期教育，不仅仅是把教育的时间和内容提前。

一般认为，1周岁以内的早教主要围绕这三个部分展开：第一，爱的抚育。婴儿除了吃饱，对父母还有心理和情感的需求。所以，父母应该尽可能多地与孩子相处，陪伴孩子，给孩子爱抚和温暖，而不是将其扔给双方的老人，不闻不问。第二，感觉器官的刺激。要有目的、有计划地对婴儿的感官施以刺激，促使其视觉、听觉、嗅觉、味觉、触觉的全面发展，进而促进其大脑的发育和智力的开发。例如，可以把一个红球放在婴儿的眼前，引起婴儿两眼注视，并慢慢移动红球，使婴儿两眼随红球方向转动，这样可以训练视觉。又如，把铃铛放在婴儿耳边轻轻摇动，婴儿听到铃声后，会随着声音的方向移动头部，这样可以训练听觉。第三，动作的训练。婴儿动作的发展主要表现在手的动作和直立行走动作的发展上。一般，3个月时能完成翻身，6个月时会坐，8个月时会爬，1岁时能站立。手的动作在3个月时能无意识地抚摸，5个月时能随意抚摸，6个月以后，手眼开始逐渐协调运动。家长可以根据婴儿的成长规律，对他们进行抬头、翻身、坐、爬以及手的动作等训练，锻炼其全身的肌肉和骨骼，促进其运动感觉能力以及观察力和思维能力的发展。

总之，宝宝的早教不能操之过急，这是一个循序渐进的过程。早教时，切不可对宝宝的目标定得过高，否则容易揠苗助长。

4.问：我的孩子2岁了，每天起床的时候，哄孩子穿衣服是一件令我很头痛的事情。有时要哄很久，我才能给孩子穿好衣服；有时孩子非常不配合，我被气得恨不得打孩子一顿。请问，有什么方法可以让孩子乖乖地穿好衣服？

答：哄孩子穿衣服，这不仅是您的烦恼，也是很多其他家长的烦恼。尤其在冬天的时候，孩子不配合穿衣服的行为更加明显。如果孩子不配合穿衣服，一方面，父母会担心孩子着凉感冒；另一方面，又耽误、浪费父母的时间。最终，很多家长往往会以训斥或体罚来迫使孩子穿上衣服。但这样往往又会形成恶性循环。

孩子为什么不愿意配合穿衣服？这背后有很多原因，不能简单地认为孩子故意和父母对着干。例如，冬天里，孩子本来躺在被窝里很温暖，如果父母非要孩子从温暖的被窝里出来钻进冰冷的衣服里，孩子势必会反抗。这时，家长可以先把衣服焙暖，然后再让孩子穿。又如，有的孩子会觉得穿衣服太无聊了，于是，和父母在床上闹着玩。这时，家长可以尝试和孩子比赛穿衣服，看谁穿得快，这样，孩子会觉得穿衣服是一种乐趣，如果孩子赢了，便能体验到一种成功的喜悦。再如，有的孩子不配合穿衣服，是因为衣服太粗糙，或是孩子讨厌穿套头衫。这时，家长可以在买衣服时，注意孩子平时对衣服的喜好。宝宝到了2岁后，开始有自己的主见和想法了，也许父母挑选的衣服并不如宝宝的意，这时，可以给宝宝一些自主决定的权力。还有一种比较可取的方法，就是在头一天晚上，父母和孩子先一起选好第二天要穿的衣服，这样，第二天穿衣服时也许会顺利很多。

除了以上方法，适度运用封闭式提问，有时也能收到良好的效果。所谓封闭式提问，就是指只提供两种或几种选择内容，孩子只能从这几种内容中选择一种。举个例子，当早上要给孩子穿衣服时，不要说："宝宝，我们穿衣服了。"可以尝试左手和右手各拿一套衣服，然后问孩子要穿左手的衣服还是右手的衣服。这样给了孩子一种自主选择的权利后，他往往能够从两套衣服中选择一套。这时再给他穿上自己选择好的那套衣服，孩子一般会很配合家长。如果要给孩子做早餐，最好不要说："宝宝，你要吃什么？"。这样他有时会很难抉择。可以直接说："宝宝，今天你想吃面条还是饺子啊？"。这样，孩子一般就会从父母提供的两种或多种食物中选择一种。

当然，不同的孩子，应对的方法也不尽相同。希望您平时多观察、多思考，留意您孩子在什么情况下会比较配合您穿衣服，之后再总结出适合您孩子的穿衣良方。

第二节　幼儿期（3~6岁）的家庭教育问题

1.问：我的孩子第一天上幼儿园时，哭得特别厉害，我真不忍心看到他这样。我想把他抱回家，安抚他的情绪，我的婆婆也是这样想的。可是，我的丈夫坚决不同意，他说，如果这时把孩子抱回家，他明天一样会哭得这样厉害。怎样才能让孩子接受幼儿园呢？

答：如何让孩子高高兴兴地融入幼儿园呢？这是很多家长都非常关心的问题。据幼儿园的老师反映，八成以上的幼儿园新生会出现哭闹情绪。因此，您的孩子出现这样的哭闹情绪，是非常正常的。您丈夫的做法是可取的，如果此时立即将孩子抱回家，那么孩子反而习得了这样一种经验：只要我一哭闹，我的妈妈就会把我带回家。一般来说，大多数孩子会在一周内适应幼儿园，但是少部分孩子可能需要一个月甚至两个月的时间来适应。

孩子为什么要哭闹？站在他的角度来看待这件事，也许会更好理解：从出生后到上幼儿园前，爸爸妈妈或爷爷奶奶等家人一直在他的视线里，而且，家庭的环境是那么熟悉。因此，他很有安全感，心里很踏实。现在到了幼儿园后，他第一次离开了家人，离开了熟悉的家庭环境。而且，还要和一群完全陌生的人，在一个完全陌生的地方学习、生活。这一切发生得太突然了，以他的能力，尚没有办法适应这样突然的转变。而且，这种转变的发生，不是你情我愿的，而是在被强制的状态下发生的，因此，宝宝不高兴，就以哭闹的方式表达出来了。实质上，这种哭闹是一种焦虑情绪的表达，这种焦虑情绪称为分离焦虑。

从心理学的角度来看，分离焦虑指的是婴幼儿因与亲人分离而引起的焦虑、不安或不愉快的情绪反应。生活中，有的大学新生在刚入大学时，也会产生这种分离焦虑。但是，大学生由于具备了一定的适应能力，在面对同样的分离时，他们能管理好自己的情绪，而幼儿园的孩子还做不到这一点。按照约翰·鲍尔比的观察，婴幼儿期的分离焦虑主要分为三个阶段：第一，反抗阶段，主要表现为大哭大闹，甚至脚踢嘴咬；第二，失望阶段，仍然表现为哭闹，但此时的哭闹是断断续续的，主要表现为不理睬他人，表情反应迟钝；第三，超脱阶段，这个时候逐渐接受陌生人的照料，开始吃东西、玩玩具等活动，但是，一旦父母等亲人出现时，孩子又会表现出悲伤的情绪。分离焦虑严重与否，与家庭的教养方式是很有关系的。如果孩子在上幼儿园前很少与同龄小朋友玩耍，而且基本上是在"圈养"的模式中成长起来的话，他们就很可能需要较长时间来适应。

刚入幼儿园时，孩子们会有很多奇怪的表现，有的表现为哭闹，有的表现为沉默：有的表现为憋大便，有的表现为尿裤子；有的一到上学时间就说脑袋疼，有的则表现为肚子疼。那么，怎样才能让孩子比较顺利地融入幼儿园呢？有些幼儿园老师说，在上幼儿园前，让孩子上一些早教适应班，是一种不错的选择。他们发现，上过早教适应班的孩子，入园后哭闹的情况会有所减缓。有的幼儿园会开展"亲子周"或"家长学堂"等活动，在新生入园的第一个星期，幼儿园邀请家长与孩子一同到幼儿园上课、玩游戏。这样可以有助于孩子克服分离焦虑，因为经过一周的亲子课堂，孩子们已经对幼儿园的新环境和幼儿园的新伙伴有所熟悉，而这种熟悉感能带给他们安全感。"亲子周"或"家长学堂"的另一个好处，是缓解家长的分离焦虑。因为生活中，有些家长在孩子入园时，比孩子还要焦虑，生怕孩子在幼儿园过得不好。

还有一些家长会通过提前带孩子到幼儿园玩耍、熟悉环境，许诺孩子幼儿园放学后带他吃好吃的，答应孩子提早来接他放学等方式，减少孩子的焦虑情绪。不同的孩子需要不同的方法去"降服"。家长朋友们应该乐观一点，这种焦虑不会持续太久，这种焦虑体验也是一个人成长过程中必须体验的，这是孩子们开始逐渐独立的一个标志。

2.问：我的孩子4岁多了，每天哄他睡觉是一件令我很心累的事情。我和孩子他爸每天都睡得比较晚，孩子见我们没睡，他也不睡觉。有时，我只能假装睡觉，哄他睡着后，又偷偷起床；有时，孩子不睡觉，我就吓唬他，说如果不睡觉，坏人就要来把他抓走，这样会有效果，但我觉得这样也不是个办法。请问有没有什么方法可以让我的孩子乖乖去睡觉呢？

答：良好的睡眠有利于孩子的生长发育和身体健康，在面对不肯好好睡觉的孩子时，很多家长显得手足无措。上海交通大学医学院附属儿童医学中心的最新研究发现，孩子"睡不好"，家长不正确的哄睡方式是"罪魁祸首"。当然，对每个家庭和孩子来说，哄睡并没有统一的规范和要求，因为每个孩子都是不同的，他们可以接受和习惯的哄睡方式也不尽相同。

孩子入睡，是一个生理性的过程。但是，很多家长恨不得孩子黏枕头就睡，他们甚至刻意通过各种方式让孩子快速入睡，这是不可取的。有的家长看孩子退迟不睡，于是吓唬孩子："你再不睡，警察叔叔就要把你抓走！""你再不睡，魔鬼就要来抓你了。"这些带有恐吓性质的话说多了，会有很多不良的后果。曾有这样一则新闻：一位妈妈带着孩子到公园玩，看到对面过来一位警察，孩子惊恐地哭了，躲在妈妈身后，怎么都不愿意出来。直到警察走远后，他才停止哭泣。妈妈问他为什么突然哭起来，他说："警察是坏人，会把我抓走的，抓走了就见不到你了。"我们英勇的人民警察在孩子的眼里成了坏人，这是谁造成的呢？

有些孩子听到"你再不睡，魔鬼就要来抓你了"这句话后，的确会很快安静下来，因为他们相信这个世上是有魔鬼的，如果不睡觉，魔鬼真会来抓他们。孩子的认知水平有限，还无法分清现实与虚幻，而且，在很多动画片中，也常有魔鬼的形象以及魔鬼搞破坏的故事情节。当家长经常用这样的话来恐吓孩子时，孩子将产生恐惧的情绪，这种恐惧情绪会让他们缺乏安全感，并导致夜里做噩梦或惊醒。因此，家长不要为了达到自己的目的，而采用这种类似恐吓的语言对待孩子。从一时来看，孩子被你吓住了，听话了，但是，从一生来看，也许他们幼小的心灵从此会落下阴影。

孩子不愿意入睡，原因有很多。一般来说，有以下这些原因：第一，习惯性的问题。每个人都有生物钟，如果孩子每天在固定的时间点睡觉，每当这个时间点来临时，他自然会产生困意。如果家长有时让孩子早睡，有时让孩子晚睡，那么孩子的生物钟就会紊乱，这不利于他们养成良好的睡眠习惯。第二，安全感的问题。有些孩子一直与父母同床睡觉，当父母辛辛苦苦把孩子哄睡后，一旦父母离开床铺，他们会突然惊醒。当孩子发现父母并没有在身边睡觉时，他们会产生恐惧感、焦虑感。如果孩子习得了这样一种不安全的模式，之后再哄他睡觉时，他就不容易入睡，因为他害怕父母又会消失。第三，人的交感神经处于活跃状态的问题。人体的兴奋与平静分别由交感神经和副交感神经控制，睡觉的时候副交感神经处于活跃状态，交感神经受到抑制。如果孩子白天睡的时间过长，到了晚上，交感神经仍然比较活跃，孩子就会难以入睡。例如，一些孩子在入睡前，玩得太兴奋了，这会对快速入睡造成困难。第四，肚子饿、口渴等问题。当然，4岁多的孩子，如果饿了或渴了，应该能够主动向家长提出饮食要求了。不过，这也是一些孩子迟迟不能入睡的一个原因。

由于4岁多的孩子能听懂话了，并且具备了一定的想象能力，很多家长为了营造一个良好的睡眠氛围，会给孩子们讲一些小故事。这些故事最好是安静些的，家长的语气尽可能轻柔，并且，最好让孩子们闭上眼睛去听，这样也有助于孩子快速入眠。生活中，有一些家长不太负责任，个别家长甚至喂孩子吃少量安眠药，这是很不可取的。

还有一个问题，就是分床睡的问题。研究发现，孩子3—5岁时是培养他们单独睡觉的最佳年龄。国外的一些家庭教育专家提倡，在孩子刚出生时，就应该把他们放到自己的小床上去，这样可以培养孩子的独立性。当然，这时的独睡不是独屋睡，而是"同屋不同床"。等到孩子长到3岁左右，有些家长就开始和孩子分屋而睡了，即真正意义上的独睡。而在我们国家，一般的家庭都是在孩子7岁左右才开始和孩子分屋而睡。也有一些家庭，到孩子10岁了，家长还和孩子睡在一张床上，家长生怕孩子夜里踢被子，睡不好。其实，这样做是很不可取的。

让孩子独睡，可以培养他们的独立性，促进家庭关系和谐，让孩子呼吸到更多新鲜空气。独睡是孩子成长和独立的一个重要标志。

3.问：我的孩子5岁了，他现在特别迷恋手机游戏。如果不给他玩，他就哭闹不止，甚至会发脾气扔东西。在家里时，训斥一下，他基本上还能听话，不再玩手机游戏；但是如果在外面，尤其在亲戚朋友家里，不管怎么训斥，他就是不放下手机，除非把他打一顿。我该怎么办好呢？

答：随着科技的不断进步，智能手机越来越普及。孩子迷恋手机游戏，其前提是家长拥有智能手机。在有些家庭中，不仅孩子沉迷手机游戏，家长也沉迷手机游戏。而且，很多孩子迷恋游戏，正是受到家长"言传身教"的影响。孩子们看到家长玩得津津有味，于是开始模仿家长，并从游戏中找到了乐趣。新闻媒体也报道过此类消息：一位小朋友在楼梯上边走边玩手机游戏，结果一脚踩空，滚落下来，摔断了一条腿；一位年轻的爸爸，带着孩子出去逛街，由于他沉迷手机游戏，结果把孩子弄丢了。

有些孩子之所以迷恋手机游戏，其模式一般是这样的：家长没有时间或没有耐心带孩子。从某一天开始，他们突然发现，只要把手机给孩子玩，孩子就能很快安静下来，根本不需要家长的陪同。家长们觉得这样很省心。于是，孩子一调皮捣蛋或者要求家长陪着玩，家长就把手机给他们，以求清静。多次重复以后，孩子习惯了这种模式，也逐渐对手机游戏产生了迷恋。孩子迷恋游戏后，家长发现这样下去对孩子不好，于是想尽办法，想让孩子不再迷恋游戏。他们有的采取藏手机的方式，有的采取打骂孩子的方式，有的采取删除手机游戏软件的方式，然而，效果却并不理想。

要知道，无论家长怎么防，孩子对电子产品的好奇心是不会减弱的。而且，智能手机跟电吹风、空调、电视机一样，已经进入了普通老百姓的生活。孩子在家里接触不到，也可以从别的途径接触到。所以，采取"围堵""躲避"等方式故意把孩子跟智能手机隔离开，只会激发孩子的好奇心，让孩子对手机的兴趣更加浓厚。他们一旦有机会接触智能手机，便容易出现"报复性"地玩游戏。所以，如果一开始就有意识地不让孩子养成玩游戏的习惯，就不会有后续那么多烦心的事情。当孩子对手机游戏已经入迷，那只能采取恰当的引导。

5岁的孩子还处于幼儿期，家长与孩子的亲子关系还不至于太敏感，因此，沟通起来应该比较容易。家长要端正认识，不是要让孩子远离智能手机，而是要想个法子，跟孩子一起合理安排玩手机游戏的时间。首先，家长和孩子之间要建立良好的亲子关系，沟通如果顺畅了，问题基本上就解决了一半。其次，要判断孩子是属于沉迷游戏，还是仅仅觉得好玩，这里有一个度的问题。5岁的孩子，应该还没到沉迷手机游戏的状态，他们玩游戏的一个重要原因，应该是觉得孤独、寂寞、空虚，没有人陪着他们玩。于是，他们把这种需求寄托在了手机游戏上面。再次，家长要安排充裕的时间，耐心地陪着孩子，一起做亲子互动，让孩子在游戏之外，建立起新的兴趣点。如果孩子养成了其他如阅读故事书、下围棋、弹吉他、户外运动等健康的娱乐方式，那么他们对手机游戏的需求自然就会降低。最后，家长必须以身作则，尽可能不当着孩子的面玩手机游戏，否则孩子对游戏的欲望又会被重新唤起，前面的努力都会功亏一篑。要让孩子自觉放下手机，需要家长和孩子共同付出努力才能实现。

无论有多忙，孩子的教育问题始终是重中之重。家长朋友们需要知道，养育孩子从来就不是一件容易的事情。养育孩子不是只要让他们吃饱穿暖就行，那样不是养育，而是"饲养"。养育孩子的重要性应该和维持夫妻关系、打拼自己的事业一样重要。孩子好了，家庭才会真正幸福美满！

4.问：我是一位单亲妈妈，三年前，我和丈夫离婚了，孩子判给了我。如今，孩子已经6岁，在读幼儿园大班。老师和家长经常找我告状，说我的孩子在幼儿园经常和其他小朋友打架。现在，很多家长都不让自己的孩子和我的孩子玩，老师也帮不上什么忙。我觉得很无奈，真不知道未来我的孩子还会发生什么事情。

答：您的孩子在幼儿园经常和同学打架，最起码可以看出，他不是一个懦弱的孩子。小孩子打架的原因有很多，有的可能是因为自己被别人侵犯了，打架是出于自我保护的需要；有的可能是比较好斗，故意欺负其他同学；有的可能觉得自己太不受别人关注了，只是想通过打架引起关注；也有些孩子经常和别人打架，是因为他们有多动症，这是一种注意缺陷多动障碍，是儿童期常见的一类心理障碍，国内外调查发现，患病率为3%~7%。建议您先了解孩子最近几次打架的起因，找出打架的真正原因。

6岁孩子的心理特点主要有：已经有自己的思维能力和思维方式，对于外在事物开始有自己的分析能力，可以很明确地表述一件事物，对有关自己的事情比较敏感，社交能力明显提高，争强好胜的心理比较明显，会习惯性地推卸责任等。这些心理特征和打架之间，应该能找到一些有意义的关联。由于您的家庭比较特殊，孩子缺乏父爱。大量研究表明，父爱对孩子的影响远不止于智力，还涉及身体发育、情感、性格等方面。与父亲接触少的孩子，体重、身高、动作等方面的发育速度都要慢一些，并普遍存在焦虑、自尊心不强、自控力弱等问题，被称为"缺少父爱综合征"。而且，在没有父亲的情况下，孩子容易缺乏纪律教育和监督，受到挫折后，容易出现暴力行为和其他各种反社会行为。所以，您虽然离婚了，如果有可能，多让孩子的父亲陪陪孩子。毕竟，孩子是无辜的。

如果孩子只是为了吸引别人的关注而去打架，那么家长和老师平时要多关心、关注孩子。只要孩子受到了足够的关注，他就没有动机要去打别的孩子了。如果是因为别的小朋友先嘲笑、欺负了您的孩子，您的孩子奋起反击才和别的小朋友打架，那么，您的孩子错不在先，而是他懂得自我保护。家长要引导孩子通过合理的方式解决问题，如让幼儿园的老师来帮助他。如果孩子是主动去攻击别的小朋友，那么，要加强对孩子的教育，他在行为规范方面已经出现了问题。如果孩子是出现了多动症，建议要带孩子去医院里诊断，或带到专业的心理咨询机构寻求帮助。

总之，请先了解打架的原因，再寻找应对的方法。

第三节　童年期（6~12岁）的家庭教育问题

1.问：我的孩子7岁了，今年刚上小学一年级。我现在最心累的事就是每天辅导他写作业。虽然他写作业的时候也很认真，但总是问我这个怎么做、那个怎么做。有些内容我觉得明明已经跟他讲得很清楚，可是他很难领悟。我总觉得他太笨了，很担心他的未来。我真的挺绝望的，不知道该怎么做？

答：这位家长遇到的问题，也是很多家长都会遇到的问题。所谓"望子成龙，望女成凤"，每位家长都希望自己的孩子能有过人之处。其实，生命如花，花开有时。

有这样一个充满寓意的童话故事：一位美丽的公主，从小就被一个巫婆关在一座高塔上面，每天只能见到巫婆。巫婆每天都对她说："你的样子丑极了，见到你的人都会感到害怕。"公主相信了巫婆的话。她怕被别人嘲笑，所以不敢逃走。直到有一天，一位王子经过塔下，看到了公主那如仙的美貌，惊为天人，救出了她。这位公主对着镜子，才意识到自己原来如此的美丽。事实上，很多父母都可能在无意间充当了"巫婆"的角色，说孩子"真笨"，已是一些父母的口头禅。有时，父母在朋友、外人面前表现谦虚："我儿子不行，很笨的。""这孩子很没脑子的。"整日被淹没在如此大量的负面暗示里，孩子会真的认为自己的确很"笨"。当孩子因为上述种种原因，深信自己的脑子很笨、学习能力很差的时候，他就会产生严重的自卑感和自我怀疑，结果就真的成了"学什么都学不会"的笨孩子。

人的大脑不是从外面扭动把手就可以转动的"机器"，而是需要自己努力运转起来的主观性的工具。所以，想大脑聪明就要自己不断思考，多动脑筋，这绝不是强求来的，要在孩子的内心燃起"动机"之火才可以。作为家长，我们首先应该接纳自己的孩子，用发展的眼光看待自己的孩子。小学一年级，正是培养良好学习习惯的关键阶段，一切还没定型，一切都是初始。和很多孩子一样，您的孩子在学习时，大脑很可能还没有"上路"，需要时间来不断学习。当然，也有可能是您在给孩子讲解问题时，您自己认为已经讲清楚了，而孩子却不一定这样认为。您恨不得孩子在学习的道路上马上能跑，而孩子却还在"蹒跚学步"。

作为一位合格的家长，应该培养孩子的自信心，经常让孩子体验到成功的喜悦。当孩子获得成功，体验到快乐时，大脑里会释放出"脑内吗啡"，这种化学物质会驱使孩子想重复这一经验。所以，从这个角度，我们可以说"成功是成功之母"。在做游戏、玩玩具、做手工、参加竞赛以及做家务等活动中，家长要鼓励孩子大胆尝试，并适当引导，让孩子可以通过一定努力感受到胜利的喜悦。对孩子来说，各种探索都是学习的机会，家长要"为孩子找一棵矮点的苹果树，让孩子踮起脚，伸手就可以摘到苹果"。一次次成功的体验会让孩子信心百倍、动力十足地向下一个更高的目标迈进。

家长还应知道，孩子与孩子之间是存在个体差异的。有的孩子思考能力强，有的孩子动手能力强。作为家长，应该做到尊重孩子的这种差异性，尽量结合孩子自身的"兴奋点"去让他理解事物。家长在尊重这种差异性的同时，也要懂得注意调节孩子的注意力，不要让孩子长时间连续做同一件事，而应该让孩子有阶段感，劳逸结合，切不可让孩子在学习时因"过劳"而产生厌学的情绪。

　　家长在辅导孩子写作业时，要帮助孩子分析所遇到的困难，用足够的耐心、通俗的语言，让孩子面对学习上的疑惑。尤其对于 7 岁的孩子来说，这种耐心显得更加弥足珍贵。要知道，有耐心的孩子是由"有耐心的家长"培养出来的，家长在教育孩子时，不仅要注重孩子智商的培养，更要注重孩子情商的培养。

　　2. 问：我是两个孩子的妈妈，大宝 8 岁了，二宝才 1 岁。近段时间，我发现大宝常常无缘无故地不高兴，问他为什么，他又不说。我问他，是不是因为妈妈总是抱着小弟弟，没有时间关心你，让你觉得很委屈？他点点头，但是不说话。二宝现在很调皮，我不得不花更多的时间在他身上，花在大宝身上的时间明显少了许多。我不知道怎么去处理好大宝和二宝的关系。

　　答：当大宝有了弟弟或妹妹，尤其是当大宝已经处于比较懂事的年龄时，他能明显感觉到爸爸妈妈不再属于他一个人，他得和弟弟或妹妹一起分享父母的爱。这个时候，大宝心里难免会有落差，这是非常正常的。这个时候，父母要注意引导大宝一起关心、呵护弟弟或妹妹，切不可让大宝对二宝产生敌意，或者让大宝产生"爸爸妈妈不再爱我了"这样的感觉。

　　有些家长在有了二宝以后，由于精力顾不过来，会把大宝送到爷爷奶奶身边，或是寄养在亲戚家里。其实，这会对大宝造成很大的心理伤害。在大宝今后的成长中，这种伤害通常会以焦虑、敏感、多疑、强迫等情绪或躯体化症状表现出来，并可能对孩子的一生产生不良影响。可以说，这种伤害往往是无法弥补的。

　　即使有了二宝，父母也应该给予大宝应有的关注。这种关注应该从生完二宝后坐月子时就开始。父母要让大宝明白，即使有了二宝，他们仍然是爱大宝的，而不应只关心二宝，把大宝撇在一边。月子中的妈妈，当二宝醒着时，可以把二宝交给月嫂或家人，花上一定的时间去陪陪大宝，和他谈谈心，引导大宝学习如何一起照顾二宝。在这个时期，爸爸的角色非常重要，因为妈妈要给二宝哺乳，还要调理身体，爸爸一定要花时间多陪伴大宝，爸爸在这段时间的付出，不仅可以换得大宝健康的心理，还可以获得大宝更多的依赖。这对父子或父女间感情的增进是大有裨益的。

　　当二宝要晒太阳时，父母可以把大宝喊过来一起逗小宝宝；当二宝玩耍的时候，家长可以把大宝也喊过来，让他一起陪着玩。慢慢的，大宝、二宝的感情就会越来越好。如果大宝有时出现了一些无意中伤害到二宝的语言或行为，家长不可责骂大宝，而应该耐心引导大宝呵护二宝；因为，大宝本身也还是孩子，他还不能分清哪些语言或行为是会伤害到二宝。当然，对于 8 岁的大宝，其认知水平已经比较高，父母可以认真、诚恳地讲述二宝带来的好处，以及对大宝的爱和期望，让大宝从心理上不排斥二宝。这个过程，其实也是培养大宝情商的一个很关键的过程，要让大宝懂得忍让和分享。

父母要学会公平地向大宝和二宝表达爱意。有些话最好不说，如"你们俩谁乖我就爱谁""谁先完成我就更爱谁"等。父母对孩子的爱应是无条件且不分多少的，不要采取诸如此类的表达伤了孩子的心，或助长了孩子自私的心理。父母应根据大宝和二宝的真实需要给予物质资源，引导他们学会分享。例如，买玩具时，家长并不需要买两个一模一样的给大宝和二宝，可以买一个玩具让大宝和二宝共同玩耍，教会他们分享与合作。

父母首先要承认一点，大宝和二宝的性格、特点是有差异的，既然有差异，就不应简单地从一个角度或一个方面去比较、培养两个孩子。父母应学会发现他们身上各自的优点，引导大宝和二宝认识自身优点，进一步发挥自身优点。这里特别注意一点，面对大宝和二宝，家长千万不要简单地以两个孩子成绩的高低来比较孩子，甚至批评成绩差一些的孩子，这样的比较是没有意义的。较为科学的比较，应该是一起比较两个孩子的以前与现在，并积极利用表扬与批评的艺术让孩子的闪光点越来越多、越来越亮。

父母还应学会从孩子的角度思考，带着好奇心加入孩子的交谈，在充分了解孩子的想法后，再说出自己的观点，这会让孩子感到自己的想法是被尊重的。孩子得到心理上的支持，有利于其心理成长，也才能把父母更多的优点潜移默化地融入其生命中。

3. 问：我的孩子上小学三年级了，他总是和小朋友打架，具有较强的攻击性。老师开家长会时，经常点名批评我的孩子，我们做家长的感到很无奈。我和他妈妈一天到晚忙于工作，晚上很晚回家。平时，一直是他的奶奶接送他上学、放学。我真不知道该怎么改善孩子的攻击行为。

答：孩子攻击行为的产生，往往受到多方面因素的影响，如父母的教养方式与家庭氛围，学校里老师、同学的行为与态度，孩子自身的气质与性格，以及外在的社会环境等。可以说，攻击行为的产生，是多种因素共同作用的结果。一般认为，父母的教养方式分为民主型、放任型与强制型。很显然，您所采取的是放任型的教养方式，这种方式往往容易忽视孩子的成长。当孩子在最初偶尔出现攻击行为时，父母如果放任自流，而不加以制止的话，就会助长孩子攻击行为的进一步发展。

在家庭教育中，父母最应该做的就是为孩子提供一个良好的家庭环境。一个和谐、稳定的家庭对孩子的成长至关重要，这种家庭的创建，其关键在于父母。首先，父母之间不要为一点小事而发生激烈的冲突，尤其是面对孩子时，即使有矛盾，也不要互相攻击、指责。其次，父母要采取合理的教养方式，对孩子既不能实行高压控制，也不能过度纵容溺爱，父母一定要先尊重孩子，然后再去严格要求他们，尤其当孩子受到别的孩子欺负时，家长不要向孩子灌输"以牙还牙"

的报复思想。例如，有的家长会对受了欺负的孩子说："他打你，你也打他。"这种教育方式使孩子以为报复性的攻击别人是合理的，这对孩子来说有百害而无一益。

社会心理学的研究表明，当孩子做出合作、分享等亲社会行为时，父母要及时表扬和鼓励，这样可以培养孩子的"利他"行为。培养孩子的"利他"行为，可以有效减少孩子攻击行为的发生。当孩子出现攻击行为时，如果父母不制止和批评，就会强化孩子的攻击行为，所以有必要对孩子的攻击行为实施必要的惩罚。这种惩罚必须是在说理的基础上进行，要让孩子明白为什么要惩罚他。惩罚不能使用打、骂等暴力手段，家长可以采用"冷处理"的惩罚方式，即在一段时间里，不去理睬孩子，故意冷落他，让孩子认识到如果做错了事，所有人都不会喜欢他。但惩罚不能使用得过于频繁，每次持续的时间要适可而止。当孩子有悔意时，家长要及时撤去对孩子的惩罚。

许多研究和实践已证明，电视中的暴力行为可以引发孩子的攻击行为，所以家长一定要指导孩子正确地看电视。首先，家长要为孩子选择节目内容，要让孩子多看一些知识性、趣味性强的节目，少看那些充满暴力色彩的卡通片。其次，家长要抽出时间陪着孩子看电视，与孩子一起讨论电视节目中暴露的问题，引导他们分清是非、美丑、善恶，使他们知道应该学习哪些行为，不应该模仿哪些行为。家长千万不要把孩子扔在电视机前就不管不问，孩子分辨是非能力较差，他们会把电视上的暴力行为当作勇敢的行为而加以模仿。最后，家长还要为孩子提供一些儿童书籍、乐器及其他儿童娱乐用品，减少孩子看电视的时间，尽量让孩子避免受到电视中暴力行为的影响。家长在为孩子选择玩具时也应少买枪、刀等带有攻击性的玩具，因为孩子常会利用这样的玩具去模仿攻击行为。

4.问：我的孩子在小学二年级时，被检查出患有多动症。医生给他开了药，我不敢给孩子吃，怕有副作用。现在他已经读三年级了，老师仍然经常向我告状，说孩子特别调皮捣蛋，尤其在上课的时候严重影响其他同学的学习。我打过他、骂过他，可是没有任何效果，我真不知道该怎么办。

答：我们先了解一下什么是多动症。多动症的全称是"儿童注意缺陷多动障碍"，是一种常见的儿童行为异常性疾病，其主要表现为注意力不集中、情绪紊乱、多动、易冲动、学习效率低下、缺乏自控能力，并可能伴有认知障碍。患多动症的儿童一般于7岁时表现出发病症状，8~10岁是该病的发病高峰期，而且患多动症的男孩显著多于女孩。

多动症儿童由于出现了一系列学习、情绪、行为及适应方面的问题，其行为表现往往不受家长、老师或同学的欢迎，加之学业成绩不佳、运动协调不良、人际交往不畅等，他们容易出现退缩、缺乏信心和丧失自尊心等问题，易产生忧郁情绪或攻击倾向。因此，对于多动症儿童应采取"接纳—自适应—积极心理治疗"等防范原则和干预策略。

在儿童多动症行为比较严重时，一般建议在医生的指导下采用药物治疗。虽然药物不是唯一治疗多动症的方法，也不是每一位多动症儿童都需要服药，但适当的药物辅助治疗，可以提升整体治疗的效果。既然您的孩子已经去了医院，并且被诊断为多动症，建议您最好按照医生的建议来治疗。

作为家长，应该借助专业知识来了解多动症儿童的行为是"有意"还是"无意"。首先，对于多动症儿童不应过于苛求，所提要求要切合实际；其次，对多动症儿童要给予真诚的接纳。事实上，多动症儿童很多的行为举止并非故意捣乱，而是他们经常无法控制和管理自己的行为所致。父母应与孩子建立良性的关系，不能因其异常行为而训斥，而应帮助其解决问题和困难。

正常的作息时间对多动症儿童十分重要。变换的环境、过多的刺激以及不规律的生活，都会让他们浮躁不安，难以完成该做的事。所以，让他们知道整个活动的大致情形以及别人的期望，其行为将会较自控而少冲动。家长要引导孩子按时饮食起居，有充足的睡眠时间，不应迁就他们而让他们看电影、电视至深夜。

家长和老师可以运用一些小技巧，为多动症儿童安排能够胜任的工作，如帮妈妈拖地，帮老师发练习本、跑腿、劳动或服务等既可以消耗体力又容易完成的简单工作，让其从中获得成就感，进而帮助其提高自控能力。当多动症儿童成长到会思考反省的阶段（如青春期），注意力不集中、多动和冲动行为会自动减少甚至消失。这时，要促使其较多地自我表达，争取较多表现成功的机会，培养其自尊心和自信心。

第四节　少年期（12~18岁）的家庭教育问题

1.问：我儿子14岁了。一天傍晚，我在阳台上收衣服，无意中从百叶窗的缝隙里看到儿子在他房里摆弄生殖器官，看样子在手淫。令人担心的是，他的手里拿着一本杂志，杂志上有一幅穿着暴露的女性美图。我丈夫又长期在外经商，我不知道该怎么办？

答：您好！首先恭喜您，您的儿子长大了。14岁的年龄，正处于青春期之中。青春期是个体由儿童向成人过渡的时期，在这个阶段，个体的第二性征发育基本完成。对于很多男孩来说，在青春期时，会不由自主地出现遗精，或是主动"自慰"，将体内的精子释放出来；一些女孩子也会在青春期阶段出现"自慰"的行为，甚至有媒体报道，个别女孩在七八岁时就出现了"自慰"行为。

在这里，我把"手淫"换成了"自慰"这个词。"手淫"两个字容易让人产生不道德、不健康的感受，而"自慰"两个字要中性许多，让人感受到这只是一种自我安慰。如果耳朵痒了，我们会主动抓两下；如果鼻子痒了，我们会主动刮一刮。这些都是很正常不过的事情，这样做了之后，我们的身体会感觉到舒服。那么，现在有人生殖器官"痒"了，一开始，他只是抓了几下，发现挺舒服的。之后，他开始主动地、有意识地去抓生殖器官，他发现这样做了之后，身体居然能产生一种前所未有的快感。所以，自慰本身是一种生理需求。当然，自慰也是一种心理需求。

从医学的角度看，正常、卫生的自慰，并不会影响身体的健康。国外的一些调查表明，90%以上的青少年曾有过自慰的历史。广东省中山大学校园媒体《中大青年》的一项调查显示，80%左右的大学生曾自慰过，近30%的人认为自慰有利于身心健康。可以说，自慰几乎是每个人探索性欲望的第一步，有的个体产生得早，有的个体产生得晚。不管男孩还是女孩，自慰大多是从夹被子的动作开始的。他们很可能在某次无意夹被子时，身体体验到了一种莫名的舒服感。所以，很多人的第一次自慰是很偶然的事情。之后，自慰可能逐渐成了一种习惯。14岁的孩子，其性心理和性生理正处于发展的膨胀期，出现自慰或性幻想是必然的，做家长的，没必要过于担心或恐惧。反而，如果孩子在青春期阶段没有出现任何性冲动，那么，他的生殖器官可能没有正常发育。

但是，家长要尽可能避免孩子过度自慰，那会让人精神萎靡，甚至影响身体的健康生长和发育。一般认为，男孩自慰和生殖器官受到压迫、刺激，学习、生活过于紧张、焦虑，接触到过于暴露、性感的女性图片或影视作品等因素有关。要想减少男孩的自慰行为，可以给孩子换成宽松的裤子、轻柔的被子，舒缓孩子在学习、生活上的紧张、焦虑，多让孩子参加体育锻炼，避免让孩子接触过于暴露的女性图片和过于香艳的影视作品。在中国家庭中，母亲难以和儿子沟通性教育的问题，这个时候，还是由父亲出面比较好。关于这方面的教育，学校也应该承担起更多的责任来。

2. 问：我女儿15岁了，现在读初三。近段时间，我发现她和班里的一位男生走得很近，好像在谈恋爱。我好担心，在这么小的年龄、这么重要的学习阶段，孩子居然谈恋爱，这该怎么办好？

答：处于青春期的孩子，对异性产生好感和喜欢，是非常正常的事情。其实，很多初中的男女学生在一起，他们并不一定在谈恋爱，而只是枯燥的学习生活之外的一种相互慰藉。他们在一起，可能只是简单地在一起学习而已，他们的关系也许只是一种纯洁的友情。做家长的，切不可随意指责孩子，误解孩子。而且，青春期阶段的孩子本身比较敏感，也容易叛逆，家长如果处理不当，反而会产生亲子之间的严重冲突。

一般认为，青春期阶段的孩子，其恋爱心理的发展大致经历三个阶段：

第一，异性疏远期，这个阶段处于青春期的初期。进入青春期后，原本两小无猜、互相打闹的孩子，突然间好像出现了隔膜，彼此生疏起来。他们可能会互相回避，彼此不说话，甚至不再往来。这个阶段，他们对性别十分敏感，女生会为自己日益隆起的乳房感到羞愧不安。男生更愿意接近父亲，女生更愿意接近母亲。男生更愿意和男生交流，如果多和女生讲两句话，往往会感到耳热脸红，心跳加快。这是恋爱心理发展的第一步，被称为性敏感期。

第二，异性吸引期，这个阶段处于青春期的中期。经历过异性疏远期后，男女生开始变得喜欢表现自己，以此吸引异性的注意。男生乐于在女生面前显示自己的能力和才华，或故意在女生面前打闹，目的是吸引女生的注意，获得女生的好感和赞许。女生则变得文静、温柔，开始注重自我打扮。她们也会在一起故意发嗲、互相推搡，目的是想赢得男生的关注和喜欢。在这个阶段，男女生开始关心彼此、接近彼此。这是男、女生青春期心理发展的必然，有助于消除异性之间的神秘感，增进男女间的友谊。初三的孩子，基本还是处于这个阶段。

第三，异性眷恋期，这个阶段处于青春期的末期。这个时候，男女生都渴望能够在身边找到知音。他们开始互相关心，互相钦慕，渴望得到异性的爱与关心。这个阶段也是恋爱现象开始高发的阶段。这个时候，他们的身心发展已接近成人，但是，行为模式上往往比较幼稚，需要加强引导。

所以，面对初三的女儿在"谈恋爱"了，这位家长不必太焦虑，她也许只是在发展纯洁的友谊。您可以试着多和女儿聊聊学校里发生的事情，聊聊女儿对男生的评价以及她和男生之间发生的故事。也许您会发现，其实女儿和男生之间并没有什么。

3.问：我儿子18岁了，还有一个多月就要参加高考。这段时间，他变得焦虑、烦躁，静不下心来看书。晚上，学校的晚自习也不想去，每天要求回家学习。我也不懂该怎么让他平静下来。请问有没有好的方法？

答：根据您的描述，您的孩子可能是出现了考前焦虑。考前焦虑是一种很正常的情绪反应，几乎每位高考考生都会出现，主要表现为心情烦躁、心慌胸闷、口干舌燥、坐立不安、夜里容易惊醒等。只是，有的人考前焦虑重一些，有的人考前焦虑轻一些而已。适度的焦虑可以促使考生提高学习效率和效果。看起来，您孩子的焦虑程度比一般的学生稍重了一些，并且已经影响到了学习。

考前焦虑主要和考试压力有关，这种压力的来源主要有三个方面：

第一，来自父母、老师的压力。每位父母都"望子成龙、望女成凤"，而高考是如此重要的一次考试，它直接决定了孩子是否能进入大学，从而影响今后的一生。许多考试焦虑的孩子，身边都有"考试焦虑"的父母。这些父母通过"言传身教"让孩子感受到必须考出好成绩，如果考不出好成绩，似乎就不是一个"好孩子"。

第二，来自考试本身的压力。在高考改革前，考试的压力全部集中在高考那几天。可以说，这几天的考试是对过去十几年寒窗苦读的终极考核。所以，这几天的身心状态如何，是否能答出考卷上的问题，这些都是考生焦虑的内容。如今，一些省市高考改革后，以浙江省为例，高考的压力被分解成了"两年"。最后一次考试只需要考语文和数学两门课。看起来，高考的压力小了。实际上，过去"几天"的高考被改革成了现在"两年"的高考。单次高考的压力小了，但是"高考"的次数多了。如果前面几门课的考试成绩不理想，考生自然会寄希望于最后这两门课的考试。这样的话，他们的压力感可想而知。

第三，来自考生自身的压力。很多考生是有梦想、有追求的，他们希望通过高考，完成自己人生的蜕变。他们也许受到很多榜样人物的激励，也许想通过高考实现自己的人生价值，也许想通过高考证明自己的能力。总之，他们可能对高考有太多的期待。

所以，您得先肯定孩子对高考的期待，他之所以有这样的焦虑情绪，应该是非常看重高考。您可以按照上面的三个方面，梳理一下孩子所遇到的压力来源，听懂孩子内心的"声音"。疏导一个人的焦虑情绪，一般可以从改善不当认知、增强社会支持系统、加强身体锻炼等方面入手。如果孩子在家中可以晚自习，并且取得更好的学习效果，不妨顺着孩子的意愿试试，也许这样可以缓解他的焦虑感。在这个关键阶段，做父母的也不妨多陪陪孩子吃饭、聊天，每天陪孩子适度运动。在这个时候，良好的心态是决胜高考的重要因素。

4.问：我儿子16岁了，我们夫妻俩都在外地打工，他从小在爷爷奶奶身边长大，我们对他的管教非常少。他现在读高一，前些日子，他说不想读书了，想退学。我问他为什么不想读书，他也说不出原因。我们都希望他能读个大学，以后有个好工作，不要像我们夫妻俩一样，长年出去打工。我想问问，我该怎么劝他？

答：看起来，您的孩子出现了厌学。厌学，通俗地说是指学生不想读书了，包括厌学的情绪、厌学的态度和厌学的行为等方面。厌学最严重的后果就是退学，就是不读书了。厌学还表现为故意迟到、早退、逃课等常见现象。可以说，从幼儿园到大学，每一个学习阶段都会发生厌学的现象。根据北京师范大学教育系的一项研究表明，中学阶段是各个阶段中厌学最严重的阶段，厌学的比例高达20%。

导致厌学的原因也是多种多样的，有的因为家庭经济原因，看到其他同学生活过得好，自己过得穷苦，产生了自卑心理，于是不想到学校读书，想出去打工；有的因为老师的原因，一些老师教学方法不得当，深深地伤害了同学的自尊心和自信心；有的因为自己不想读书，明明成绩还可以，但是想早些接触社会；有的是因为自身能力有限，读书过于吃力，于是不想读书；有的因为在学校里被同学欺负，对学校产生了恐惧感；也有的是因为迷上了网络游戏等，觉得读书太苦，不如"游戏人生"。您不妨对着这几条，分析一下您的孩子遇到了什么问题？

青春期的孩子，虽然长高了，但还没有长大。他们看起来像大人了，但是处世态度、处事能力还比较幼稚。尤其是遇到挫折后，容易退缩。只有找出孩子真正厌学的原因，才能和孩子一起克服困难，对学习重燃兴趣。

可以说，您的孩子属于留守少年，由于多方面的原因，在他的成长中，缺少家长的教育和引导，缺乏家庭的温暖。在学习之外，他应该有着一颗孤独的心，也许他觉得出去打工、到社会上闯荡会更快乐一些。所以，如果有可能，不妨多陪陪孩子，多听听孩子的心声。甚至，夫妻当中能有一人辞去工作，先在孩子身边生活一段时间，帮助孩子重燃学习的兴趣。

第五节　青年前期（18~22岁）的家庭教育问题

1.问：我的孩子今年读大一，她到学校已经一个多月了。她天天给我打电话，说吃不惯学校的饭菜，不能接受室友的生活习惯。而且，同学中人才济济，她觉得自己很渺小，以前在学习上的优越感也没有了，感觉生活很不如意。有时候，她还睡不着觉，很想回家。她这样子，弄得我也很焦虑。请问，我该怎么做才能让孩子舒服一点呢？

答：都说新兵入伍后，前三个月是个坎。其实，新生进大学也一样，前三个月是非常关键的时期，我们称为大学新生的适应期。在这个阶段，有的学生难以适应，主要表现为进入大学后，对周围环境、生活习惯、人际交往、学习方式等方面的不适应、不协调，由此在认知、情绪、行为等方面出现困惑、迷茫、痛苦等状况。在心理辅导中，这种状况被称为"新生适应不良综合征"。在这个阶段，有的学生还会出现较严重的焦虑、抑郁、恐惧等不良情绪。因此，新生适应期需要引起学校、家长的重视。

患上"新生适应不良综合征"后，有的学生会积极主动寻求帮助，从而顺利适应大学生活；有的学生则闷声不响，从而自信心下降、行为退缩，本来以为到大学可以尽情享受大学的美好时光，没想到最后只能忍受理想和现实之间巨大的落差。当自身无法调节时，一些学生便会感觉生活无望、身心疲惫，甚至采取自残、自杀等极端方式以求解脱。近年来，各高校大学新生自杀的案例屡见不鲜，分析他们自杀的原因，绝大部分与此类适应不良有关。

正如每个人的身高存在差异一样，每个人的适应能力也各不相同。从适应的时间来看，有的学生一进大学，马上就能够适应新环境；有的学生进校后则需要几个月，甚至需要一年的时间才能完全适应。作为家长，我们应该学会站在孩子的角度看问题，身临其境地体会孩子的心情，只有学会考虑孩子的感受，让孩子知道父母是理解他的，孩子才可能接纳父母，听父母的劝导。

针对饮食问题，可以先建议孩子到学校周围的饭店解决，现在的大学城都汇集着全国各地的美食，找到自己喜欢的美食并不是问题。但这治标不治本，最关键的是让孩子明白独立生活是个体社会化的必然要求，大学正是为今后步入社会所做的最后准备阶段，每一位大学生都要经历这个阶段，因此，需要以平常心对待。

针对与室友的矛盾问题，让孩子接纳室友与自己的差异。大学宿舍成员来自五湖四海，家庭背景不同，生活习惯、饮食习惯也不同，甚至三观也会存在差异，因此要以包容的心态面对，在不影响自己的情况下，学会接纳室友的小习惯、小毛病。当室友的不良习惯影响到宿舍生活时，要礼貌友好地指出来，不要激发内部矛盾，引发冲突。此外，应鼓励孩子多参加宿舍的集体活动，如宿舍聚餐，餐桌是交流情感的好地方。也可以以宿舍为单位参加学校活动，使每个宿舍成员有归属感，让宿舍有家的味道。上述方法尚未能解决时，建议让孩子去学校的心理咨询中心寻求帮助。

针对优越感丧失的问题，让孩子正视自己，摆正心态。有人把高考比喻成"千军万马过独木桥"，进入大学的孩子都是经过层层筛选，优中选优的精英。每个同学都来自不同的家庭，有着不同的教育背景，在经济条件、文化、个人特长与能力方面差异较大。因此，孩子在某方面的优越感容易消失，可能会产生强烈的自卑感，心理上会感到矛盾和困惑。此时急需教导孩子保持一颗平常心，学会自我调整，不骄傲、不自卑，勇敢面对。

2. 问：当年的高考志愿是我们帮孩子填的，当时也是考虑到这个专业热门、有前途、能赚钱、工作稳定，本来想给孩子规划一条平稳的路，可孩子现在却跟我们说他对这个专业不感兴趣，极度厌恶这个专业，觉得上课无聊，整天郁郁寡欢，想改变，却不知从什么做起。我们怕孩子会自毁前途，苦口婆心劝过几次，可是孩子根本听不进劝。怎样才能让孩子接受这个专业呢？

答：您的问题具有一定的代表性。据家长和学生反映，有八成以上的学生不喜欢父母替他们选择的专业。因此，您的孩子不喜欢所学的专业并表现出一定程度的厌学情绪，是正常现象。为什么孩子不喜欢家长选的专业？也许，通过这样一个故事会更好理解：狗最喜欢吃肉骨头，而羊最喜欢吃青草。狗想把自己舍不得吃的肉骨头给羊吃，可羊却并不领情。于是，狗特别伤心，羊也特别无奈。

高考填志愿的时候，应该听谁的呢？家长说：孩子不懂哪个专业好；孩子说：我不知道该选哪个专业；老师说：你们回去多和家长商量。于是，专业的选择，最终体现的大多是家长的意志。可是事实证明，家长认为好的、正确的东西，孩子不一定也这么认为。因为，不同的人，兴趣、爱好、脾气、性格都不一样。我们总会认为自己喜欢的东西就是别人喜欢的东西，这种认知偏差叫"投射效应"。从心理学角度来看，投射效应是指在人际交往中，个体形成对别人的印象时总是假设他人与自己有相同的倾向，即把自己的感情、意志、特性投射到他人身上并强加于他人。当然，这不能怪家长，也不能怪孩子。因为，任何选择都有不确定性和不可预见性。

那么，事已至此，怎么来解决这个问题呢？首先，建议您的孩子先去学校的就业指导中心做一份职业心理测量，了解孩子的职业兴趣、职业性格、职业价值观，帮他选定感兴趣的专业范围。接着，在孩子现在的专业和理想的专业之间寻找最佳结合点。现在，各行各业都缺乏复合型人才，可以让孩子在完成本专业的同时，修读他感兴趣的专业，并且在两个专业间寻找感兴趣的领域。最后，如果您的孩子对本专业的确不感兴趣，并实在读不下去，那么，在大一时，学校还有一次转专业的机会，可以通过转专业，转到他所喜欢的专业去。

做家长的也请多站在孩子的角度去思考问题。其实，没有哪个专业是绝对好，或是绝对不好的。各行各业都能涌现一大批能创造出自身价值和社会价值的人才。家长不妨让孩子做他们感兴趣的事情，唯有如此，孩子才会把他们从事的"事情"变成"事业"。

3.问：近两年来，"女大学生裸贷"事件闹得沸沸扬扬。我的女儿现在读大二了，我们家也不富裕，只能解决孩子的基本生活问题。我常担心孩子什么时候脑子一热，做出了傻事。请问，作为父母我们应该怎样在这方面去教育孩子？

答："女大学生裸贷"毕竟只是极少部分女大学生的行为，而且，党和国家相关部门已经高度重视这一事件，您大可不必过于担心。2017年4月10日，银监会已出手整治校园借贷，发布了《关于银行业风险防控工作的指导意见》（简称《意见》）。《意见》指出，网络借贷信息中介机构不得将不具备还款能力的借款人纳入营销范围，不得进行虚假欺诈宣传和销售，不得通过各种方式变相发放高利贷。因此，可以预见，未来类似"女大学生裸贷"的事件会得到有效遏制。

很多人不禁会问，女大学生已经拥有一定的辨别能力，为什么会选择"裸贷"这种方式呢？一个最根本也是最直接的原因是，她们急需用钱。所谓"病急乱投医"，当一个人急需用钱的时候，她的理性思考能力会被明显遏制。经过内心的博弈，她们觉得还是先借到钱要紧，提供贷款的这些机构正是抓住了女大学生的这种心理特点。这些女大学生借了钱之后，不好意思跟家里人说。其实，她们借钱之前就不好意思跟家里人说，如果在借钱之前就跟家人说的话，家人肯定会想办法帮助她们。所以，这是一个值得关注的地方，这些女大学生为什么不愿意跟家里人说？

女大学生借款的背后，有很多原因。例如，变态的攀比消费心理，有些女生喜欢和别人攀比，看到同寝室的女生都用苹果手机，而自己还在用国产手机，觉得很没面子，于是通过借款，满足了自己的虚荣心。又如，有的女大学生挥霍了学费，等到不得不交学费的时候，发现交不了，于是选择了"裸贷"。她们在贷款之前，可能也想过，要通过勤工俭学、省吃俭用等方式来还款。但是，高利贷利滚利的速度远远超出她们的预期。她们发现，很难还清所借的本金和利息。当然，这个时候更不可能跟家里人讲了。

女大学生"裸贷"的最终"受害人"是家长。首先，高昂的贷款利息最终由家长承担。其次，家长的心理打击要远远超过经济上的打击，一些提供贷款的公司，其催款的手段令人触目惊心。那么，怎么来教育自己的孩子远离这类贷款呢？一要培养孩子良好的心态，杜绝攀比心理。父母要从小培养孩子正确的金钱观和价值观。二要加强对孩子的"劳育"，培养孩子"劳有所得"的意识，要让孩子认识到自己赚来的钱，花起来踏实，可以鼓励孩子在寒暑假参加社会实践，获取一定的收入。三要培养孩子自尊、自爱的品格，加强孩子的防范意识等。

其实，只要亲子间沟通良好，家庭里充满温暖和爱，几乎不会有女大学生会出此下策，去网络上"裸贷"。她们往往是走投无路了，才做出了这样非理性的选择。做家长的，要多想想如何去营造良好的家庭氛围，这也是保障孩子身心健康的先决条件。

4.问：我的孩子挺争气的，既考上了研究生也考上了事业单位。我和爱人都觉得事业单位工作比较稳定，希望孩子直接工作就好了。可孩子自己却喜欢读研究生。请问，我们应该顺从孩子的意愿，还是让他按我们的意思来好些？

答：您的孩子很优秀！我们在生活中也经常会面临这样的选择，一种东西是我们想要的，另外一种东西也是我们想要的，可是迫于条件限制，我们只能选择其中之一。从心理学的角度看，这叫"双趋式冲突"。

面临"双趋式冲突"时，我们总会显得犹豫不决、摇摆不定，最终反而可能导致机会的丧失。家长作为"过来人"，会显得保守一些，更容易追求"安稳"。在事业单位工作，本身的确是一种不错的选择，如果错过了这次机会，将来还不一定有这样的好机会。孩子的观念会更"激进"一些，他们会觉得继续深造的机会也很难得，趁现在年轻，多学点知识，将来才能拥有更强的竞争力。现在满大街都是大学生，如果能拥有一个硕士或博士学位，将来的路可以更宽。所以，在"读研"还是"直接工作"这两者之间做选择，没有对错的问题，也没有利大于弊或弊大于利的问题，这是个人价值追求的问题。

那么，是不是家长就不要管了，随孩子决定就好了呢？当然不是！家长有家长的经验，孩子有孩子的"远见"。当然，孩子也有孩子的"偏见"和"局限"。不同的孩子选择读研，其动机各异。有的孩子怕工作太累，想再读三年书，"轻松"几年；有的孩子怕参加工作、接触社会，喜欢封闭在自己的空间里；有的孩子觉得事业单位太无聊，不如读书有意思；有的孩子就想继续深造，拥有更高的价值追求；等等。

这位家长有必要心平气和地和孩子作一次促膝长谈，深入了解孩子的内心想法，帮助孩子分析读研面临的利弊和工作面临的利弊。甚至，家长可以带领孩子一起去做生涯访谈，全方位了解事业单位的工作和读研的生活。最终，当孩子全面了解了相关内容后，他会做出比较理性的选择。这个时候，建议家长尊重孩子的选择，毕竟，孩子有孩子的人生。只有这样，他才不会在一生当中留下遗憾。

第九章　不同类型家庭的家庭教育指导

　　家庭教育是每个人接受教育的起点，父母是孩子的第一任老师，也是孩子最好的老师。当下，由于我国特殊的国情，出现了三种类型的家庭——独生子女家庭、二孩家庭以及留守儿童的隔代教育家庭。本章将针对不同类型的家庭，深入剖析每种类型家庭的问题和特点，并给出切实可行的建议。

致孩子

[黎巴嫩] 纪伯伦

你的孩子其实不是你的孩子，

你的儿女其实不是你的儿女。

他们是生命对于自身渴望而诞生的孩子，

他们借助你来到这世界，却非因你而来，

他们在你身旁，却并不属于你，

你可以给予他们的是你的爱，却不是你的想法，

因为他们有自己的思想。

你可以庇护的是他们的身体，却不是他们的灵魂，

因为他们的灵魂属于明天，属于你做梦也无法到达的明天。

你可以拼尽全力，变得像他们一样，

却不要让他们变得和你一样，

因为生命不会后退，也不在过去停留

你是弓，儿女是从你那里射出的箭

弓箭手望着未来之路上的箭靶，

他用尽力气将弓拉开，使他的箭射得又快又远：

怀着快乐的心情，在弓箭手的手中弯曲吧，

因为他爱一路飞翔的箭，也爱无比稳定的弓。

第一节　独生子女家庭的家庭教育

在我国，独生子女家庭所占比例较高，独生子女的教育问题不容忽视。本节从独生子女家庭教育的含义、现状、优势与存在的问题，以及独生子女家庭教育的指导等几个方面作详细的介绍，希望对独生子女家庭有所帮助。

一、独生子女家庭教育的含义

独生子女是指一对夫妇只生一个孩子，这是20世纪70年代末我国为"控制人口数量，提高人口素质"而制定的一项基本国策——计划生育。独生子女大多集中在"80后""90后"甚至"00后"家庭。国家提倡晚婚晚育、少生优生，这使得一个家庭的目光都聚焦在孩子身上，家长花费大量的精力培养一个孩子，孩子的教育问题变得尤为重要。父母是孩子的第一监护人，也是孩子最早的启蒙老师，对孩子一生的教育起着至关重要的作用，家庭教育也由此被人们所重视。

百度百科对家庭教育的解读是：在家庭生活中，由家长（其中首先是父母）对其子女实施的教育，即家长有意识地通过自己的身体力行和家庭生活实践，对子女施以一定教育影响的社会活动。而按照现代观念，家庭教育包括生活中家庭成员（包括父母和子女等）之间相互的影响和教育。家长即家庭教育的主要责任人，家庭教育的范围包括婴幼儿教育、学前教育、基础教育、中等教育、高等教育，甚至成人教育。在这整个教育过程中，家长要配合学校承担起养育子女的责任和义务，为子女成长中的身体健康、心理健康等创造良好的家庭环境和条件。

依据克努兹全视角学习理论来概括独生子女家庭教育，可以分为两个过程，即获得过程与互动过程，以及三个维度，即内容、动机和互动。下面详细介绍一下独生子女家庭教育的含义。

（一）两个过程

任何一种家庭教育的形式都包括互动和获得这两个过程，互动过程是指子女与整个家庭的互动，既包括与家庭成员的互动，也包括与家庭环境的互动。一个完整的家庭是家庭教育的基础，想给子女良好的教育先要给子女良好的家庭环境。例如，把家里打理得井井有条，孩子会建立一种有序感；家人之间相处和睦会带给孩子一种安全感、舒适感，有利于孩子的身心健康；父母喜欢读书，家里有书房或书架，孩子也会慢慢爱上读书……这些都会潜移默化地影响孩子，同时也是"获得"过程的体现，父母、子女都在此过程中获得某种知识、技能、体验或经验等。

获得过程包含内容和动机两个要素，内容即为家庭教育的内容。我国大多数父母都"望子成龙""望女成凤"，但片面地把焦点都聚集在孩子的成绩上，这显然不是家庭教育的唯一内容，家庭教育的内容不仅包括智育，还包括德育、体育、美育和劳育，家庭教育内容全面才能为孩子的全面发展打下好的基础。获得过程的另一个要素是动机，通俗来讲就是要提高孩子的兴趣，不要扼杀孩子对这个世界的好奇心。如果说家庭环境是物质基础的话，那么孩子的动机就是精神基础。没有物质只有精神，什么都做不到；有物质而无精神，相当于行尸走肉一般，毫无用处。因此，要想有良好的家庭教育，物质和精神都是离不开的，需要它们相互融合，共同起作用。

（二）三个维度

家庭教育的所有形式都包括内容、动机和互动这三个维度，不同维度的教育可以发展孩子不同的能力。在内容维度方面，家长通过对知识和技能的教授使得孩子能够知晓和理解一些道理，从而发展他们应对生活中部分挑战的能力。有时候，孩子所掌握的技能并不能够很好地发挥出来，这就需要孩子有一个整体的机能性，即使身处复杂环境中，也可以很好地通过自己掌握的知识来应对挑战。在动机维度方面，对孩子持久的动力、意志力的培养是重中之重，这涉及孩子对一件事的耐心和持久力，是做大事的关键因素，这种能力的培养需要从娃娃抓起。例如，孩子在专心致志地做一件事时，千万不要打断他，让他尽情地把自己的想法展现出来，这有助于让孩子全身心地投入一件事，减少外界环境对他的影响。在互动维度方面，关系到孩子与人际环境、社会环境的互动，"孟母三迁""近朱者赤，近墨者黑"都有其道理。沟通能力、交往能力、群体生活能力都是不容忽视的家庭教育内容，社会是一个一个小家庭构成的大家庭，孩子早晚有一天会离开家庭走进社会，这些能力会在孩子的成长中发挥不可替代的作用。

二、独生子女家庭教育的现状

从20世纪70年代末我国全面推行计划生育，一对夫妇只生一个孩子，到2016年1月1日起施行计划生育新政策，国家提倡一对夫妻生育两个子女，在这三四十年间，我国大多数家庭都是独生子女，即"4+2+1"模式，独生子女的教育问题成为整个家庭甚至整个社会非常关注的问题。尽管国家放开二孩政策，但有些家庭仍然是独生子女家庭，独生子女的家庭教育问题依然不可小觑。到2007年底，中国城市独生子女家庭已经达到95%以上。到2014年5月，相关数据显示，独生子女数量已经接近一亿，独生子女家庭已经成为社会的重要单元。

经过调查分析，一共有四种家庭教育的类型，分别是溺爱型、管制型、放任型和科学型，不同的家庭教育类型对孩子的成长有不同的影响。

（一）溺爱型

这种类型的家庭教育在独生子女家庭中表现尤为明显，因为一个家庭中只有一个孩子，父母把他们的爱全部给予这一个孩子，将孩子放于非常特殊的位置，过分娇宠和溺爱，甚至不考虑自己的经济条件。只要孩子提要求，家长一定会满足，想尽一切办法让孩子成为温室里的花朵，提供优越的物质条件，不接受风雨的洗礼。在这样的家庭中，父母对孩子没有要求和约束，导致孩子自己做错事不敢承担责任，更不能及时纠正自己的错误，遇到问题总想着逃避或找父母来解决。在这种家庭长大的孩子的特点是：任性、以自我为中心、蛮不讲理、逃避责任、知错不改、依赖性强。

（二）管制型

这种类型的家庭教育是以家长为中心，家长按照自己的要求对子女一味地控制，不允许做"这个"，也不允许做"那个"，对孩子的要求视若无睹，强迫孩子按照自己的要求做事，并且不能出现差错，孩子一旦犯错，家长就会无休止地责骂、训斥，甚至大打出手。这样的父母从来都不认为自己有错，即使错了也不承认，不听取孩子的建议，把孩子当成自己的私有物品，随心所欲地管教孩子。在这种家庭中成长起来的孩子是最委屈的，与父母的关系比较紧张，对周围的事物缺乏好奇心，心理上极易产生问题，易暴易怒，做事极端、冷漠，甚至会有轻生的念头。

（三）放任型

这种家庭教育的模式与管制型家庭恰好相反，家长不去要求孩子做什么，也不关心孩子的日常生活和学习，让孩子放任自由地生长。试想一下，如果农民伯伯在春天撒下种子而不去管理它们，不施肥也不浇水，任由其自生自灭，那么等秋天收庄稼时，一定是野草丛生，无所收获。培养孩子就像种庄稼一样，或者说比种庄稼更难，孩子需要家长的管理和引导。在这种家庭中长大的孩子很容易受周围环境的影响，染上不良习气，对这个世界缺乏爱心，逆反心理严重，看到生活中不公平的现象不予理睬，更不会设身处地地为他人着想。

（四）科学型

这种类型的家庭教育是我们所推崇和追求的，家长按照教育的原则精心呵护孩子的成长，既不溺爱也不放纵，严厉但不苛刻，尊重孩子的意愿，聆听孩子的意见，平等地与孩子交流、沟通和互动，善于引导孩子往正确的道路上走，讲文明懂礼貌，爱学习，爱劳动。这种类型的家庭教育无疑是非常成功的，孩子在温馨、快乐的环境中长大，对周围的事物好奇，对生活有信心，对未来有希望。有些家长总是拿自己的孩子与别人的孩子比较，这样的家长首先应该问问自己，自己是否比得上别人的家长？家长自己是否给孩子创造了良好的生长环境？如果自己什么也没做，却想要一个优秀的孩子，这与不劳而获有什么区别呢？

三、独生子女家庭教育的优势与存在的问题

独生子女家庭只有一个孩子，家长的重心全部放在孩子身上，孩子在成长过程中会有种优越感，全家的喜怒哀乐都与孩子相关，孩子就像家里的"小太阳"一样，衣来伸手饭来张口。独生子女家庭给孩子提供的条件比较优越，但同时也会带来一些问题。家长要学会用正确的方法科学地引导孩子成长，发挥独生子女家庭的长处，减少独生子女家庭产生的问题，给孩子的成长增砖添瓦。

（一）独生子女家庭教育的优势

一个家庭只有一个孩子，孩子自然就变成这个家庭的中心。孩子的衣食住行不用操心，尤其祖辈们的关心更是热烈。父母会有足够的精力和时间陪伴他们，与孩子一同游戏，一同学习，有能力来支撑和发扬孩子的兴趣爱好。带领孩子参加社会实践，让孩子从小就可以积累生活经验。有些孩子有机会去参加夏令营，认识其他地区的朋友，这可以开拓孩子们的视野，增长见识。这些都是独生子女家庭优越的家庭环境所带来的。

1.物质基础丰富

在新中国成立初期，几乎家家户户都比较穷，仅仅能够维持生计。一个家庭好几个孩子，能够吃饱穿暖就是他们最大的愿望，学习不是放在第一位的。后来国家实行改革开放和计划生育，孩子的教育问题逐渐被提上议事日程，成为家庭的重中之重。在独生子女家庭生活的孩子可以有自己的玩具、漂亮的衣服、营养丰富的饭菜。有些家长会按期订阅报纸、杂志等，这些有利于丰富孩子的知识，开阔眼界，为孩子的学习提供良好的物质基础。

2.满满的爱

"捧在手里怕掉了，含在嘴里怕化了"，用这样的话来描述独生子女在家庭中受到的待遇一点都不为过。独生子女不仅可以享受父母的爱，还可以享受祖辈的爱，所以，独生子女一般是不缺爱的，他们在爱的包围下长大，享受到无微不至的照顾和亲切的关心。家长更容易对孩子进行夸奖，这有利于孩子的智力发展，孩子受到很多的关注，自然就有存在感，这样孩子会更愿意表现自己，更有自信。

（二）独生子女家庭教育存在的问题

从孩子方面而言，存在着以下三个问题：

第一，以自我为中心。独生子女家庭里的孩子没有兄弟姐妹，家里有好吃的、好玩的东西没有人跟他们抢，他们自然而然就会认为所有人都是以自己为中心，不懂得与其他人分享，体会不到分享带来的乐趣。同时，他们也不会顾忌他人的感受，更不会设身处地为他人着想。如果自己的欲望得不到满足，情绪会很难控制。这时，父母要引导孩子，可以给孩子讲传统故事，如"孔融让梨"等，让孩子能够体会分享带来的快乐。如果孩子有分享的意识，父母要及时表扬、肯定孩子的行为。

第二，缺乏责任感。责任对一个人一生的影响不言而喻，责任心的培养要从小做起。在独生子女家庭中，父母舍不得让孩子受委屈、受惩罚。当孩子做错事时，父母习惯自己把后果承担下来，这渐渐会让孩子认为做错事不用受惩罚，孩子就会不计后果地去做一些不该做的事，并且不承担责任，这样的孩子对家庭、对社会都是无益的。所以，家长不能事事包揽，孩子做错事要让他自己去承担责任，不能替他承担。

第三，强依赖性。独生子女衣食无忧，在家里一般不会替父母分担家务，自己的事情需要家长帮着做，可以说离开了父母自己完全不能自理。小到生活的琐事、做饭穿衣，大到人生的一些选择，都需要父母帮忙。习惯了父母为自己安排一切，从衣食住行到以后的职业规划都需要父母来安排。这是一种很不正常的现象，父母要做的不是给孩子规划好人生，而是要让孩子学会自己安排自己的事。

从家长方面而言，同样也存在着三个问题：

第一，期望偏高。由于一个家庭只有一个孩子，父母会把所有的期望都寄托在孩子身上，父母的这种心情会使父母舍得放弃一切来支持孩子的教育，把孩子教育好、培养好是他们的最终目的。望子成才心切是可以理解的，但是对子女的要求过高、担心过多、教育过早的话，难免会事与愿违。这会导致孩子负担过重，对生活不感兴趣，不符合孩子的生长发展规律，这不是科学的家庭教育所倡导的。

第二，娇宠溺爱。父母爱孩子是天性，但凡事总有一个度，把握不好这个度就很容易产生问题。在独生子女家庭中，祖辈和父母把孩子养在温室里，生怕会受到风吹雨打。"十年树木百年树人"，没有哪棵参天大树是长在温室里的，想要成长，就要历练。古人云："天将降大任于是人也，必先苦其心志，劳其筋骨，饿其体肤，空乏其身，行拂乱其所为，所以动心忍性，曾益其所不能。"教育孩子也不能忽视挫折教育。

第三，重智轻德。在对孩子的教育问题上父母最关心的是孩子的成绩，评价的单一性使得父母产生成绩高于一切、学习好就是有出息的错误认识。为了鼓励孩子好好学习，有些家长甚至用物质奖励来激励孩子考个好成绩，这严重扭曲了教育的意义，既不符合教育的初衷，也对孩子的身心发展没有帮助。在教育孩子的问题上，首先要教孩子怎样做人，无论在什么时候，德育永远比智育更重要。

四、独生子女家庭教育的指导

（一）建立民主、和睦的家庭

古人云："家和万事兴。"好的家庭教育离不开温馨、和睦的家庭环境，家庭环境会影响家中的每一个成员。夫妻关系是家庭中最重要的关系，尤其是在独生子女家庭中，父母双方不应该把全部精力都投入孩子身上，而应该先经营好夫妻关系，它才是家庭稳定的核心要素。在教育孩子方面不只有说教和引导，还有一种很重要的方式——榜样教学。父母是孩子的启蒙老师，在家中要注意自己的言行，它会在潜移默化中影响孩子的言行。如果父母尊重长辈、孝敬老人，那么孩子也会学着尊敬长辈、孝敬老人；如果父母希望孩子爱学习、多读书，那么自己应该在家中经常拿起书本，静静地读书，这样孩子也会不自觉地经常拿起书本看书。一句话，父母希望孩子成为什么样的人，自己首先应该成为那样的人。父母可以引导孩子，给孩子建议，但不能干涉孩子的想法，更不能有控制孩子的欲望。孩子生来有追求自由的天性，他们乐观、积极、充满好奇，捧着一颗天真纯洁的心来到这个世上，家长要给他们提供轻松快乐的场所，让他们放飞梦想。

（二）尊重孩子的自然发展

儿童的发展是有一定规律的，无论是认知的发展还是身体和心理的发展，任何教育都不能忽视这种规律。皮亚杰提出了儿童认知发展的四个阶段，分别为感知运算阶段、前运算阶段、具体运算阶段和形式运算阶段。这四个阶段的发展是由简单到复杂、由浅入深的，后一个阶段的发展建立在前一个阶段发展的基础上，各个阶段不能逾越或颠倒，家长可以利用这几个阶段的特点合理教育子女。洛伦兹提出了儿童的关键期，在某个特定阶段内，儿童对某种技能的学习格外敏感，家长可以利用儿童发展的关键期，有意识地培养孩子的某种技能。当然，好的父母懂得尊重孩子，平等地与孩子相处：走进孩子的内心世界，了解孩子真正的需要；与孩子成为朋友，相互关心共同进步：对孩子正确的行为及时鼓励，错误的行为及时纠正。总之，要尊重孩子的内心，也要尊重孩子的身心发展。

（三）重视挫折教育

人生不如意的事十之八九，家长能保护孩子一时却保护不了一世，让孩子学会面对挫折、解决问题成为家庭教育很重要的一部分。首先，要让孩子认识挫折，可以通过影视作品、经典故事、亲身经历让孩子了解挫折，同时家长要注意引导，让孩子意识到挫折不可怕，要有战胜挫折的信心。其次，可以给孩子制造几次遇到挫折的机会，让孩子亲身感受挫折的存在，在孩子的能力范围内试着让他去解决问题。最后，要提高孩子承受挫折的能力，承受力和修复力是影响孩子一生的问题，在现代这个快速发展的社会，这种能力是必不可少的。在日常生活中，家长应该让孩子做一些力所能及的事，适当地提意见，鼓励孩子把事情做得更好。有些家长不能忍受孩子受委屈，但孩子长大以后免不了受委屈，如果孩子从小娇生惯养，那么孩子在面对困难的时候就会选择退缩，没有担当。需要注意的是，挫折教育要把握好度，控制在孩子的心理承受范围之内，如果教育的内容孩子承受不了的话，会对孩子的内心造成一定的伤害。

（四）家长要以身作则

家长想让孩子成为什么样的人，自己要先成为那样的人。榜样的力量是无穷的，孩子会在潜移默化中受到父母的影响。

父母是孩子的启蒙老师，孩子就如同一张白纸，父母的一言一行都会在孩子这张白纸上留有痕迹。如果父母说话不算数，那么孩子也会成为一个言而无信的人。家庭教育的实施对象是父母，如果父母做不到的就不要要求孩子做到，父母想让孩子做到，自己要先做到，父母要和孩子共同成长。

（五）注重引导独立自主

自己的事情自己做，这是一句耳熟能详的话语，如今，在一些独生子女家庭中，这句话似乎无用武之地。什么事情都是父母说了算，什么事情都是父母替孩子做，父母希望孩子的眼里只有学习，避开一切杂事，这种想法和做法是非常错误的。在家庭教育中，独立要从小事开始，例如，让孩子自己吃一顿饭，自己独立地在一个屋里睡觉，自己刷牙洗脸，这些都是开启孩子独立自主的标识。在孩子做完这些事时，父母要及时给予孩子鼓励，也可以引导孩子去挑战稍微困难的事情，如自己的衣服自己洗，饭后收拾和洗刷碗筷等。长此以往，孩子会变得非常勤快、爱劳动。有时候，父母也可以给孩子安排一些任务，让他们学会为自己做的事承担责任。根据孩子的年龄特征，选择适合他们的事去做，这样孩子慢慢就会做更多的事，以后出门就可以很好地照顾自己。

第二节　二孩家庭的家庭教育

随着国家二孩政策的开放，许多独生子女家庭有了二宝，由此也带来了经济、教育、医疗等方面的问题。二孩时代的到来，变化最大的就是亲子关系，家庭教育自然又被重新重视起来。本节从二孩家庭的现状、出现的问题、问题的成因及其解决的策略等几方面作详细介绍，希望给相关家庭带来一些帮助和启示。

一、二孩家庭教育的含义及现状

我国实施计划生育独生子女政策 30 多年，为国家的发展起到了关键性的作用。2000 年"五普"数据显示，我国 0-14 岁人口占总人口的比例是 22.8%；到了 2010 年"六普"，这一比例快速下降到 16.6%，少子化现象日渐明显。与此同时，我国老龄人口还在持续增加。国家统计局发布的统计公报显示，2012 年我国 60 岁及以上人口已占总人口的 14.3%；同年，15-59 岁劳动年龄人口首次下降。这也从侧面表明，我国的人口红利已从丰厚时期进入下行通道。按现在的下降速度，不到 2030 年，我国劳动力将可能出现"负债"。如今，我国少子化和老龄化现象比较严重，由此，2015 年 12 月 21 日，十二届全国人大常委会第十八次会议初次审议了《人口与计划生育法修正案（草案）》，并于 2016 年起正式施行，允许一对夫妇生育两个孩子，这是我国对人口形势做出的又一次调整。许多家庭积极响应国家号召，生育二孩。

二孩政策的开放，使得家庭教育从独生子女模式转向二胎模式。有两个孩子的家庭和有一个孩子的家庭相处模式是完全不同的，二胎家庭会出现各种家长无法预料的问题，必须引起家长的重视。

二、二孩家庭教育出现的问题

（一）大宝不接受生育二孩

在很多家庭中，存在大宝拒绝让父母生二孩的问题。当问到为什么时，他们的回答是这样的："我不想要弟弟妹妹，父母把爱分给弟弟妹妹，就不爱我了。""有了弟弟妹妹，父母肯定就不爱我了，我不要他们生二孩。"甚至有的扬言要逃学、离家出走、自杀、掐死弟弟妹妹等，这些问题的出现不得不引起家长的重视。父母想要生二孩，就不能不顾忌大宝的感受。一般情况下，大宝与二宝的年龄相差不会太大，大宝也正处于各方面发展的关键期，想得到父母和家人更多的关爱。这时，家里突然多了一个比大宝小的孩子，全家人的关注都从大宝转移到二宝身上，大宝会感觉自己受到了冷落，感觉弟弟妹妹把自己的爱都抢走了，大宝会从心里拒绝二宝。有些亲戚朋友、街坊邻居也会时不时地逗一逗大宝："你以后有弟弟妹妹了，父母都不爱你了。""有弟弟妹妹了，你就长大了，不能太淘气了。"这些话都会让大宝心里产生阴影，感觉弟弟妹妹的到来抢走了父母原本对自己的爱。父母想要生二孩，必须先消除大宝排斥二宝的心理。

（二）父母与大宝相处时间减少

在二宝还没出生之前，父母有充足的时间与大宝相处。在那短短的几年中，父母和家人把全部的关爱都给予了大宝，大宝是家里的小太阳，备受关注。一般来讲，父母舍不得打骂孩子，会尊重孩子的意见，听从孩子的想法，家庭氛围是比较民主和轻松的。二宝出生后，家人的注意力随之转移，因为二宝的年龄小，需要照顾的地方更多。二宝的出生夺走了大宝的受关注度，大宝失去关注度后，会胡思乱想："爸爸妈妈是不是不爱我了？""我是不是对他们来说不重要了？""他们是不是嫌弃我了？"这一系列问题如果不能很好地解决，大宝就会陷入焦虑状态，时间一长，大宝的心理难免会扭曲。加之二宝的出生又给家里添了很多麻烦事，父母对大宝的要求增多、耐心减少，这时候大宝会更加委屈。想到再也回不到以前的生活状态，大宝可能会对生活失去信心。因此，在二宝出生后，父母不能忽视大宝的心理和情绪，这对大宝的成长至关重要。

（三）偏袒二宝，大宝与二宝关系紧张

大宝与二宝之间的关系成为二孩家庭比较重视的问题，两个孩子的年龄都比较小，他们所处的发展阶段需要得到父母的关注，相互之间为了争夺关注而吃醋或打打闹闹都是不可避免的。尽管父母会尽可能地照顾到双方的情绪，可孩子是非常敏感的，父母不可能做到绝对公平，说的话或做的决定稍有偏向二宝，都会让大宝的心里不好受。有时候亲戚或邻居也会比较偏袒二宝，二宝的年龄小，他们有什么礼物、好吃的、好玩的，都会先给二宝，甚至有时对二宝的夸奖，也会让大宝的情绪受到波动。如果父母不能做到及时引导和调整，大宝有可能会对二宝产生报复心理，认为自己之所以得不到关注都是因为二宝。大宝的年龄也不是很大，他在做事时无法考虑到后果的严重性，一旦产生报复心理，后果是很难预料的。因此，平衡好大宝与二宝的关系，对一个家庭来说是不容忽视的问题。

三、二孩家庭教育问题的成因

（一）独生子女保持原有的生活习惯

大宝在家里度过了一段独生子女的生活，在那段时间里，他习惯了整个家庭的相处模式，自己是家庭的中心，以致形成了以自我为中心、缺乏责任心、强烈的依赖性的特性。他熟悉了自己在家里担当的角色，习惯了有父母代替他解决生活中的杂事。父母的溺爱使他不用承担任何责任，做错事有人原谅，享受劳动成果却不用付出，委屈受不得，不用吃苦受累。他们的这种生活经验使得生长在这个阶段的孩子渴望得到庇护和依靠。在生活上，希望有人帮他全部打点好；在为人处世上，不懂得分享，很难与别人相处；在意志上，比较脆弱，一点小小的打击就可能会退缩。大宝这些已经形成的生活习惯使得他很难适应二孩家庭的生活模式，所以大宝会排斥父母生育二孩。家庭结构一旦发生变化，对小小年纪的大

宝来说很难调整，难免会对他的发展产生不利影响。

（二）对大宝的关注度减少

父母在有了二宝之后，以前的那种家庭模式会被打破，孩子越小越需要更多的关心和爱护，于是父母会把更多的精力放在二宝身上，甚至祖辈也会把关注转移给二宝。这种突如其来的变化让大宝很难承受，他感到孤独和寂寞，可是再也回不到从前。对于承受力很差、情绪敏感的孩子来说，这种变化便像世界末日，如果时间长了这种情绪不能很好地宣泄，那么孩子的心理一定会出现问题。独生子女家庭的氛围相比二孩家庭更为宽松，对子女的要求也相对较少，随着家庭成员的增多，父母对大宝的关注减少，同时也缺乏耐心，有时情急之下可能会非常严厉地教育大宝，嫌弃他不懂事、不体谅父母等。这时，父母应该想一想，家庭结构的变化，自己都很难适应，更何况是孩子呢！况且，之前对大宝娇生惯养，他在短时间内是很难转变的。在这种变化和压力下，父母要做的事应该是鼓励大宝，和大宝一起去慢慢地适应这种变化，若忽视大宝的心理，减少对大宝的关注，往往会对大宝的发展造成恶劣的影响。

（三）对大宝的要求增加

二宝的降临，不仅使得整个家庭对大宝的关注减少，同时也对大宝有了更高的期待和更多的要求。家庭中烦琐的事物越来越多，两个孩子都不成熟，都需要照顾，但大宝毕竟比二宝的年龄稍大些，父母自然会减少对大宝的照顾，甚至要求大宝能够自己照顾自己或者帮忙照顾二宝。父母这种对大宝的要求似乎是强制性的，大宝没有能力用语言来反抗这种强制的要求。不管大宝说什么，父母总会用一句"你是老大，应该让着小的！"这样的话来回复大宝。内心带着委屈和不满长大的孩子骨子里会比较偏执，长时间的不快乐会导致心理障碍。

专横的方式会引起子女与父母的疏离，让孩子觉得自己被忽视；当父母要求不合理时，会引起子女的反抗或消极抵抗情绪；放任和过分宽容会使子女感到父母与自己无关，从而有碍于他们形成极为重要的约束力和依从关系。总之，父母过分约束子女是不合适的，而完全削弱这种作用也会使子女形成软弱的性格。

（四）同胞间的竞争

同胞竞争是二孩家庭不得不引起重视的一种现象，同胞竞争如果不在早期干预可能会引发同胞嫉妒，尤其两个孩子的年龄相差不到3岁时，同胞竞争的现象会非常严重。儿童在幼儿时期会有或重或轻的"恋母情结"或"恋父情结"，他们都希望成为父母的关注点，享受更多的关爱。此时，父母的角色变得尤为重要，但这时的父母会花费大量的精力在二宝身上，忽视了大宝也需要关爱的事实，从而使得大宝从家庭的中心地位转变到次要地位，大宝感觉自己的地位受到侵犯，失去了父母的爱，年纪小小的他会极度缺乏安全感，并且会伴有自卑心理，与同龄孩子的相处过程会有障碍，不懂得分享，不喜欢交流。这是因为父母没有把有限的资源和精力合理地分配。同胞嫉妒一旦产生，后果不堪设想。大宝理所当然地把这种家庭地位的转换所带来的痛苦算在二宝身上，子女之间势必会产生一场激烈的斗争。一种是对资源的竞争，两个孩子都会想办法来博取父母的关注，这些办法包括一些消极的，如：自残、故意生病、说谎等；另一种是报复心理，大宝会想一些方法来伤害二宝。不管是哪种方式，都不是父母想看到的，那就需要父母了解孩子每个时期的发展情况，及时采取相应的措施，避免悲剧或不愉快的事情发生。

四、二孩家庭教育问题解决的策略

由于二宝的出生，每个二孩家庭都会产生各种各样的问题，每个问题要找合理的方法去解决。父母都希望孩子能够健康、快乐地成长，下面是针对二孩家庭教育出现的问题提出的相应策略，希望能够给父母带来帮助。

（一）与孩子沟通交流

根据著名教育家皮亚杰的认知发展理论，2—7岁的孩子属于前运算发展阶段，开始能运用语言或较为抽象的符号来代表他们经历过的事物，具有自我意识，父母可以运用语言与大宝交流沟通，借助比喻的手法把事情给大宝讲解清楚，有时还可以讲一些故事，借助故事中的人物来询问大宝的想法，并传达同胞间和睦相处的好处，同时也可以直接告诉他，二宝的部门生使他多了一个玩伴，这样大宝就不会排斥二宝的存在了。7—11岁的孩子属于具体运算阶段，认知发展有显著的变化，能够正常地与人相处和沟通，思维也有一定的弹性，但他们形成概念、发现问题、解决问题都必须与他们熟悉的物体或场景相联系，还不能进行抽象思维。父母在与大宝沟通时，不能急于求成，要耐心地解答大宝的问题，消除大宝心中的疑惑，多给大宝传达和分析二宝存在的优势，并对大宝表明不会减少关爱，大宝会在心里思考，从而接纳二宝。11岁以上的孩子处于形式运算阶段，这个阶段的孩子摆脱了具体事物的束缚，能够利用语言文字在头脑中重建事物和过程来解决问题，比较懂事，与父母的交流、沟通会更顺畅一些，可以让大宝参与照顾二宝，同时父母要给予一定的口头表扬，让大宝更愿意去照顾和保护二宝。

与孩子沟通时还可以运用一些沟通的技巧，SALVE原则是常用的沟通方式。S（separate）代表分离，指用心底的语言将自己与孩子的行为和情感分离开。当你看到孩子的一些不良举动会引起你的反应，一些话马上要脱口而出时，记得把这些话放在心底自言自语，其实就是控制自己的情绪；A（attention）代表关注，把注意力从自己的情绪转移到孩子身上，关注孩子；L（listen）代表倾听，倾听孩子的诉说；V（validate）代表肯定，肯定孩子的感受和合理要求；E（empower）代表鼓励，鼓励孩子处理自己的情绪，不要插手，完全信任他。这种沟通的方式不仅可以用于与孩子的交流，与成人沟通时也可以适当地运用。

（二）保证与大宝单独相处的时间

二宝的到来使得家庭相处模式发生变化，大宝的心理难免会不适应，这是存在的事实。父母照顾大宝的时间减少了，但是对大宝的爱决不能减少。周国平老师曾经说过："任何一个孩子都绝不会因为被爱得太多而变坏。相反，得到的爱越多，就一定会变得越好。"大宝的那段不适应期需要父母的爱来填满。不管家里有多忙，父母一定要抽出时间单独与大宝相处，多陪陪大宝，关心一下他的心理状态，问问他最近的情况，不管是在一起聊天还是玩游戏，一定要给予大宝更多的爱。大宝感受到爸爸妈妈满满的爱，也会把自己的爱分享给二宝，这不仅可以缓和大宝对二宝的排斥心理，而且对培养大宝的责任心也非常有帮助。父母长时间对大宝的关爱，大宝体会得温暖而真实，激发出对弟弟妹妹的爱和责任心，他也会把这种关爱转移给二宝。所以说，父母不要认为二宝小就应该得到更多的关爱，大宝年龄大就应该得到较少的关爱，这种想法是非常错误的，对孩子的爱没有多少之分，给予大宝的爱越多，大宝对二宝的爱也会越多。不要剥夺孩子被爱和陪伴的权利，在爱里长大的孩子会有安全感和责任感，对待生活也会积极乐观。

（三）平等对待，防止比较

没有对比，就没有伤害。两个孩子在一个家庭中生活，父母最容易犯的错误就是进行比较，家里有一个孩子的父母免不了与邻家孩子比较，更何况时时出现在眼前的两个孩子。父母会经常在家中脱口而出"谁更听话妈妈就更爱谁""谁先写完作业谁就是好孩子"，这种话会让孩子没有安全感，产生焦虑、紧张的情绪，间接破坏两个孩子之间的关系，父母还是不说为妙。

不管家里有几个孩子，父母一定要做到一碗水端平，对任何一个孩子的偏爱都会使得家庭成员不和谐。二宝的出生不能减少对大宝的疼爱与呵护，也不能搁置对大宝的爱，一旦大宝产生不安全感，是很难弥补的。在两个孩子遇到矛盾和问题时，谁对谁错要按客观事实来判断，没有"大的让着小的"这种说法，不能对二宝有偏向，也不能要求大宝要忍让。对于父母更偏向谁这样的事情，孩子的内心甚至比大人还要敏感，退一步讲，两个孩子对世界的认知还不完整，父母要给孩子树立正确的是非观念，父母处理问题如果不公平公正，孩子的价值观会出现偏差，这是对两个孩子的伤害。当然，要求父母公平地处理问题并不是指绝对事事公平，两个孩子并不完全一样，肯定都有各自的特点，父母要学会用一分为二的观点来评价和看待两个孩子，不能用一个标准要求两个孩子。父母自己要看到两个孩子各自的优缺点，也要引导两个孩子看到彼此身上的优缺点，"见贤思齐焉，见不贤而内自省也"。成绩也不是评判两个孩子的标准，如果要比较，应该把一个孩子的过去同他的现在比较，是纵向的比较而不是横向的比较，这样才有利于孩子的进步，给孩子的不足留有改正的机会，孩子做得好的地方父母要及时给予肯定。

（四）培养孩子学会分享，延迟满足的能力

从孩子的本能来讲，大宝面对二宝的诞生内心是喜悦的。父母要抓住孩子的心理，好好地引导大宝悦纳二宝，不时地向大宝传达，多了一个小伙伴陪他玩耍，在以后的生活中，二宝会和他一块长大、一块面对很多困难，这样两个人就不会感到孤独、寂寞了，那么两个人就要"有福同享，有难同当"，当一个人有好吃的、好玩的，要分享给另一个人。父母给两个人买玩具的时候，可以买那种相互合作、共同完成任务的玩具；也可以给孩子看视频或电影，让他们体会到兄弟姐妹之间相互关爱所带来的快乐和幸福。教导他们，兄弟姐妹之间要相互关爱，相互帮助，相互分享。

对孩子百依百顺的父母培养不出大成就的孩子，父母要有意识地锻炼孩子延迟满足的能力。20世纪70年代，在沃尔特·米歇尔的组织策划下，美国斯坦福大学附属幼儿园基地内进行了著名的"延迟满足"实验。实验人员给每个4岁的孩子一颗好吃的软糖，并告诉孩子可以吃糖。但是如果马上吃掉的话，那么只能吃一颗软糖；如果等20分钟后再吃的话，就能吃到两颗。然后，实验人员离开，留下孩子和极具诱惑的软糖。实验人员通过单面镜对实验室中的幼儿进行观察，发现有些孩子只等了一会儿就不耐烦了，迫不及待地吃掉了软糖，是"不等者"；有些孩子却很有耐心，还想出各种办法拖延时间，如闭上眼睛不看糖、头枕双臂、自言自语、唱歌、讲故事等，成功地转移了自己的注意力，顺利等待了20分钟后再吃软糖，是"延迟者"。后来，等参加实验的孩子到了青少年时期，研究人员对他们的家长及老师进行了调查，发现"不等者"在个性方面，更多地显示出孤僻、易固执、易受挫、优柔寡断的倾向；"延迟者"较多地成为适应性强、具有冒险精神、受人欢迎、自信、独立的少年。从这个实验可以看出，延迟满足的能力对孩子的影响还是非常大的。

（五）孩子间的矛盾家长不插手

孩子有孩子之间相处的方式和规则，家长一旦介入，就会打破这种平衡。当孩子之间产生矛盾时，父母先要默默地观察，尽量不去干涉，让孩子按照自己的方式去解决矛盾，这是孩子之间磨合的必经阶段。在这个过程中，孩子可以锻炼

很多技能，如遇到问题如何解决、如何与同伴交流、减少依赖性、明辨是非等，这对孩子的成长是很有好处的。如果孩子无法解决矛盾求助于家长时，家长要了解事情的来龙去脉，孩子在表述时会有自己的加工，家长不能一味地听从孩子的一面之词，弄清楚事情的原委之后，可以给出问题解决的建议，让孩子选择如何去解决。不管是大宝还是二宝，他们都有解决问题的能力，在平时的生活中，父母可以试一试。

需要注意的是，父母在插手两个孩子之间的矛盾时，不要对大宝说"你要让着弟弟妹妹，不能欺负弟弟妹妹"这样的话，大宝能从父母的话中听出指责，好像孩子之间发生什么矛盾都是大宝的错一样；二宝能从父母的话中听出保护，好像发生什么矛盾都是大宝的责任，会越来越放纵。如果说大宝帮忙照顾二宝，父母要给予肯定，更要让二宝学会感恩。

第三节　隔代教育与留守儿童家庭教育

一、隔代教育与留守儿童家庭教育概况

（一）隔代教育与留守儿童家庭教育的定义

在我国的家庭教育中，存在两种基本的教育形态，一种是亲子教育，即父母对子女的教育；另一种是隔代教育，即祖辈对孙辈的教育。一般家庭都是这两种教育形态共存，区别在于父辈和祖辈哪个对孩子的教育占主导地位。对于隔代教育的定义，学者们有不同的见解。有的学者认为，所谓"隔代教育"，也就是在家庭教育中，儿童亲生父母把抚养和教育孩子的大部分或全部责任和义务交给上一代家长来承担的一种教养方式。一些年轻家长或者因为自己的工作繁忙，或者因为离婚而把孩子的教育、生活等责任全部交给了爷爷奶奶或外公外婆，这种就是隔代教育的现象。

隔代教育可以说是我国家庭教育的一大特色，世界上仅有少数几个国家有隔代教育这种现象，其源头可追溯到我国古代的宗族制度，儿童是老人关注的重点，所以常出现"隔辈儿亲"现象。如今国家开放二孩政策，老龄化现象也比较严重，隔代教育引起了广泛关注。

留守儿童，是指父母双方或一方到外地打工而留在农村生活的孩子。他们一般与自己的父亲或母亲中的一人，或与隔辈亲人，甚至父母亲的其他亲戚、朋友一起生活。2012年9月，教育部公布义务教育阶段留守儿童达2200万，留守儿童中的79.7%由爷爷奶奶或外公外婆抚养，13%被托付给亲戚、朋友，7.3%为不确

定或无人监护。因此，留守儿童的家庭教育大部分属于隔代教育，本节所讲的隔代教育的方法同样适用于留守儿童的家庭教育。

（二）隔代教育现状

按照国际标准，我国在1999年已进入了老龄化社会（60岁以上的老年人数量超过总人口数量的10%）2013年12月28日，全国人大常委会第六次会议表决通过《关于调整完善生育政策的决议》，夫妻一方为独生子女的可以生育二孩，除新疆与西藏外的其他省、自治区、直辖市均于2014年上半年实施了该政策。根据国家统计局公布的数据，2014年出生人口1687万人，比2013年增加47万人，2015年全年出生人口总数为1655万人，比上一年减少32万人。2016年，国家全面放开二孩政策，人口老龄化越来越明显，新生婴儿的数量也在不断增加，使得隔代教育成为普遍的社会现象。

当今社会，隔代教育引起广泛关注，据中国老龄科研中心对全国城乡20083位老人的调查显示，照看孙辈的老人占了66.47%，隔代抚养孙辈的女性老人在城乡更是分别高达71.95%和73.45%。有关部门对各个省、自治区、直辖市的3080位老人家庭进行抽样调查表明，有58%的家庭在帮助照管孙辈。调查显示，在上海，目前0-的孩子中有50%~60%由祖辈教育。随着社会老龄化趋势的发展祖辈承担对孙辈的家庭教育正成为上海家庭的教育特色。孩子年龄越小，与祖辈生活在一起的比率越高。上海市一项对0~3岁婴幼儿抚养方式的调查显示，与祖辈家长生活在一起的婴幼儿家庭占73%，有祖辈家长参与婴幼儿抚养的占84.6%。而在北京，有70%左右的孩子接受隔代教育；广州接受隔代教育的孩子也有总数的一半。城市是这样，农村亦如此。现在，农村青壮年男女大多外出打工，小孩则交由老人照管。据估计，全国有近五成孩子接受隔代教育，也就是说，中国有一半孩子是跟着爷爷奶奶或外公外婆长大的。从这些调查中，可以很直观地感受到隔代教育的重要性。

二、隔代教育出现的原因

（一）传统观念的影响

在国外，隔代教育基本是不存在的，例如，美国人崇尚自由主义，在孩子满18周岁的时候就基本不参与孩子的管理了，并且孩子从小就进入幼儿园和托儿机构，很多公立学校基本不需要花钱，所以在孩子教育上，家庭负担没有中国那么沉重，并没有由老人照顾孩子这种传统。我国自古以来就是一个非常注重家庭的国家，传统文化有"尊老爱幼""子孙满堂""含饴弄孙"等词语来表述孙辈与祖辈之间的关系。此外，我国是一个非常注重血缘关系的国家，几千年的封建帝王统治，特别注重基于血缘关系的皇位继承，所以形成了我国尤其注重家庭建设，在乎家庭伦理关系的家风。无论朝代如何更替，国家总是由一个一个小家构成的，家庭成员长期生活在一起，形成了我国独特的家庭伦理思想，父辈赡养祖辈来表达"孝"，祖辈帮助父辈照看子孙，是他们自觉肩负的责任。从古代起，隔代教育便成为我国独特的教育形式。

（二）社会竞争环境的驱使

我国的社会经济不断转型与发展，政策也在随之改变，老龄化现象日益严峻，二孩政策开放，社会和家庭负担沉重。许多年轻父母就业压力大，整天忙于工作，没有精力和时间照顾子女，尤其是大量农村父母去城里打工，越来越多的小孩由老人来抚养。据不完全调查显示，我国有近一半的家庭存在隔代教育问题，并且很多家庭年轻父母由于工作性质、工作地点等问题常常见不到孩子，更别谈孩子的教育了。问孩子和谁最亲时，孩子的回答往往是爷爷奶奶，这种情况比比皆是。所以，随着社会的快节奏发展，竞争压力越来越大，父母不得不将孩子交给老一辈看管，导致孩子教育一系列问题的出现。

（三）年轻父母享受生活，责任感缺失

当下互联网时代，观念传播无比及时与迅速。我国许多年轻父母，由于受到外来文化的影响，追求个性自由，他们不愿意让孩子成为自己的累赘，不再甘愿为孩子做牛做马。追求自由本身没有错，但是不成熟的育儿观念和错误的育儿方法以及淡薄的责任意识致使他们责任感缺失、自私自利。随着生活水平和医疗水平的提高，祖辈们越来越年轻态，加之他们丰富的育儿经验和对孙子孙女的疼爱，便主动担负起照顾孩子的责任，并乐此不疲，导致"一个愿打，一个愿挨"，殊不知，这对孩子的教育来说，是一种莫大的悲哀。

（四）问题家庭致使隔代教育成为必然

近年来，改革开放和市场经济的发展不止改变了人们的经济生活，同时也改变了人们对生活的态度和家庭观念。据不完全统计，目前我国的婚姻现状是：离婚率逐年上升，每天至少有5000对夫妻离婚，单亲家庭越来越多。在离婚率逐年飙升的事实背后，是那些单亲家庭孩子的教育问题。除了离婚原因带来的单亲家庭，还有其他诸如丧偶、伤残、异地等原因带来的单亲家庭，孩子的教育同样无处落地。单亲家庭由于爸爸或妈妈需要工作，根本无暇顾及孩子，带孩子的问题自然而然就抛给了上一辈。

三、隔代教育的利弊

(一) 隔代教育的有利方面

1.减轻父辈的负担，缓解老人的孤独

如今，社会竞争激烈，年轻的父母不得不将更多的时间投入到工作中去，让自己快速成长，照顾孩子本就是一件耗时耗力的事情，两者无法兼顾，所以将孩子交给老人照顾实乃无奈之举。隔代教育作为一种有效的代偿，在一定程度上解放了年轻父母，使他们更专注于工作和事业，有利于社会的长远发展。此外，祖辈们用闲暇的时间来照顾孩子，满足了他们付出爱的心愿，老有所为又老有所依。在家庭中，年轻点的祖辈脱离工作岗位后很不适应，心无所属，往往忧思成疾，对家庭和社会造成损害。而隔代教育，不仅让老人享有天伦之乐，并且让老人体现出自己的价值，感觉到自己的重要性，从而身心愉悦，全家其乐融融。

2.祖辈的经验可传递给孙辈

祖辈们毕竟在社会上闯荡、生活了几十年，相对于年轻的父辈们而言，经验丰富，眼光长远。所谓"三十而立，四十而不惑，五十而知天命，六十而耳顺，七十而从心欲，不逾矩"，这些丰富的人生体验、社会阅历、人生感悟有利于孩子的成长以及世界观、人生观、价值观的建立，有利于孩子社会化，为孩子步入社会做好铺垫和引导。而且，祖辈在抚养和教育孩子方面有着丰富的实践经验，他们对孩子各阶段的发展特点也了解得更准确，尤其在宝宝生病或遭遇其他问题时，他们更清楚应该怎样去做，并且不会像没有经验的父母那样，遇到一点点事情就慌了手脚，相反，他们显得更为淡定。祖辈们这种处事的方式会带给孩子更多的安全感，同时也能给父母一种心理上的支持，对解决这些问题起着非常积极的作用。

3.各方力量尽其所能

隔代教育有利于发挥家庭各方面的教育力量，形成教育的合力，共同促进孩子的进步。所谓"有总比没有强"，隔代教育综合了祖辈和父辈优秀的经验和资源，对孩子的教育双管齐下，尤其是能够把父辈的竞争性教育和祖辈的宽容性熏陶有机地结合起来，使孩子健康成长。这两股力量可以做到相互权衡、相辅相成、相得益彰。如果父辈时间上有了空闲，那就多陪陪孩子；如果很忙，那就由祖辈来照顾，各方力量尽其所能。

(二) 隔代教育的弊端

1.祖辈观念陈旧，教育方法不当

据调查，农村75%以上的祖辈是文盲或半文盲，城镇文盲或半文盲也占到

45%左右。隔代家庭中祖辈未受过家庭教育知识训练的比例高于一般家长。据中国科学院心理研究所王极盛教授在数万人中间所做的一项调查表明：95%以上的家长没有学习过如何教育子女这门学问，其中隔代家长的比例几乎100%。因此，他们在教养观念、教养方式、教养内容等方面也不尽如人意。

儿童正处于身心发展的重要时期，家长的一言一行、生活方式、行为习惯都会对他们产生深远的影响，并且榜样的力量是最初孩子学习的动力，什么样的榜样奠定孩子什么样的人生基调，祖辈们的人生观、价值观、世界观，很容易伴随孩子一生。当今社会中，祖辈的人都是新中国成立前后出生的，受教育程度普遍不高，初中文化程度以下占了半数之多。老人文化水平低，育儿观念和育儿方法可能是老一套，跟不上时代发展的步伐，并且祖辈大多没学过教育学、心理学等育儿知识。如今的互联网时代，年轻父母更有能力接收新的教育理念和教育方法，但是老一辈偏向于守旧，思维难以打开，教育孩子的方法往往全凭经验，缺乏一定的科学性，对孙辈的文化底蕴的形成和学习动力的培养反而起阻碍作用。例如，祖辈经常怀着"棍棒底下出孝子""孩子成绩代表一切""把孩子培养成自己想象中的样子""孩子不该做家务只要把书读好就行了"等不正确的教育观念，以及过分溺爱、扼杀孩子的创造力、物质诱惑、体罚等错误的教育方式。

祖辈对孩子的学习或关注不够，或过度关注，也无法对孩子的课业进行监督和辅导。这就导致相对于亲子家庭的儿童，作业完成的质量、学习积极性、学习习惯、学习成绩等方面都会有差距。老年人随着年龄不断增大，记忆力、体力、脑力都会衰退，不能适应和满足孩子充沛的精力和好奇心。隔代家庭教育出来的孩子绝大多数不能满足现代知识型社会对人才的需求。为了保证孩子的身体安全，他们势必会约束孩子的行为，在约束孩子行为的同时，也就约束了孩子的思想，孩子的思想一旦被禁锢，很多精神需求就得不到满足，很容易引发一系列心理问题，影响孩子一生的身心健康发展。

祖辈整体年龄偏大、文化程度偏低，同样也体现在自身教育素质和能力方面。祖辈们在理解孩子和孩子进行沟通方面，也存在着很大的"代沟"。孩子也认为祖辈对自己的学习没有太大帮助，并对他们触碰现代电子设备也表现得异常紧张。

2.祖辈的溺爱与迁就，影响孙辈性格的形成

有研究认为，祖辈的经验主义甚至是狭隘的经验至上观念，对孙辈有较大影响，可能会延迟孙辈的社会化进程。祖辈们较低的教育程度、狭窄的知识面、僵化的思维模式、陈旧的思想观念、有限的交往活动范围以及"过来人"的优势心理，使他们在教育孙辈时对经验极度依赖，其视野、理念与现代社会不免有脱节之处，可能延误孙辈的社会化进程。

祖辈普遍存在"重养轻教""重智轻德""重满足轻管束"的倾向，往往有着

强烈的慈幼之性，补偿心理相当严重，对孙辈容易过度关怀、过度保护、过度护短，加上他们存在知识、经验、观念及身心衰退等多方面的不足和局限，教育很容易走向片面化，易引起孙辈的畸形发展，从而带来种种社会隐患。

当孩子遇到困难时，尤其是面临学习、生活挫折和心中的烦恼时，他们往往不愿意与祖辈们进行交流。再加上父母不在身边，也无法向父母倾诉，这样的孩子往往表现出内向、孤僻、不合群、脾气暴躁、易情绪化等特点，个别严重的孩子甚至容易形成偏激、绝望、自闭等不良心理特征。祖辈思想观念落后，教育方式偏向简单粗暴，会抑制孩子的个性发展。在人格方面易造成：第一，内向等性格。某大学对学生性格的抽样调查表明，凡是隔代教养者，性格上与父母直接教养者存在明显的差异。前者显示歇斯底里、疑病、偏执和分裂等倾向者多。某农村初中"隔代监护"学生的不良人格特征的调查和江西某地区农村初中的一项调查同样显示，有75%左右的老师认为，"内向"是这些学生性格上的缺陷，班主任反映这些学生平时胆小，遇事不敢做主，从众心理强。第二，个人主义严重。祖辈教育的孩子在与小伙伴的交往中处处以自我为核心，很少为他人着想，更谈不上集体主义、他人利益。刘沛洲的研究中，对"在危险时刻首先想到的是谁"的提问，受访孩子回答首先是自己，其次是爷爷奶奶，极少想到小伙伴。第三，不良感情"偏好"。从小由祖辈养大的孩子，与祖父母之间日渐密切，从而与父母感情日渐疏远。由于长期与父母分离，孩子在一种"父母不爱我"的心理暗示中长大，于是应有的父母子女亲情随着时光的流逝而逐渐消逝。一旦孩子回到父母身边，由分离而陌生，由陌生而怨恨，乃至逆反。

总之，在抚养教育孙辈的观念上，祖辈与父辈之间存在差异，许多老一辈人的价值观念、生活方式、知识结构、教育方式等往往跟不上信息社会的步伐。他们观念比较陈旧，与社会的联系开始减少，知识面相对比较狭窄，不容易接受新鲜的事物，对科学的育儿观念也不够了解，仍沿用老观念要求孩子、教育孩子，无形中增加了孩子接受新思想、新知识的难度，他们对孩子的破坏、尝试等一切具有冒险和创新性的探究行为进行阻止，在某种程度上遏制了孩子的独立能力和自信心的发展，影响孩子创新个性的形成。

3.祖辈与父辈引发有关教育方面的矛盾

两代人共同教育孩子，如果没有达成良好的共识，祖辈和父辈之间就很容易引起冲突。祖辈替父辈照看孩子，没有得到父辈肯定，容易引发祖辈抱怨：还有，祖辈一味固执己见，不听从父辈更为科学的教育孩子的方法，容易引发祖辈和父辈之间的隔阂，造成祖辈与父辈时有冲突。

首先，两代人不同的成长环境造就了不同的世界观、人生观、价值观。不同时代的人，周围总充斥着那个时代中各种各样的规则、风俗、禁忌等。一个人的人生观、世界观、价值观、人格特征、行为方式的形成与童年、青少年时期的社会环境密切相关。每个时代成长的人都带着那个时代的烙印，不同时代的人的成长环境体现着代际差异，这种差异自然就会内化到教育孩子的观念上。

其次，不同的思维方式导致在孩子的教育上各行其是。思维方式是行为方式的内隐机制，行为方式是思维方式的外显形式。两代人在各自年轻的时候，接受不同的教育，而且年轻人的思维较为活跃，老年人的思维较为保守。因此，父辈的观念系统呈更大的开放状态，以发散型思维为主要特点，社会视野比较开阔，思想意识比较活跃，容易接受新的思想和新的文化形式，具有多维性、创新性和批判选择性的特点，他们喜欢横比；而祖辈经验丰富，阅历较深，思维方式缜密严格，以聚合型思维为主要特点，故有较大的保守性和内闭性，甚至表现为经验至上、固执、僵化，他们喜欢纵比，在教育孙辈时对经验极度依赖，其视野、理念与现代社会不免有脱节之处。

再次，生理、心理的不一致导致孩子个性培养上的意见分歧。父辈正处于青中年期，精力旺盛，体格强健，情绪高昂，身壮胆大，富有冒险、探索、开创精神和能力，所以在教育孩子方面，一般要求独立、严格、自主，富有创造性、开放性；而祖辈已步入晚年期，常常表现为脾气暴躁、心情不稳定，并常伴有抑郁、忧愁、焦虑等心理倾向，他们精力有限，对体力活动少有兴趣，所以他们推己及人，不准孩子干这干那，教育孙辈时就会用保守的方式。

最后，对生活的追求各异导致培养孩子品质上各抒己见。年轻父辈追求快节奏的行为活动，行为动机往往直接源于个人的切身利益，在诸多求知、求富、求美、求乐、求职等个人追求方面表现出强烈、果敢和激烈的变化，家庭观念淡泊，在教育孩子方面偏"快"和"急"；而年老祖辈的行为节奏相对缓慢，有着强烈的慈幼之性，家庭意识强烈，行为则较多地从社会的影响出发，变化和拓展较少，在教育孩子方面偏"慢"和"缓"，容易走向片面化，囿于保守、封闭，再加上生理、心理原因，祖辈对孙辈教育常常是宽容有余、约束不足，溺爱有余、严格不足，包办有余、训练不足，喂养有余、引导不足，重静不重动，重养不重育。

四、隔代教育问题的解决方式

（一）政府出台措施，加强对隔代教育的实证研究

社会是解决隔代教育问题不可忽视的力量，政府应该出台相关法律，设立专项资金来解决祖辈文化素养偏低的问题。妇联、中国老龄协会和关心下一代工作委员会等部门，应该义不容辞地承担起这一任务，举办各种形式的祖辈家长学校、老年大学、亲子园等，向祖辈和年轻父辈家长宣传先进的家教理念，帮助他们解

决家庭教育中的问题，指导他们搞好家庭教育。通过家长学校、老年大学、亲子园等的学习，转变祖辈的教养观念，改变陈旧的教育方法。可以在城市老年大学、离退休人员活动中心等老年人聚集的场所举办隔代家长培训班，开展隔代教育专题课程，开设家庭教育讲座或隔代教育座谈会，以案例、沙龙等形式让祖辈家长共同讨论、对话，面对面地交流教育经验。充分利用退休的教育工作者或有号召力、影响力的个人，成立隔代教育社会工作小组，义务管理、监督、指导祖辈进行学习，使隔代教育不断得到优化。

同时，也要形成全社会重视隔代教育的良好环境，加强隔代教育的正面宣传，积极探索适合祖辈家长进行隔代教育的指导模式，不断提高隔代教育的质量。另外，应逐步建立隔代教育的指导网络，多宣传亲子教育和隔代教育结合好的典型；多编写、出版祖辈家长读物，增加隔代教育的广播、电视节目，以满足祖辈家长这一广大人群的实际需求。社会各个方面都要高度重视儿童的教育问题，并把它作为一项系统的社会工程，综合管理、优质服务、齐心协力，共同促进儿童教育走向科学化、规范化、制度化和社会化。

时下学术界对隔代教育的研究大都是从理论角度进行的，很少有真正从事实证研究的。从实证性研究的情况看，大多数是用调查法、访问法等，有一部分是个案研究，也出现了叙事研究法，总之，对隔代教育进行实验研究的较少。若想进一步提高隔代教育的水平，光靠纸上谈兵，不去做实际的工作，是难以达到目的的。非常建议对隔代教育进行跟踪研究，从孩子的成长轨迹中发现规律，进而开发出对于隔代教育具有实践指导意义的好项目。

（二）学校发挥优势，加强对家长与孩子的教育

家庭和学校在教育儿童方面各有优势。家庭是儿童的第一级学校，家庭教育是儿童整个教育的基础，在儿童的成长过程中发挥着重要的作用；学校是传授系统知识的场所，是接受最先进教育理念的机构，其教育更具有计划性、组织性和系统性。学院要建立和不断完善各种规章制度，如期中教学检查制度、考试制度、教师任课制度、领导听课制度等。老师通过建立隔代教育学生档案，对这些学生的背景资料进行调查分析，全面掌握隔代教育学生的基本情况，关心学生的生活、学习，重视学生的心理健康。

老师应该定期与学生父母通过电话、互访、书信、网络等形式联系沟通，建立和谐、亲密的家校合作关系。老师应循序渐进地让学生走出爷爷奶奶溺爱的环境，使其对整个世界有客观的认识，初步树立其正确的是非观、价值观，利用学校公共教育资源，发挥学生作用，形成正确的舆论导向。老师应从公共舆论导向出发，与学生达成班级公约，实现学生的不良行为由老师督促到共同约束，在班级公信力的影响下，让学生学会自我教育。

（三）家庭合理分工，祖辈与父辈优势互补

父辈的教育程度较高，思想观念更现代，教育子女方面的理论知识更丰富，接触的新理念、新思想、新事物比较多，适合于引导孩子心、性、智方面的健康成长；但是他们缺乏实际体验，完全取信于书本知识也容易流于教条主义。祖辈家长由于有长期的工作经历、丰富的人生体验、大量的社会阅历，在家庭教育中更有"经验"可恃，很可能走入经验主义的误区；但正由于他们更有经验，更细心，从而更适合照顾孩子的生活。父母应与祖辈积极沟通，形成教养孩子的规范与合力。父母应肯定祖辈带孩子的积极方面，不应当只着眼于祖辈的不足。祖辈最多只有帮忙照看抚养的责任，父母才是教育孩子不可推卸的第一责任人。家庭教育需要这两者的有机结合，取长补短，拉近祖、父辈家长的距离，在优势互补中给子女以更为完善的教育。加强亲子教育，父母应该对孩子多一点责任心。父母应关注孩子的心理健康，培养孩子自主、自立、自强的精神、良好的行为习惯和健全的人格。父母应该明白自己才是教育子女的主要力量，不能将教育子女的责任推脱给祖辈，造成亲子教育和隔代教育主次颠倒。

第十章 合格家长

家长是孩子长期全方位的老师，家长在教育中起主导作用，家长是孩子的榜样。合格家长应具备高度的教育义务感和责任感、增进夫妻感情、促进家庭幸福、给孩子成长提供良好的环境、树立正确的教育观念。

第一节 家长的自我教育

"教育者先受教育。"家庭教育不仅是引导孩子健康成长，同时也是家庭教育主导力量——家长的自我教育过程。只有家长自身素质和教育能力提升了，才能更好地引导孩子全面健康成长。

一、家长自我教育的意义

教育始于家庭，家长是孩子的第一任教师，也是孩子的终生教师。所以，家庭教育不仅是引导孩子健康成长，同时也是家庭教育主导力量——家长的自我教育过程。苏联著名教育家克鲁普斯卡娅说过："家庭教育对父母来说，首先是自我教育。"苏霍姆林斯基也指出，"不首先教育自己的父母，就谈不上对孩子的正确教育"。只有家长进行自我教育，家长自身素质和教育能力提升了，才能更好地引导孩子健康成长。越来越多的事实证明了：只要认识到这一点并付诸实施，家庭教育的效果就能够明显提高，忽视这一点则事倍功半。因此，不断追求自身成长，不断进行自我完善，实现身心健康成长是家长有效影响并引导孩子人格成长的前提条件。

教育专家冉乃彦先生曾经讲过这样一个事例：

有个孩子，不论是学习还是品德，各个方面都表现得不好，但是拥有一条让人羡慕的名牌皮带。有一次，我和他的家长推心置腹地交谈时，问道："你的家庭状况并不好，为什么给孩子买这么贵重的皮带呢？"孩子的父亲回答："我不能让我的孩子比别人差。别人有的，我的孩子也得有！"我又进一步问他："那别的孩子学习、品德都好，你在这方面为什么不让你的孩子也有啊？"没想到，他的回答是："给孩子一个好皮带，只要有钱，就能做到。可是让孩子学习、品德也好，我就不知道该怎么办……"

我听到他的回答，沉默良久。是啊！买一条名牌皮带的愿望容易实现，而教育好孩子，仅仅有愿望就不够了，因为家庭教育是一门复杂的学问。

家庭是孩子的第一所学校，也是最重要的学校。孩子能否健康成长与家庭教育和家庭环境紧密相关；父母是孩子的第一任老师，也是终身的老师，家长的一举一动都会影响孩子的成长。孩子共同的特点是模仿，只要是大人能干的事情，不管好坏，他们望去做。因此，做好父母不容易，仅靠单纯的说教很难达到教育的目的，只有言传身教同时进行，才能收到实效。要做到这一点，父母必须不断完善自我，在孩子面前树立良好的个人形象。因此，我们在逐渐意识到家庭教育的重要性的同时，也应该更多地关注家长自身的健康教育对于孩子成长和发展的影响。

家长的素养成为家庭教育成功的关键，这是由家庭教育的本质特点决定的。一是家庭教育具有终身性，父母对子女的影响一直持续到老；二是家庭教育具有亲情性，骨肉亲情，心地相通，具有强烈的感染力，父母对子女的影响作用十分深刻；三是家庭教育具有全面性，德智体美劳，事无巨细，父母对子女的影响作用，表现得特别细致；四是家庭教育具有实践性，耳听教导，眼观行动，父母在子女心目中具有无可替代的权威性，父母对子女的影响作用特别真实。由于家庭教育具有这些特点，家长自身素质的高低，就在很大程度上成为家庭教育成败的关键因素。

提高家长自身素质最有效的方法是开展家长的自我教育，原因有三：一是通过自我教育过程的亲身实践，家长能够体会、发现家庭教育的规律；二是通过自我教育的亲身体验，家长能够发现教育内容和方法是否有效；三是通过自我教育的亲身经历，家长能够体会教育过程的科学性和艺术性。

但是，没有哪个人生来就会当家长，能"不学而会"引导孩子健康成长。成为合格家长是需要学习的，现实中却很少有家长经过专业培训后再上岗。未经培训的教师教学可能会误人子弟，未经培训就上岗的家长岂不可能会误自家后代？毕竟仅靠爱来教育孩子是远远不够的。但目前，我国的家长教育尚处于起步阶段，大多数家长处在无意识自发教育状态，并未认识到自觉进行教育的重要性，缺乏主动进行自我教育的意识。当前开展的家庭教育指导活动，大多指导家长如何教育孩子，但对家长本身——这个必须自我教育与成长的群体却关注较少。

因此，对家长进行教育，引导家长学会自我教育，使其不断自我完善，追求自身成长，是家长做到有效引导孩子健康成长的重要前提。

二、家长自我教育的内涵

家长自我教育，是指家长为了提高自身处理家庭关系、婚姻关系的能力，以及教育子女的能力而通过各种方式进行自我学习，不断自我成长的活动。家长是成人，家长教育最终必须通过自我教育完成。

家长自我教育要把握好以下几点：

1.家长自我教育的起点是解决家庭教育中出现的问题

家长主动学习的愿望主要发生在家庭教育出现问题的时候。当孩子处于学前期时，家长很少发现家庭教育和自我成长中的问题。因此，通过观察、测试和案例分析等方式激发家长在家庭教育过程中发现家庭教育问题的意识显得尤为重要。这里所说的问题意识是引导父母在日常生活和亲子活动中保持教育的敏感性，把可能阻碍儿童健康成长的家庭教育方式止于萌芽状态。

2.家长自我教育是建设和谐家庭、教育健康子女的基础

作为家长，在家庭中要做好夫妻角色、父母角色、媳婿角色，在外要做好自己的职业角色，这些都要求家长进行自我教育、自我成长。家长首先要处理好夫妻关系、婆媳关系等，建设一个和美和谐的家庭；其次才能谈到教育子女。一个矛盾重重、氛围压抑的家庭，是教育不出健康发展、乐观向上的孩子的。同时，家长的素质本身就是一种非常重要的教育力量，这种教育是潜移默化的，对子女的影响是最为深远的。一个合格的家长，知识涵养丰富，待人接物落落大方，有良好生活习惯，工作积极有进取心，勇于承担责任，掌握正确的家庭教育方法，这些都是靠主动学习、自我教育来完成的。

3.家长的自我学习是长期、系统的学习

家长的学习，应该包括家庭建设、教育子女、自我成长等几个方面内容。如处理夫妻关系、亲子关系，学习家教知识与方法等。比如，家长要明了夫妻关系是家庭中的首要关系，也是核心关系，处理好夫妻关系是建设和谐家庭的基础。因此，家长的自我教育、自我成长是个长期、系统的工程，要做学习型家长，时时学习，处处学习，不断成长。

4.家长的自我教育需要指导、帮助与反馈

家庭教育最终是要落实到提升教育孩子的能力这个关键点上。家长的自我教育不是为了将来做准备，而是需要在当下就能发挥作用，在当下就能解决自身成长和教育子女中遇到的问题和困惑。很多家长能说会道，但是一旦落实到家庭教育实践中就容易出现知识和能力的脱节问题。家长通过自我学习所掌握的知识和

观念如何才能转化为自我成长和教育子女的能力呢？家长的学习需要获得及时指导、有效帮助和积极的反馈，这对提高自我学习、自我成长的能力非常重要。从成人学习的角度来看，聚焦问题、案例分析和提供解决方案是提高家庭学习能力的重要途径，这能够给家长提供及时反馈和帮助，在讨论、提问、答疑的过程中提高家长自我成长的能力和教育子女的能力。

三、家长应具备的基本素质

家长的综合素养关系到家庭教育的成败。互联网时代是终身学习的时代，每个人一生都在学习。尤其是进行自我教育，不但要学习科学文化知识，而且要提升思想道德修养，培养审美意识和能力。教育学者朱永新在其《新教育之梦》一书中，这样描述理想父母的形象："理想的父母，应该是把孩子的人格健全、道德完善放在首位，努力培养孩子追求卓越、独立自主、持之以恒、勤俭节约等个性品质和良好习惯的父母；理想的父母，应该是永远保持年轻心境，懂得把童年、童心还给孩子，让孩子轻松、自由、愉快成长的父母；理想的父母，应该是善于发现孩子的天赋，善于挖掘孩子的潜能，善于培养孩子的特长的父母；理想的父母，应该是以大朋友的平等身份来对待孩子，而不是以家长的身份来压制孩子和以棍棒的方式教训孩子的父母；理想的父母，应该是有着和睦家庭关系，能以身作则、一诺千金的父母；理想的父母，应该是永不对孩子失望，绝不吝啬自己的表扬和鼓励，绝不使用侮辱性批评的父母；理想的父母，应该是善于学习，具有教育理性和自觉，能够善于利用各种教育情境，富有教育机智的父母；理想的父母，应该是努力配合学校、社区对孩子进行全方位、多层次的教育，从而促使孩子健康、快乐成长的父母。"

家长教养孩子，实为一项伟大的事业。养蜂的人，首先要懂得养蜂的方法，才能够把蜂养好；种花的人，先要懂得花的生长习性和养花的方法，花才能够养得好；养育子更是如此，从孩子呱呱坠地，到长大成人，完成这样一份伟大的培养重任，要求家长不仅要学习科学文化知识，而且要提升思想道德修养，培养审美意识和能力，不断进行自我教育，学会和孩子一起成长。

（一）高尚的道德修养

家长的人生观、价值观和世界观对孩子有深远影响。家长的观念会影响家庭教育目标的确立、教育内容和教育方法的选择。有的家长教育孩子努力学习，是为了做一个对社会有用的人。而有的家长教育孩子努力学习，是为了孩子将来能出人头地、腰缠万贯，这是由家长自身的观念和修养所决定的。

周总理12岁时，就有了"为中华之崛起而读书"的雄伟抱负；从小树立远大的理想，才有了后来被全世界人民所敬仰的高尚人格。家长对孩子的影响是潜移默化的。古人云："其身正，不令则行；其身不正，虽令不从。"在孩子成年之前，他们的人格形成中，可塑性很强。他们对家长有着天生的依赖和模仿心理，因此，家长应当努力提升个人道德修养，以身垂范。

（二）较高的人文素养

人文素养是指人文知识、能力、观念、情感、意志等各种因素综合而内化为一个人的品质，通过一个人的气质、修养、行为和人格表现出来。人文素养是一个人的基本素质养成。家长自身人文素养对于家庭教育的实施至关重要。人文素养较高的家长，会更加重视子女的家庭教育。在家庭教育的方式方法选择上，他们也更开放，更愿意接受科学的理念和方法，对孩子的影响也更积极。

因此，家长要不断进行自我教育，努力学习，提升自身的人文素养。要活到老、到老。一方面，家长要博览群书，尤其要加强经典的阅读。英国思想家培根说："历史使人聪明，诗歌使人富于想象，数学使人精确，自然哲学使人深刻，伦理学使人庄学和修辞学使人善辩。"另一方面，家长应多学习教育学和心理学知识，掌握不同年龄阶段孩子身心发展特点，运用科学的教育方法培养身心健康发展的孩子。此外，家长还应当多学习艺术方面的知识，学会感受美、鉴赏美、创造美，然后对孩子进行审美教育，培养可以创造美丽人生的未来公民。

（三）现代教育理念

在全球化时代，社会开放程度不断增大，社会变革日新月异，面对不确定性成为人生常态。拥有先进、科学的教育观念成为家长的必然选择。首先，家长要及时更新自己的教育理念，学习科学的家庭教育理念。为了让孩子能更好地适应社会发展需要，家长应当树立教子先做人的教育观念，教育方式不是说教和过度保护，而是尊重孩子前提下的正向引导。其次，家庭文化不是专制独裁而是平等民主。真正的家庭教育是在家长与孩子人格平等、相互尊重的前提下进行的。最后，家长要树立培养全面健康成长孩子的家庭教育目标，树立先进的教育理念，掌握教育规律，学习教育方法与技能，教孩子成长。同时，家长和孩子也在学习中共同成长。

（四）健康的心理素质

当今社会发展迅速，竞争压力与日俱增，家长不可避免地会承受来自生活和工作上的各种压力。拥有健康的心理素质，是个体积极适应社会的重要前提。家长具有健康心理素质，即使遇到重大的"生活事件"，也可迅速应对、调整，达到新的自我态。同时，这种良好的社会适应能力，不仅可以潜移默化地影响孩子，还可以通过指导，使孩子积极应对各种负性生活事件，顺利完成个体社会化。但是，目前家长的状况并不容乐观。随着生活节奏的加快，很多家长普遍存在焦虑、迷茫等情绪，这些负面情绪的积累会影响家庭环境。更为关键的是，家长的心理健康和其子女心理健康的关联度很高。上海市家庭教育研究会曾对1326名小学生家长及其子女心理健康状况进行了测试，发现家长的心理健康与子女的心理健康之间具有很高的相关（子女与母亲之间的相关系数为0.5536，与父亲之间的相关系数为0.4433）。家长自身有心理问题的，其子女有心理和行为问题的高达60%。因此，家长的健康心理素质对孩子的成长非常重要。

家长要具备健康的心理素质，主要表现为：

（1）处事通达，社会适应良好。

（2）悦纳自我，对自己充满信心。

（3）理解与包容，能与他人保持和谐的关系。

（4）情感比较丰富，能与他人建立适度亲密的关系。

（5）自控力强，情绪相对稳定。

（6）抗挫折能力强，遇到重大事件能很快恢复常态。

（7）人格独立，能够享受独处。

因此，家长不断学习，努力提高自己的心理素质，才能培养出心理健康、人格健全的孩子。

（五）教育子女的能力

马克思曾说，家长这个职业的目标就是教育子女。家长还应具备家庭教育所特有的素质——教育子女的能力。

家长教育子女的能力，主要包括以下几个方面：

（1）处事通达，为人通透。这是指家长教育孩子前要具备一定哲学素养，具体表在家长思想有高度，视野宽阔。这样的家长处事通达，为人通透，这非哲学熏陶而不能。

（2）敏锐的洞察力。家长要具备比较敏锐的观察力，及时从孩子的言谈举止中发孩子成长中的问题，随时进行引导。

（3）良好的沟通能力。教育孩子，最主要的手段是沟通。家长要具备良好的沟通能力，以平等、尊重的心态与孩子交流。这样就能很好地处理亲子关系问题、孩子成问题。

（4）灵活的问题解决能力。不同性格的孩子、孩子成长的不同阶段、事件发生的不确定性等，都要求家长能够因时、因地、因人灵活处理。

（六）自我完善的能力

《三字经》里言"养不教，父之过"。父母是孩子的第一任老师，父母对孩子的教育非常重要。父母自身的学习态度，家庭营造的学习氛围，很大程度上直接影响到子女的学习态度、学习习惯。凡事家长都要以身作则，率先垂范。

首先，家长要学会自我反省。孔子说："吾日三省吾身。"孟子说："爱人不亲，反其仁；治人不治，反其智；礼人不答，反其敬。行有不得者，皆反求诸己；其身天下归之。"一个善于自我反省的人，往往能够发现自己的优点和缺点，并能扬长避短，发挥自己的潜能；一个不善于自我反省的人，会不断犯同样的错误，自我教育和教育孩子能力得不到提升。家长要经常问自己：我的家庭关系好不好？我的夫妻相处方式好不好？我的工作和生活平衡好了吗？我教育孩子的方式对不对？孩子出问题，到底是我哪里引导得不好？………经常自省，自己就会不断进步。

其次，家长要自我接纳，要学会接纳自己的全部——所有优点和缺点。接纳自己，是无条件接纳孩子的前提。

再次，家长要自我完善。家长要保持开放的心态和终身学习的热情，不断学习，不断进步。家长一定要有自己的生活和爱好，不必为孩子成长而牺牲自己。自省、学习、践行，都是为了负起我们自己对生命的责任，让家长先做一个更好的自己。这样才能更好地影响别人。

最后，家长自我成长应与改善婚姻、家庭关系相结合。改善自己的婚姻关系，使婚姻中夫妻和睦，家庭内外人际和谐。

四、不同时代家长的自我教育

（一）自我教育的过程

根据教育专家针对家长进行的研究，家长的成长主要经历四个阶段：第一阶段，发现自己仅仅有教育子女的愿望还不够，必须付诸行动；第二阶段，仅仅做到我"在教育"还不够，还应当采用正确的教育方法；第三阶段，逐步理解"身教重于言传"，关键在于家长自身；第四阶段，最终领悟到成功的身教来源于家长的自我教育。

为了引导孩子进行自我教育，家长首先要学会自我教育。自我教育包括自我认识、自我要求、自我实践和自我评价这四个环节。自我认识包含三个层次，首先要客观看自己，其次要全面看自己，最后还要发展看自己。自我要求上最重要的是激发动机。当前家庭教育里有种错误的动机——"好面子"，为了虚荣心去教育孩子。自我实践是要自我强制、监督、调整。自我评价指的是选择正确的评价标准来进行评价。没有自我教育的教育不是真正的教育，教育目的必须通过受教育者的内化才能真正实现。而所谓"内化"，实际就是自我教育的过程。一个个体只有把别人提出的要求变成自我要求，并把它付诸实现时，成长才能真正实现。

目前家长们在家庭教育和自我教育方面存在的一些问题：

一是只想改变孩子，不想改变自己。身心健康的孩子背后必有爱学乐学的家长。孩子是家长的影子，家长是孩子的镜子。只有家长自我成长，才能通过言行影响孩子。家长对于孩子学习，如上名校、请名师，报补习班、夏令营，出国旅行等，每年投入数万元也不吝惜，但对做好自身的学习投资，却大多意愿不强。

二是急功近利，希望学习立竿见影。许多家长希望学习家庭教育就像阅读电视说明书一样，只要学会按哪一个按钮就行了。不少的家长为孩子成长中出现问题而苦恼，遇到专家就请教，有时病急乱投医，当时解决了问题，但是学习的内容不系统、不全头痛医头，脚痛医脚。有时看了篇文章或听了次讲座，回家试了试，一两天没有看到想要的结果，就说"没用"。

三是学而不用。家长自我学习有几种途径：看家庭教育方面的书籍，聆听专家报告，系统进行家庭教育知识学习。一般情况下，由于家长学习缺乏指导和跟进，很多家长看过或听过以后就束之高阁，没有或不会将相应理念和方法付诸家庭教育或自我成长实践。

因此，做好家庭教育，家长一定要认真学习，自我成长。不同年龄阶段的家长在庭教育中所面临的问题和自我教育需求是不同的。针对不同年龄阶段家长的身心发展特点和不同的自我教育需求，60后、70后、80后、90后家长有不同的自我教育与自我长路径。

（二）"60后"家长——通过自我教育缩小与子女代沟

"60后"指的是1960年至1969年之间出生的，求学于七八十年代，八九十年代面临着就业、婚姻及生育子女的一代人。"60后"是优越却不安逸的"现实一代"。"60后"生活的时代，最核心的需求是生存和尊重的需求。在那个物质资料极其匮乏的年代中成长起来的"60后"家长，他们更倾向于遵照婚姻与家庭的规范在限定的范围内行事，更重视安定平稳的生活，不喜欢标新立异。

"60后"心智成熟，生活稳定。群体价值取向更集中，思想观念相对比较保守，心态不太开放。在家庭教育方面，他们较多坚持传统。因此，他们容易和子女形成代沟。何为代沟？代沟的产生和存在是社会加速发展和变迁在代际关系上的必然结果，也是传统社会与现代化社会在社会化结构、内容和方式上的差异。年轻人具有极强的接受力和对一切新生事物的敏感性，加之如今新型媒体的发达，孩子从各种途径获取的知识远远超出了家长。这使得家长常常在观念上滞后于孩子。"60后"家长的孩子多生于20世纪90年代，接受知识速度非常快。如果家长不能及时地自我学习、自我成长，在知识和观念上的落后就难避免。家长无法理解孩子的成长变化，亲子沟通就会困难重重。

"60后"家长在自我教育时首先应注重人文素养提升，就是人的精神追求。人文素养是终身教育、终身学习的基本要求，是每一个人生存和发展的必要手段，也是提高家庭中成人学习能力的必然要求。成人人文素养包括人文知识（如语言能力、数学能力、家庭健康知识等）、人文思想、人文精神等。通过提升人文素养来提高家庭中成人读书看报的能力、口头和书面表达的能力、与家庭成员沟通分享的能力、网络沟通的能力以及自我情绪调节的能力等。

据一项调查显示：40岁以上的父母在选择自我导向性的学习材料时更加倾向于选择传统的、直观的学习材料，首先的是报纸图片，其次是图书，最后是新型的网络资料，而20~30岁的父母群体中，网络毫无疑问是他们的首选。而在学习方式的选择上，40岁以上的父母更注重理性的分析和系统知识的掌握，因此选择自己阅读较多。年轻的父母认为座谈交流的方式可能更加有效，这与他们社交机会多相关。

（三）"70后"家长——通过自我教育提升心理健康水平

20世纪70年代，在中国的发展史上具有特别重要的意义。生于这个时代的"70后"们在革新与吐旧间成长，时代的特征注定这一代人是承上启下的一代人，是最富有理想主义，也是更有务实精神和社会责任心的一代。他们是伴随着改革开放和中国社会体制型而成长起来的一代人。受传统文化和革命传统教育的影响，大部分"70后"心怀理想，思想比较保守。部分人经历过贫穷时期，所以比较勤奋，崇尚努力奋斗。"70后"是中纠结的一代人，浪漫主义的诗人情怀与下海经商的时代潮流相撞，铸成了独特的"70后"特质。所以，"70后"属于务实、进取，稳中求变、理性踏实的一代人。

"70后"大多是社会的中坚力量。他们工作繁忙，在家庭教育方面的学习很难像在校学生那样有时间、有规律，只能利用工作之余的时间。为了满足现代家庭教育对家长成长的需求，很多家长都有继续且不断学习的要求和愿望，希望及时了解、掌握和家庭教育相关知识，提高家庭教育能力，能用合适的方式来引导和教育孩子。比起"60后"家长，后家长知识更渊博，对新生事物也易于接受和认同。受多元价值观和文化氛围影响，"70后"家长大多比较关注孩子全面成长，希望在孩子的成绩和兴趣之间能找到一个平衡点。但是，"70后"家长的教育理念与行为却在理想与现实间撕扯——一方面想让孩子拥有轻松快乐的学习时光，另一方面又经常纠结于到底给孩子报不报补习班；自己是在"不打不成器"的教育方式下长大的，而现在打骂孩子却被认为"不人道"；年少时自己因贫穷而奋发图强，如今回顾当年的"奋斗史"却难以激起孩子学习的热情……

"70后"家长的子女大多处于大学、中学阶段。这个阶段也是孩子课业负担最重、压力最大的阶段。很多孩子因为课业负担重，再加之青春期情绪波动，容易产生心理问题。作为家长，这个阶段应重点培养孩子掌握好情绪情感，正确处理好孩子的学习成绩和心理健康之间的关系，保证孩子全面健康发展。"70后"家长既要努力发展自我，做一个身心健康、和谐发展的人；又要引导和影响孩子，使他们能够很好地适应社会。只有家长心理健康，才能给孩子以积极、正面的影响，保障孩子身心的健康成长。

"70后"家长自我教育的内容主要包括家庭心理健康教育和人文素养教育，通过自我学习培养自己高尚的人文与道德修养，从而影响孩子。家长的自我教育应当先从提高自身的心理健康素养做起，努力成为身心健康、热爱学习的好家长。通过家长自身发展，引导孩子塑造健康的心理素质。

家长自我教育的目标是要做一个身心平衡的人，包括以下几点：

一是处事通达，社会适应良好。

二是心理健康，悦纳自我。

三是理解与包容，能与他人保持和谐的关系。

四是情感相对丰富、情绪相对稳定。

五是热爱自然与所有生命，对生命心存敬畏。

六是有精神生活。

七是人格独立，能够享受独处。

"70后"家长通过自我教育，完成自我健康人格的修炼，就可以更好地引导子女健康成长。主要从以下几个方面入手：

一是树立正确的世界观、人生观、价值观，热爱生活，心胸开阔。

二是提高挫折应对能力。

三是充分认识自己，正确评价自己，悦纳自己，既不自负也不自卑。

四是积极交友，宽以待人。

五是积极培养兴趣爱好，参加有益身心的文娱、体育活动。

六是博览群书，陶冶情操。

（四）"80后"家长——构建学习型家庭，促进自我成长

"80后"是指在1980年至1989年之间出生，求学于20世纪90年代及2000年，2000年之后面临着就业、婚姻及生育，现今的中青年一代。如今，"80后"已登上了社会舞台，在各个领域扮演着越来越重要的角色。"80后"家长也是独生子女一代，身上带着特有的时代烙印和鲜明的性格特征。他们看起来都很年轻，更像是孩子的大姐姐大哥哥，容易和孩子沟通。但他们很多是在父母的保护中长大的，

自己都还没有完全成熟就做了父母，心里难免迷茫、焦虑和慌乱。

"80后"家长的子女多处于中小学时期，正是个体良好习惯培养和综合素质养成的重要奠基期。因此，"80后"家长不仅要自己迅速成熟起来，还要学习做好家庭中的各种角学会抚养、教育好孩子。因此，建立学习型家庭，让自己和孩子一起成长，是"80后"家长的理性选择。

1.构建学习型家庭模式

现代教育提倡家长与孩子共同学习，共同创建学习型家庭，在家庭生活中落实教育内容，这样良好的家庭氛围对于家庭成员的共同成长是非常有利的。在现代社会，学习型家庭是比较理想的家庭教育模式，对于建立民主平等的亲子观、提高家长的教育素养有重要的作用。学习型家庭是以终身学习、终身教育思想为指导，以和谐的家庭人际关系为基础，以提高家庭的社会适应能力与生活质量为目的，需要家庭成员共同学习、相互学习、不断完善、共同成长。

学习型家庭包含学习的家庭和家庭的学习两个层次。学习的家庭指的是有助于学习的家庭环境，家庭的学习指的是家庭成员共同的学习活动。学习的家庭与家庭的学习都是创建学习型家庭必不可少的资源，家庭教育资源的充分开发是学习型家庭形成的物质保证。学习型家庭的创建是一项系统工程，需要家庭每一位成员的积极配合和大力支持。在学习型家庭中，学习成为家庭生活的有机组成部分，即学习生活化、生活学习化。学习的内容包罗万象、无所不有，学习资源取之不尽。在学习型家庭中，家长会把孩子当作一个有独立人格的个体来尊重，采取诱导启发式的教育方式，不溺爱、不打骂，发展孩子的天性，与孩子平等交流，互相学习。家长可以学到丰富的家庭教育经验，提高自己接受新事物的能力。通过和孩子一起学习，家长更容易发现自己的不足，孩子更能在其成长过程中受到启迪和教育。

2.营造家庭成员相互学习的环境和氛围

事实上，家长比儿童更需要教育，"教育者先受教育"，如此才能形成优质家庭教育的良性循环。另外，家庭生活是成人生活的一个重要方面，构建家庭成人教育也是"回归丰富的成人生活世界"理念指导下的具体行动。

学习型家庭中的所有家庭成员都是学习的主体。一方面为了充实自身精神世界、完善自我，家长必须不断地学习；另一方面，为了更好地教育孩子，家长也必须不断学习。家长是孩子一生的老师，"身教重于言教"。家长树立的良好的学习榜样会是孩子成长的最好指引。家长只有和孩子共同学习，才能够与孩子产生共鸣，缩小"代沟"，在此基础上家庭成员之间才能互相影响、共同进步。

（五）"90后"——提升修养，学做父母

"90后"一代与"80后"相同的是他们都出生在中国改革开放之后，但"90后"的生活环境与条件对比80后这代人要优越得多，物质相对富足，社会环境也更为安定。同时，"90后"生活在互联网和信息时代，接触新媒介和新鲜事物的能力更强。"90后"是轻松、乐观的"社交一代"，他们叛逆、独立、自由、前卫、个性，有着自己的群体特征。与互联网共同成长起来的"90后"大学生的自我意识开始觉醒，由此带来的一个直接效应就是人的思想不再拘泥于传统的责任意识和国家前途，而是更多地从自我出发，以个人价值权衡。同时，"90后"是富有创新精神的一批人，他们对新鲜事物充满好奇心，也有能力去拒绝标签化是"90后"最大的共性。他们拒绝被代表，他们每个人鲜活的个性都是无法复制的。与其他几代人相比，"90后"的个性是突出的、鲜活的；而从每个个体去看，"90后"的个性是多元的、差异化的。因此，找一个具有普世价值的标签来概括这个群体的难度系数极高。

我们发现，"90后"群体在自我教育方面也存在着一些问题，主要包括：自我修养淡薄、自我调控意识和能力较低、自我实践能力较差。作为自我教育的重要组成部分，自我修养对于"90后"群体来说非常重要。因此，应当加强自我修养知识的学习和普及，树立明确的自我教育目标，增强自我教育的能力；"90后"家长还正处于从学生时代向社会过渡的适应期，从相对简单的学校环境进入竞争激烈的社会，客观上对这些年轻人的自我调控意识和能力提出了更高的要求。此外，有些"90后"的家长坚持性很差，遇到阻碍很容易放弃；遇到困难和问题，容易发脾气。这些问题都会影响家庭教育中的自我教育。现阶段，"90后"的家长所面临的家庭教育的核心问题主要还是婴幼儿（0~3岁）的教问题。很少有机构有专门指导家长的课程，对家长的指导和心理教育，仍然是以亲子活动为主要载体的。"90后"家长自我教育的主要内容是优化自我教育的家庭内部环境，主要包括提高自身作为家长的素养和学会建立和睦的家庭。年轻的家长应当以身作则，创建和睦和谐、积极进取、健康向上的家庭环境，这样才能有利于孩子建立安全感和自信心。因此，要从以下几个方面提高"90后"家长的自我教育能力。

1.提高综合素养

"90后"家长社会经验不丰富，因此有很多社会知识需要学习；他们刚刚组建家庭，孩子尚小，处理家庭生活的方法欠缺。"90后"年轻人，容易接受新事物，学习能力强。对于"90后"的家长来说，最重要的自我教育就是在实践中不断提高综合素养。

有些年轻的家长常常困惑：不明白为什么自己很努力地为孩子付出，仍然没有在孩子心中建立起威信。这与家长缺乏系统的家庭教育知识有关。要教育好孩

子，家长要先接受教育。对于"90后"的家长而言，网络、书籍、培训班等方式都能被很好地利用，学习新知识，建立自己的家庭教育知识体系。家长自我教育是个持续学习的过程。伴随着孩子成长，家庭教育的重点内容也在不断调整变化，家长要不断自我教育、自我成长，掌握教育不断长大的孩子的有效方法。除了要学习家庭教育的知识，家长还应注重通过自我成长提升自身的教育能力。家长的教育能力包括了解孩子的能力、保护孩子的能力、协调亲子关系的能力、自我控制能力等。家长的这些教育能力是需要通过实践逐渐培养起来的，即通过学习、体会、实践和反思才能内化为个人素质能力。

2.学会做父母

要引导年轻家长做合格的"专业"父母。中国还没有把家庭教育看作一个严肃的、科学的、需要系统学习才能胜任的"专业"。"父母好好学习，孩子天天向上。"提高父母素养，孩子才能健康成长。每个问题孩子都是家长不良教育方式的结果。因此，年轻父母应该始终是学习者，在实践中摸索家庭教育智慧，不断自我成长。创造宽松的家庭教育文化氛围，成为孩子伙伴，陪伴孩子，引导孩子自然、自主、自由成长。

3.重视母亲的作用

母亲要做好孩子的第一任教师。母亲对一个人的影响非常大。在中国现代，有许多文化名人的成长都得力于母教。鲁迅的许多生活情趣都是在他母亲濡染熏陶下培养而成。18岁那年，鲁迅在母亲的理解和支持下放弃传统的仕途而选择了进洋学堂学洋务。茅盾母亲好学敏思、心胸开阔的特点在茅盾身上几乎完全体现出来。郭沫若也说："在一生之中，特别是在幼年时代，影响我最深的，当然要算是我母亲。"巴金对母亲的怀念是："她教我爱一切的人""使我认识'爱'字的是她。在我幼小的时候她是我的世界的核心"。所以他说："我的第一个先生就是母亲。"

母爱是母亲的天性，但后天的修养更会使母爱达于至善至美。年轻母亲要加强学习，努力提高文化素质，不断陶冶道德情操。一个具有良好文化素质和道德情操的母亲，才会真正理解母爱的真谛，才会赋予母爱更完美的内容和表现方式。比如，好的母亲在孩子面前会尽量克制自己的不良情绪，以愉快的妈妈形象示于孩子。必要时，会让孩子知道妈妈也会心情不好，不是超人。同时，妻子要将丈夫培养成为学会陪伴孩子、勇于承担家庭责任的爸爸。

五、家长自我教育的社会支持

家长的自我教育与成长不仅是一个家庭的事情，也是社会的责任。学校与社会要承担起引导家长自我教育、自我成长的责任。

（一）构建家庭教育指导网络

构建家庭教育指导网络的主要目的是要开发家长自身的教育潜能，引领家长分析思考家庭教育问题，启发和帮助家长提高教育能力。

家长教育指导作为一种成人教育，启发家长自我教育才是成功的教育。所以对学校和社会而言，要为家长搭建平台，建好指导网络。比如，搭建信息平台，拓展指导渠道搭建活动平台，动员家长参与；搭建互助平台，支持和鼓励发展家长组织等，以多种载体，在兼顾有趣、有用、有理的不同层面，激发家长自身的教育潜能，促进家长教育素质的提升。

山东省德州市近几年致力于加快家庭教育事业的法制化、专业化、网络化、社会化建设，目的是构建一个系统完善的党政主导、部门协作、家长参与、学校组织、社会支持的家庭教育工作体系。通过上下联动，内外配合，各负其责，各尽所能，形成家庭、社会"三位一体"的教育格局，达成1+1+1>3的教育效果。由党委领导，政府负责，妇联、教育部门共同牵头，建立健全家庭教育工作机制。一是健全组织领导机制。德州市教体局成立了市家庭教育工作委员会和家庭教育专家指导委员会，组建了市家庭教育评估专家库，指导全市家长委员会建设、家长学校建设，推进全市家庭教育实验区建设等工作。二是文明办、民政局、卫计委、文广新局、科协、关工委办公室等部门共同参与，建立家庭教育工作协调推进机制。市县教育部门相应成立家庭教育工作领导协调机构，设立市、县、校三级家庭教育协调员工作体系，县（市、区）学校（幼儿园家庭教育协调员设立覆盖率达100%。各级家庭教育领导协调机构每年定期召开联席会议，研究工作，部署任务，做到家庭教育指导工作"年初有计划，年终有总结"。三是分层分级普遍建立家庭教育指导中心、家教咨询站、家长委员会、家长学校，为家庭教育提供工作支持体系。四是建立第三方评估等监测评估机制，对规划实施情况进行有效监测评估。德州市教体局汇聚教育系统和社会各界热心家庭教育工作的教育、心理、儿童保健专家，组建起151人的家庭教育专家、讲师团、志愿者工作队伍，同时也邀请知名专家参与，多次面向学校、社区和家庭举办家庭教育骨干培训班。

同时，通过信息化平台，让家长吸收借鉴先进科学的家庭教育经验和方法，通过不断的自我体会，结合自身家庭的实际，举一反三，最终实现家长自我成长。

（二）政府、社区、学校形成合力，共同推动

推动家长自我教育，必须形成政府主导、部门协作、家长参与、学校组织、社会支持的家庭教育工作格局。

1.政府推动。在推进家庭成人教育方面，政府应当充当决策者、协调者、监督者、服务者的角色。政府通过制定政策，积极引导和支持学习型家庭的创建，

是对成人积极参与家庭教育与学习、实现自我成长的极大鼓舞。

2.学校组织。中小学校一方面在学生中普及终身教育、终身学习的理念，让学生影响并促使家长改变观念；另一方面直接引导家长树立新理念，积极投入到学习型家庭的创建中。还可以通过家校合作，共享学校的空间、图书馆、网络、师资等资源，为家长教育的顺利推进打开方便之门。学校还可以定期组织家庭教育知识竞赛、优秀父母和儿童评选、家庭夏令营、家庭教育小品比赛等贴近生活、寓教于乐的活动，向家长介绍青少年身心发展的规律与特点、科学的教育方法，帮助家长树立与主流文化相适应的教育观。

3.社区联动。个人、家庭与社区的关系日益密切，社区在推进家庭成人教育方面有其独特的效应。社区的组织、互动功能有利于家庭之间交流学习经验，有利于进一步推动家庭成人教育与学习。在社区推选典型示范学习型家庭、学习型个人，有利于带动、激发更多的家庭、个人参与到自我教育与学习中来。社区还可以组织专家亲临社区指导学习型家庭的创建，这有利于家庭成人教育走上专业化、正规化的道路。

第二节　家中需要处理好的各种关系

个体心理学认为，人一生的三大课题包括职业、友谊和亲密关系，个体如何处理在工作、友谊和亲密关系中涉及的人与人合作中的问题，直接体现了人们自身对生活的态度，以及对人生意义的理解。一个人如果可以较好地处理人与人之间的沟通、交流和合作问题，那么个体将在职业、友谊和亲密关系等方面获得较大的满足和幸福。

家长为了更好地培养孩子与人合作的能力，需要学习和提高处理各种人际关系的能力，本章涉及了家长需要学习并处理好的七种人际关系：家长与自我的关系、同胞关系、夫妻关系、隔代关系、单亲与离异家庭关系、家长与教师的关系以及孩子与朋友的关系。家长不断学习和提升这七种能力，一方面能为孩子起到妥善处理人际关系的榜样和示范作用；另一方面能为孩子的成长起到更大的陪伴和教育的作用。

一、家长与自我的关系处理

在家庭教育中，家长和孩子在生活、学习、交友等方面不断互动，家长在互动中不断地自我觉察和自我接纳，是家长自我提高和改变的前提，是家长处理自我关系和其他人际关系处理能力的开始，也是家长不断提高教养、教育孩子能力的开始。

（一）家长的自我觉察能力

1.自我觉察能力

自我觉察是指个体能够以旁观者的身份来观察和谈论自己，将自己的注意力向内心集中，试着去感知自己的内心活动，辨别和理解自己的内心想法、感受和行为的能力。自我觉察意味着一个人不再对外界环境被动地反应，而是把自己的想法、感受和行为作为觉察和思考的对象，并可以有效地觉察调整自己的错误想法，调控自己的消极情绪状态，使自身的行为有利于积极主动地应对外部环境。

自我觉察可以分为事情发生之前的觉察、事情发生之时的觉察和事情发生之后的觉察。

案例1

小明妈妈的自我觉察

有一天，小明妈妈下班回家，看见小明坐在地上大哭，外婆在一旁不停地哄劝他。妈妈非常心疼小明，放下手提包过来抱他，他不仅不让妈妈抱，还一把把妈妈推开，而且把外婆递过来的果汁也推倒在地上，果汁洒了一地。妈妈看着大哭的孩子、无可奈何的外婆、满地的果汁，气不打一处来，一把抓住小明，狠狠地照着他的屁股拍了两巴掌，孩子哭得更厉害了。

后来小明妈妈想了想，自己这段时间工作太忙了，很久没有抽出时间陪孩子，看着孩子哭，特别心疼他，但自己那天正好还有工作，要等着孩子睡了再完成，所以整个人也特别没有耐心，很急躁。小明妈妈也不太赞成外婆的教育方式，和外婆说过很多次了，孩子哭的时候就让他哭一会儿，陪着他就好了，等他情绪好了再想办法。另外，小明妈妈也是心疼外婆，这么大年龄了还帮着带孩子。这些想法都在脑子里，一时小明妈妈又内疚，又着急，又生气，又自责，行为也失控了，就把孩子打了。

这个案例就是小明妈妈在把小明"拍了两巴掌"之后，对自己想法、感受和行为的觉察。小明妈妈对自己的想法、感受和行为进行反思与觉察之后，主动向孩子道歉，和孩子约定以后不开心的时候母子二人单独待一会儿，等平静之后再解决问题；小明也向姥姥道歉，保证以后一定注意调控自己的情绪。自我觉察能力有利于家长在与孩子的互动中，不断提高自己的家庭教育能力，有利于孩子的身心健康成长。

从萨提亚家庭治疗理论来看，家长的自我觉察能力在于家长可以通过自己的行为看到自己行为下面蕴藏的情绪、感受、期待和渴望。

拓展阅读

萨提亚冰山理论

萨提亚通过冰山进行比喻：人的"自我"就像一座漂浮在水面上的巨大冰山，

我们能看到的只是冰山表面大约只有八分之一露出水面的部分，也就是我们的行为。另外的八分之七藏在水底，这部分暗涌在水面之下更大的山体不为人所见，是长期被我们压抑并忽略的"内在"，是我们的感受、想法、期待和渴望。

当亲子问题发生时，如果家长可以及时、深入地去体会和觉察自己"冰山"下面的感受、观点、期待和渴望，就可以采用有效的教育方法，亲子关系会越来越融洽，取得良好的教育效果；如果不能觉察自己的感受和想法，能产生适得其反的效果。

案例2

孩子沉迷游戏的背后

李强的父亲坚持要高考结束后的李强报考医学专业。李强与父亲产生了激烈的冲突，但最后还是屈从于父亲的权威入读某大学学习医学专业，却对专业没有丝毫兴趣，整日沉迷游戏不能自拔。

李强的父亲带李强去学校心理中心咨询，才发现自己的行为对孩子产生了多大的影响，对自己的行为、感受、想法和期待有了更多的了解。李强的父亲对安全感、价值感、认同感和自由有强烈的渴望，同时又对现实生活有深深的担心和忧虑，产生了"一定要读最有价值的专业，其他专业都不如医学专业""孩子不具备判断能力，不知道专业好坏""我都是为了孩子好"的想法，在孩子坚持选择汉语言文学专业，不愿听自己的建议时产生了无力、焦虑、无助、愤怒等情绪，指责孩子，痛斥孩子什么都不懂，不懂事，不明白自己的一片苦心，一意孤行将来要吃苦果子。

面对亲子养育问题或亲子关系的问题，我们可以通过逐步探索自己的"水下冰山世界"，不断提高自我觉察能力，促进自我成长，进而改善教育方取得良好的教育效果。

2.自我觉察能力的重要性

家长是否具有自我觉察能力，养成觉察自己"内在冰山世界"的习惯，是家长个人身心成长的转折点，也是有效处理家庭教育问题、培养和谐的亲子关系的里程碑。

（1）自我觉察能力的提高有助于家长更好地觉察、理解和控制自己在与孩子互动中的情绪及行为，逐渐摸索形成良好的教育方法，培养亲密、合作的亲子关系。

经过家长课程的学习，我意识到以前自己总是盯着孩子的缺点，而且总是把这些缺点的影响放大，总是挑剔他、打击他，自己也感觉非常焦虑、愤怒、担心。尤其是我自己的情绪不好的时候，我更容易指责他。

——欢欢妈妈

（2）自我觉察能力有助于家长个人的不断成长，改善家庭关系。

我以前比较容易暴躁，对爱人有很多指责，爱人虽然包容但也受不了。我通过默默地观察自己，并记日记整理思路，不开心的时候就去健身房发泄，目前这种状况好多了，对爱人的指责少了，夫妻关系也融洽多了。

——果果妈妈

3.提高自我觉察能力的方法

自我觉察的方法是从觉察和反思自己的习惯性感受、行为和思维方式开始的。通过对习惯性感受、行为和思维方式的觉察，对习惯性思维和行为模式的反思，我们会发现，我们信以为真或视为天经地义的想法可能都在一定程度上扭曲了真相，我们会看到更多的可能和选择性，对家人和孩子也会有更多的理解、包容和合作。

（1）重视觉察我们的感受。在日常生活中，从觉察我们的感受入手，更容易识别我们习惯性的思维和行为模式。心理学研究认为每当我们产生喜、怒、哀、惧、厌等各种情绪感受时，从轻微的不舒服，到强烈的悲伤、愤怒或绝望，这些感受都是由我中某一特定想法引起的，不管我们是否觉察到它。

关注我们产生的每一种感受，审视感受背后的想法，我们对自己的习惯性行为和思维模式就会产生觉察，个人的成长正是通过深层的自我觉察来完成的。

案例3

再哭你就出去

通过自我觉察，我认识到我发脾气的时候很像我爸爸，我爸爸小时候粗暴地对待我，我一哭，他就大喊"再哭你就出去"。然而，我现在在孩子面前也成了一个施暴者，"再哭你就出去"也成了我在面对孩子哭时的"杀手锏"。

当我的大女儿对我的小女儿大喊"再哭你就出去"时，我认识到不能再用这种方式教育孩子了。我觉察到在教育孩子的过程中，孩子哭的时候我是很心疼孩子的，我希望她们可以停止哭泣，但我却无计可施，我既心疼孩子又无能为力，所以我才大发脾气。

意识到这一点，我知道了我的行为不仅不能缓解孩子的伤心，会更伤害她们，而且也会影响她们的人际行为方式。所以，我开始了不断学习，自我成长，两年以来，我发生了很大的变化。女儿们都说，喜欢现在的爸爸。

（2）识别自己的习惯性行为方式。在日常生活中，我们每个人都有自己习惯性的行为方式，这种习惯性的行为方式在我们很小的时候就已经形成了，我们一直采用这种方式行事，很少思考这种行为方式是否真的会有效果。即使没有效果，我们也会认为这是别人的错，或者还不够努力、不够坚持。这种行为方式其实是由我们的习惯性思维决定的，习惯性思维导致我们行动的重复性、机械性。

通过识别自己的习惯性行为，可以有效地了解自己的习惯性思维。以下是一位妈妈对自己习惯性行为的觉察，在觉察到自己的习惯性行为之后，这位妈妈意识到其实这种无意识的管教行为来源于自己对孩子的不信任和控制。

我先是让她自己做好计划，提醒她按计划完成学习，然后哄劝，再讲道理，接着小小威胁、吓唬、发脾气，基本上就是这些步骤。一开始这种方式还很有用，但现在她已经摸清我的方式了，现在根本不管用了。

习惯性行为模式具有很强的模式性和影响，足以使我们生活在习惯行为的驱使之下。而且，习惯性行为会通过家庭教育在亲子之间产生"遗传"。在"再哭你就出去"的案例中，已经出现了代际遗传的征兆，在譬喻故事《百喻经》中也有这样一个故事，可见习惯性的行为和思维方式对我们进行家庭教育的影响。

拓展阅读

《百喻经》故事

从前，有一户人家来了客人。父亲让儿子到街上去买酒买菜，准备请客。儿子出去了很久也没有回来，父亲等得不耐烦了，就出去找儿子。在一条小路上，父亲发现儿子手里拎着买好的酒菜，正和另外一个人面对面地站着，很奇怪。父亲过去问道："怎么还不回家？站在这里干什么？"儿子高声回答："爸爸，这条路窄，没办法两个人并行。这个人不让我过去，我也不让他过去，所以就僵在这里，看看究竟谁让谁！"父亲立刻说道："孩子，你先把酒菜拿回家去给客人吃，换爸爸来跟他对一对，看看谁让谁！"

只有通过对行为的观察和觉知，我们才能识别和超越自己的习惯性行为模式，才能不再被习惯反应所驱使，而是能够反省、改变行为的模式。

（3）识别我们的核心信念。美国个体心理学家琳·洛特认为，"冰山"水面上是我们可观测的行为"冰山"，水下面的感受是行为的"能量"，而产生感受和主导行为的是我们的"核心信念"。这些核心信念，有些是能被我们意识到的，有些是藏在潜里面的，是无意识的，然而在我们处理问题时，正是这些有意识的或者无意识的核心信念决定着我们的感受和行为。

每个人的核心信念都不同，而每个人都以自己的核心信念去判断、分析和推理，如果我们对核心信念能觉察和理解，遇到事情时我们就会自动依据自己的核心信念进行判断、分析和推理。

案例4

怀橘遗亲

陆绩六岁时，随父亲陆康到九江谒见袁术，袁术拿出橘子招待，陆绩往怀里藏了两个橘子。临行时，橘子滚落地上，袁术嘲笑道："陆郎来我家做客，走的时候还要怀藏主人的橘子吗？"陆绩回答说："母亲喜欢吃橘子，我想拿回去送给母亲尝尝。"

袁术见他小小年纪就懂得孝顺母亲，十分惊奇。

个体心理学认为引发人际之间误解和冲突的，并非发生的事情本身，而是我们对发生事情的想法，也就是我们的核心信念在我们头脑中判断、分析和推理出的故事。对于陆绩在怀里藏了两个橘子这种行为，袁术的核心信念在他的头脑里自动产生了小孩子贪嘴、不懂礼节的看法，这就是对自己的核心信念缺乏觉察的状况，以自己的观念和想法为准则，来评价判断孩子的行为。在家庭教育中，不经自我觉察的父母经常会依据自己的核心信念来判断孩子的需要，对孩子进行教育。很多女孩的母亲有的时候突然会发现，自己为女儿买的衣服其实都是在满足自己小时候对漂亮衣服的幻想，而很多男孩的爸爸会发现，自己为孩子买的那么多辆玩具车其实是为了满足自己对玩具的需求。

（二）家长的自我接纳能力

1.自我接纳能力

（1）什么是自我接纳。自我接纳是个体心理健康的一项重要标准，自我接纳的目标是自我和谐。自我接纳是指个体对自我及其一切特征，采取一种积极的、欣然接受的态度。一个自我接纳的人具备两方面的特点：一是能清楚地了解和接受自己身体、心理和能力等方面的正面价值，不因自身的优点、特长和成绩而骄傲；二是能正视并欣然接受自身存在的负面问题，不因存在的某种缺点、失误而自责和自卑。

自我接纳的个体是坦率和真实的，是不卑不亢的，他们能真诚地对待自己的感受和想法，不掩饰自己存在的问题和不足，并可以坦诚地表达自己的感受和想法，在人际交往中不害怕被否定和拒绝，可以做到很好地倾听、沟通和合作。

（2）自我接纳不是自暴自弃。一个自我接纳的人喜欢自己、悦纳自己，但喜欢自己、悦纳自己不等于满足现状、停滞不前，而是鼓励自己不断努力和成长。如果我们把自我接纳当成一个不改变、不负责任的借口，那这样的"自我接纳"不是自我接纳，而是自暴自弃。以下这些想法都不是自我接纳，而是自暴自弃。

"把儿子打了一顿，回头想想，也没什么好后悔的，谁让他不好好写作业呢？期末成绩那么一点儿分，对得起我吗？我要接纳自己，接纳我的脾气就是这样的。"

"家里好久没有大扫除了，书籍、玩具、零食和衣服堆得到处都是，告诉自己，自己太忙了，乱就乱点儿吧，脏就脏点儿吧，要自我接纳。"

"和另一半生气时说了很多难听的话，事后不愿意去改变，告诉自己我就这样了，接纳自己的坏脾气。"

2. 自我接纳的重要性

一个人自我接纳的程度影响着一个人面对困难或者失败时的感受和态度。对于一个自我接纳程度高的人来说，失败只是意味着没有做好某件事，或意味着缺乏某项能力。失败对自我接纳程度高的人来说是学习的好机会，是成功之母。而自我接纳程度低的人总是会泛化失败，对于这类人来说，失败意味着不胜任："我是一个无能的、很差的人。"失败对自我接纳程度低的人打击非常大，有研究表明抑郁症患者通常都是自我接纳程度低的个体。

自我接纳程度高的人相信自己是有价值的、有独特性的，而且相信自己有能力、有潜能，在生活中往往可以表现出可贵的勇气和毅力，愿意并敢于尝试新事物，在生活中获得更多的成功的机会，享受到更多的满足与快乐。他们喜欢自己，而且能客观地认识现实，能认识和欣赏他人的成功，并从中吸取经验，促进自我成长。而自我接纳程度非常低的人，会经常有"没有价值""谁也不需要我""前途一片黑暗，我没有未来"之类的想法，严重影响日常的工作、学习和生活。

3. 自我接纳的方法

自我觉察是自我接纳的前提，自我接纳是改变的开始。真正的自我接纳是一种对自我的完整的看见，不是恐惧和回避，而是对真相各个层面的接受、了解与认同，是改变的开始。真正的自我接纳包含四个方面的内容。

第一，了解自己的期望。要从简单、容易上手的工作开始，小步前进，一旦你开始采取行动改变自己，一切就变得越来越容易。

第二，接受自己目前的状态。认清自己，认清自己对自己真实的评价，承认而不是否定这些评价给自己带来的感受，接受自己目前的状态。

第三，接纳改变不是一蹴而就的。

第四，把实现自己的期望可以作出的改变和提升全部列出来，逐个分析，看自己可以为每一个项目作出什么行动。

案例5

自我接纳只是一个开始

曾经有一个妈妈找我咨询，她说："老师，大家都在讲自我接纳，但是我真的觉得自己好像一无是处，不聪明、不漂亮、没情商、没智商、养孩子养不好、工作做不好、身体也不好，我该怎样做到自我接纳呢？"

这个问题非常典型，如果我们现实中的样子和理想中的样子完全是两个人，我们怎么可能喜欢自己呢？所以我跟这个妈妈一起制订了一套帮助她接纳自己的"改变计划"。我们先从她对自己最理想状态的想象开始，我让她很详细地列出自己希望成为的样子。她写下了身体健康、调控情绪、善于交际、工作有业绩、形象气质好等十几个目标。

　　然后单独看每一项目标，为达到她理想的样子，都能做些什么。比如，想要身体健康，就需要定期运动；想要形象气质好，不仅要注意在化妆着装上下功夫，还要在读书学习方面多投入时间。所有需要做的列完之后，猛地一看，觉得她需要做的事情特别多，但当我们把所有的项目都分成长期目标和短期目标，短期目标再拆成一个一个小步骤的时候，每天需要做的也只有一点点。

　　一开始这位妈妈还有一点儿抵触，因为人总是倾向于留在舒适区，而且懒惰也是一种习惯。如果你平时习惯于对自己没有要求，要去完成这么多的"任务"看上去是一个巨大的挑战。但是你会发现，由于这些事情全部是建设性的，所以只要开始做，就会产生良性循环。这个妈妈决定先每天早睡早起，每天跑步，化淡妆，每周参加一次家庭教育父母沙龙活动，学习调控情绪，与孩子沟通和合作。

　　几个月下来，她变得越来越积极，越来越喜欢自己。后来她对我说："我现在才觉得我是真的接纳自己了，原先那种所谓的接纳其实是一种自我欺骗。只有我能够不断成为更好的自己，我才能够真正接纳自己。"

二、同胞关系处理

　　随着国家二孩政策的全面放开，伴随二孩家庭的增多，同胞关系处理这一问题也日益凸显出来，家长对学习和提高处理同胞关系的能力的需要提上日程。同胞关系是血缘关系，是不需要刻意维护也不会改变的关系，但同时也是最需要智慧和爱去处理的亲密关系。认识和了解同胞关系的类型，正确引导同胞之间的比较和竞争，促进同胞之间的合作和亲密是二孩家庭的家长必备的知识和技能。

（一）同胞关系的重要意义

　　孩子的人际关系分为垂直关系和水平关系，其中垂直关系，如亲子关系、师生关系，侧重于保护、传授知识。而同胞关系是一种水平关系，平关系中，孩子们更侧重于相互支持、交流经验和学习技能。随着孩子年龄的增长，垂直关系对儿童的影响逐渐减弱，而水平关系的影响则越来越广泛。在孩子的儿童期和青春期，同胞关系可以为孩子提供更多的陪伴支持和鼓励，积极的同胞关系可以培养孩子共同面对生活中的挫折和成功习得管理情绪和解决问题的技能。在成年期，同胞之间还能在家庭生活和事业发展方面互相扶助。有研究表明同胞关系融洽的儿童、青少年和成人，处事有更积极的心态，更自信和乐观，有更高水平的人际关系能力和恋能力。

　　依据家庭系统理论，同胞之间在童年期的感情和行为的互动方式，可能会影响到成年后在其他人际关系中的行为和表现，尤其对婚姻关系的影响非常明显。

　　一个妈妈发现，自己就是按照与自己哥哥的样子，与自己的爱人恋爱结婚的。

另一个妈妈发现，自己的妹妹选择了现在的丈夫，有很大的可能是像童年一样，是在想显示她一点儿也不比自己差。

一个爸爸认识到，他与妻子争论的方式与他过去和自己的妹妹争论时的样子完全一样。

（二）同胞关系的类型

同胞关系存在积极和消极两个维度，积极的同胞关系包括同胞亲密、同胞温暖、同胞友谊等；消极的同胞关系有同胞权利对比、同胞竞争和同胞冲突等。

1.权利对比型同胞关系

权利对比型同胞关系是指同胞之间在以下六方面的对比中形成的关系：对父母关爱的对比、对物质金钱的对比、对话语权的对比、个人能力的对比、家庭责任的对比和男女性别对比。

案例6

孩子，最好的观察者

"我希望我们家就我一个孩子，当初妈妈没有生妹妹该多好！"

"妈妈很久都没有抱着我一起睡了，妈妈都是抱着妹妹，我都是一个人躺在妈妈背后睡着的。"

"妈妈你又给姐姐买了新裙子，怎么没有给我买呢？我也想要新裙子。"

2.竞争型同胞关系

在同胞间对于爱、感情以及父母的注意等的对比出现后，同胞间会产生力图胜过或压倒对方的心理需要和行为活动，产生竞争型同胞关系。日常生活中"争宠"就属于比较典型的同胞竞争。

案例7

弟弟的打算

哥哥考上大学以后，弟弟心情一直比较低落，哥哥找他一起出去玩，他也不理不睬，搞得哥哥也不知道到底是什么原因。后来弟弟找妈妈聊天，弟弟和妈妈说："哥哥考上大学了，将来工作一定没问题，家里还要花那么多钱给他交学费；我学习不好，中学毕业就不读了，我这段时间想了想，我也要有个能养活我自己的工作，现在我想创业，开个汽车维修站，希望家里能给我点儿本钱。"

值得关注的是，如果同胞一方觉得在某一方面无任何希望获得胜出，就会放弃在这方面的努力，转而寻求在其他方面的优势。上文案例中提到的弟弟，很早就放弃了在学习方面胜过哥哥的努力，但是在人际关系和汽车维修方面可能会表现出很强的能力。

拓展阅读

同胞竞争障碍

同胞竞争障碍是头胎儿童在弟弟妹妹出生后的几个月内，迫切要求得到父母的关注、重视、疼爱，为与初生儿争夺父母关注而产生的各种情绪和行为的紊乱，表现为以下五个方面。

一是竞争和嫉妒。头胎儿童会表达希望把弟弟妹妹送走的想法，或者不分享、不关心，或者弟弟妹妹睡觉时大吵大闹，动手打人，预谋伤害，有明显敌意甚至伤害行为。

二是退化行为。在年龄小的头胎儿童身上比较容易出现，表现为丧失以前学到的技能，如大小便失禁、尿湿裤子、想要吃奶瓶、吃手指、用幼儿语言说话、缠着母亲不放。

三是情绪变化。头胎儿童会出现焦虑、抑郁、社会退缩、躯体化的心理和生理问题。学龄前的头胎儿童会更多表现为哭闹，大一点的儿童会述说不开心、痛苦、父母不爱自己甚至出现自杀想法。

四是行为问题。表现为头胎儿童多动、注意力不集中，与父母对立冲突，发脾气，破坏弟弟妹妹的东西，说谎、逃学、离家出走甚至自杀。

五是社会功能受损。头胎儿童严重的情绪和行为紊乱导致家庭不安宁，学习成绩下降，同学关系紧张。

3.冲突型同胞关系

冲突型同胞关系也发生在同胞权利对比的基础上，是同胞之间产生语言或行为上冲突的关系类型。同胞之间产生冲突是正常的，关键在于父母如何引导同胞之间正确看待差异。

一个妈妈意识到，自己和妹妹关系紧张有可能来自母亲当初对自己和妹妹的评价。当初母亲这样评价她们："我大女儿学习成绩特别好，考上了重点高校，是我们家族的骄傲，但就是一点儿都不会穿衣打扮，不注意个人形象。我二女儿很聪明，但就是不爱学习，长得漂亮，而且特别会打扮，化妆、衣服搭配样样在行。"

4.积极的同胞关系

积极的同胞关系包括同胞亲密、同胞温暖、同胞友谊等。积极的同胞关系通常表现为同胞之间的互相理解、喜爱、欣赏、陪伴、关心、合作和帮助。

案例8

让爸爸妈妈带我们一起去玩，好不好？

姐姐6岁3个月，妹妹4岁11个月。妹妹和姐姐喜欢一起看小时候的照片，一次妹妹看到一张她还没出生时爸爸妈妈和姐姐的合照，以为是自己和爸爸妈妈的合照，便和姐姐炫耀。

姐姐说："哦，你觉得是你啊？你再观察一下，看看这张你在妈妈肚子里的照片，还有这是我小时候的泳衣，这张照片里的就是我，那时你还在妈妈肚子里呢。"

妹妹听了很伤心，哇哇大哭起来，姐姐马上过来抱妹妹："你也想和爸爸妈妈照相啊，也想去水城玩啊？等过段时间，让爸爸妈带我们一起去玩，好不好？"

（三）同胞关系的处理方法

1.关注头胎，处理好同胞之间的竞争

目前，社会上关于头胎儿童对二胎进行打骂、虐待等负面报道较多，可以看出家长们目前仍缺少实际面对和解决同胞关系问题的知识及经验。因此，对于计划二胎或者已经生育二胎的家长来说，增加相关家庭教育知识储备，关注头胎儿童的心理，对头胎孩子进行有效的引导是非常重要的。

小贴士

同胞竞争障碍的引导

并不是每个头胎儿童都会出现同胞竞争障碍，这与二胎出生前的亲子关系、头胎儿童的性格特点、父母在生产前对头胎儿童的引导和教育都有密切的关系。父母为引导同胞竞争，避免或有效面对同胞竞争障碍，应做好以下几方面。一是需要在二胎生产前、后做好对头胎儿童的教育，通过口头交流、绘本、动画等形式不断与头胎儿童强调，弟弟或妹妹出生后爸爸妈妈依然是爱他的，弟弟或妹妹是头胎儿童的好伙伴。

二是要在二胎出生后，理解和接纳头胎儿童可能出现紊乱的情绪和行为，保持耐心，不指责和惩罚孩子的不当行为。

三是要引导头胎儿童加入照顾二胎婴儿的工作中来，头胎儿童感受到自己是被需要的、有价值的，不良情绪和行为可以慢慢减少。

四是二胎儿童出生后，父母一定要有单独陪伴头胎儿童的时间，可以一起游戏、吃饭或者出游。可以减少头胎儿童被忽视、不被爱的感受，增强对父母仍然爱自己的自信。

2.学会接纳，正确面对同胞之间的冲突

父母要学会接受同胞之间可能出现冲突的事实，二胎学步期以后，年龄差距较小的同胞之间的冲突就开始了，并在青春期之前有愈演愈烈的趋势。所以对于父母来说，接纳孩子之间会有冲突是非常重要的。相对于有的父母对同胞之间冲突的不理解、焦虑和担忧，保持耐心和冷静，寻求公平公正的解决是更有效的。

一个妈妈说："严格来说，在老大4岁以前，你都可能误以为，有没有手足不一定那么重要。而且，有可能你会后悔要了老二，同胞争抢和哭闹可能是二孩家庭的常态。"

3.优化教养方式，公平公正地对待孩子

对每一个孩子都抱有同样的爱，公平公正地对待每个孩子是每对父母都要做的功课。有的时候父母眼中的公平公正，在孩子眼中未必是公平公正的，所以如何公平公正地对待孩子，形成和谐的亲子关系，是每对父母都需要不断学习的。

父母在处理消极同胞关系的时候，受我国传统的教育方式影响，一般会因为头胎儿童年龄大，父母便让头胎儿童忍让弟弟或妹妹，发生同胞冲突的时候也会更多责备头胎儿童，这种不公正的同胞关系处理方式不但会影响同胞关系，也会影响亲子关系。

小莉的妈妈经常告诉小莉："你是姐姐，你比弟弟大，要谦让。"在小莉与弟弟发生冲突的时候，妈妈也总是训斥小莉，指责小莉不懂事。小莉不敢反抗父母，但慢慢地小莉不喜欢和弟弟一起玩了，有的时候甚至背着父母打弟弟。

4.明确而恰当地表达，让孩子感受到父母的爱

面对同胞之间的对比、竞争和冲突，家长做到公平公正是前提，而且更为重要的是要把父母对子女的爱明确而恰当地表达出来，让孩子能感受得到。

我国著名的思想家、政治家和教育家梁启超先生一共有九个子女，九个子女各个取得了不凡的成就，在中国名门大族中有"一门三院士，父子九专家"的美称，这与梁启超对每个孩子公平公正的爱和发自内心的热情的爱表达是分不开的。梁启超给每个孩子都取了专属爱称，长女叫"大宝贝"，次女叫"小庄庄"，三女儿梁思懿叫"司马懿"，小女儿梁思宁叫"六六"儿子梁思礼则被他俏皮地称为"老白鼻"（英文"老宝贝"的谐音）。在《梁启超家书》中，我们可以充分体会梁启超对孩子的关心和爱护，以及梁启爱的智慧。

"你们须知你爹爹是最富于情感的人，对于你们的爱情，十二分热烈……"

"小宝贝庄庄：我想你得很，所以我把这得意之作裱成这玲珑小巧的精美手卷寄给你……小乖乖，你赶紧收好吧。"

——引自《梁启超家书》

5.正确引导同胞对比和同胞竞争

家长要对同胞对比和同胞竞争给予正确的引导，在同胞之间形成良好的竞争和合作关系。同胞之间的对比和竞争不应该局限在有限的物质资源上，更重要的是要引导孩子们树立远大的理想，树立正确的人生观和价值观。梁启超的九个儿女都取得了优异的成就，有"士者之风，满门俊秀"的美誉，这与梁启超对儿女的立志、成功、做人教育引导是密不可分的。

天下事业无所谓大小，士大夫救济天下和农夫善治其十亩之田所成就一样。

只要在自己责任内，尽自己力量去做，便是第一等人物。

——引自《梁启超家书》

三、夫妻关系处理

夫妻关系是一切家庭关系的基础和起点，是家庭系统的核心和关键要素。夫妻关系越好，矛盾冲突越少，就越能够团结一致形成家庭教育合力，更倾向于采取积极的教养方式教育孩子，为孩子的成长营造积极的充满爱的环境，促进孩子的全面发展。处理好夫妻关系需要伴侣间保持良性沟通，并对解决夫妻关系中存在的问题充满信心。

（一）夫妻关系及其重要性

1.夫妻关系

夫妻关系是因婚姻关系的确立而形成的一种姻亲关系，是在人的自然属性和社会属性的基础上实现的两性结合，需要夫妻共同承担家庭生活的重担，完成生儿育女、抚养后代、赡养老人的任务。

2.夫妻关系的重要性

夫妻关系的好坏不仅关系到夫妻二人的身心健康、生活幸福和事业提升，而且夫妻关系是家庭系统的核心和关键要素，夫妻关系通过各种直接或间接的途径影响长期生活于其中的儿童的身心成长。依据马斯洛的需求层次理论，一个人只有当较低层次的需要求得到基本的满足时，较高层次的需求才会出现；夫妻关系的稳定和母亲情绪的稳定作为个体幼儿、童年期安全感的重要来源，对孩子的身心发展有重大的影响。

一个长期生活在父母夫妻关系失和的家庭中的孩子，安全感很难建立；而一个没有安全感的孩子可能唯一的目标就是"没有人伤害我就行了"，在社会交往和学业发展上很难取得令人满意的成绩。

（二）不良夫妻关系对孩子的负面影响

有良好夫妻关系的家庭，夫妻之间的矛盾冲突较少，即使有也可以妥善解决，夫妻之间能够团结一致，形成家庭教育合力，采取积极的教养方式养育孩子。而夫妻关系较差的家庭，夫妻之间不仅不能形成家庭教育合力，更严重的是在夫妻关系中体验到的消极情绪，会无意识地带入与孩子的互动中，导致孩子安全感缺失，产生焦虑、抑郁情绪等，影响孩子的学业和人际关系。

1.对孩子情绪发展的影响

父母情绪表达对儿童的情绪表达、情绪理解以及情绪调节等产生直接影响。家庭生活中持续存在的紧张、压抑、沉闷的情绪氛围会直接影响到孩子的正常生活，使孩子感到失去了可依恋的对象。特别是当父母发生激烈的冲突时，其声音和神态都使孩子的情绪受到强烈的冲击，孩子会产生焦虑、孤僻、冷漠、恐惧、悲伤、无助等消极情绪。这些不良情绪对于儿童的社会交往和学业发展具有严重的阻碍作用。

2.对孩子个性的影响

持续紧张的夫妻关系影响孩子的自我意识水平，孩子更容易产生自卑心理，对未来容易悲观失望。在夫妻关系差的家庭气氛中，孩子可以敏锐地从父母的言行之中，察觉到自己的父母和其他小朋友的父母不一样，感觉自己和别的孩子不一样，有一些孩子还会产生"父母之所以'不和'，都是因为自己造成的"的想法。这样的孩子性格不稳定、内向、压抑，表面上想逃离和躲避，但内心又渴望关爱。

3.对孩子学业的影响

在有良好夫妻关系的家庭中，孩子具有较强的安全感和归属感，有利于孩子的想象力、创造力的培养，有利于孩子在学业方面追求更好的成绩，实现自我价值。而在夫妻关系不良的家庭中，孩子缺乏安全感和归属感，在学业上更容易存在困难，会转而向其他领域寻找价值感，如很多孩子网络瘾，很大的原因就是在网络中孩子可以寻找到在家庭和学校中无法寻找到归属感和价值感。有研究表明父母冲突的频率和强度越高，青少年网络成瘾的可能性就会越大。

4.对孩子人际关系的影响

在父母频繁激烈争吵的家庭中，孩子会产生被抛弃的心理，孩子会以为父母不要自己了，倍感伤心和无助。同时，看到自己最信赖的人之间也针锋对，对他人可能会持有不信任、嫉妒、傲慢甚至仇恨和敌视的态度，因此，孩子在人际交往行为上也容易出现逃避、退缩或攻击性行为。有的孩子可能会为了逃避责备以及自责，不愿与人交往，希望尽量不引起他人的注意。有的孩子会以为冷战、吵架、谩骂乃至打架都是解决冲突的办法，出现对同伴进行言语侮辱或者身体攻击的行为。然而，无论是退缩还是攻击都影响了孩子与其他人的正常交往活动。

父母的夫妻关系对孩子成人后的恋爱和婚姻关系也会产生影响。亲眼看见父母婚姻悲剧的孩子，会清楚地感知到父母关系的不稳定，萌生对恋爱和婚姻的消极看法与不安全感，这种消极态度和不安全感会影响孩子成年后对爱情和婚姻的认知，一些孩子会有罹患恐婚症的可能。与之相反，另一些孩子会产生补偿心理，即在失调的夫妻关系中，孩子感觉到自己被忽视，其内心却充满对关注的期待，渴望长大后可以摆脱一切，对亲密关系充满幻想。所以当孩子进入青春期以后，会更容易草率地结交异性朋友，到家庭外寻求情感上的关注。而且，由于父母没有在相互尊重、情绪调节和人际沟通方面为子女作出良好的行为示范，孩子成人以后在自己的恋爱和婚姻中，在学习经营恋爱和婚姻上可能会遇到更多的挫折，付出更多的时间、精力和代价。

（三）夫妻关系的处理方法

1.保持良性沟通

夫妻之间的沟通方式是影响夫妻关系的关键因素，能一直保持浪漫与活力的夫妻，夫妻双方都有很好的沟通能力，夫妻之间都保持着大量的有关感受和想法的沟通。夫妻双方缺乏沟通能力，夫妻之间缺乏沟通交流，或者认为不需要沟通对方就可以领会自己的内心，是两性沟通的最大障碍。以上这两种想法都是不利于双方之间沟通和交流的，会给夫妻关系带来不良的影响。

"我不需要告诉你我的需要或想法，你就应该意会我的心思。"

"真可怕，你竟然不知道我的想法，这简直是无法容忍的。"

以下几个方面对夫妻之间保持良性沟通有非常重要的作用。首先，在沟通中的自我表露。夫妻双方互相表露内心世界，是夫妻保持良性沟通的必要条件，是衡量夫妻之间亲密程度的重要指标之一。同时，需要注意的是，夫妻之间的自我表露，需要彼此之间给予良好的表露回应，即得到理解、接纳、同情、支持和尊重。这样夫妻之间的自我表露和相互喜欢就会进入良性循环：夫妻之间越喜欢对方，就越愿意表露；夫妻之间越愿意自我表露，就越喜欢对方。

其次，夫妻之间要注意非语言沟通。非语言的沟通具有巨大的影响力，非语言沟通传递信息的渠道包括面部表情、注视行为、身体动作、身体接触、人际距离、副语言六个方面。大多数情况下，非语言行为与话语传递着相同的信息，非语言沟通技巧影响关系的满意程度。有研究表明，如果伴侣任何一方对非语言行为表现出松懈或不注意，夫妻关系就可能产生更多的误解、更少的幸福感和满意度。在不幸的婚姻中，夫妻双方都不能很好地理解对方的非语言行为。而研究也表明，如果男女两性都仔细看、耐心听、用心思索，他们在非语言沟通上都能做得很好。

小贴士

爱的五种语言——哪种语言能让你感受到爱

第一种是肯定的语言。在表达爱的时候要给予对方肯定和信心，在语言上支持、鼓励对方，学会换位思考，为对方着想，让另一半在跟你相处的时候有如沐春风的感觉。

第二种是精心的时刻。要让对方能感受到跟你在一起的时候是一心一意的关注、重视，给对方全部的注意力。保持肢体的接触和眼神的交流，能给另一半留下深刻的印象。

第三种是有意义的礼物。伴侣之间特别的或者是花费心思去准备的礼物，并且突出为此努力的仪式感，能让对方感受到你满满的爱意。送礼物不管是在恋爱生活还是婚姻生活中，都是促进感情的催化剂，有意义的礼物关键还是在用心上面。

第四种是自愿的行动。当另一半需要你做某件事的时候，你要表现出积极并且乐意为对方付出的状态。多主动去做另一半喜欢的事情，处处先想到对方的需要。

第五种是身体的接触。牵手、抚摸、拥抱、亲吻这些爱人之间需要经常表达的行为，要多多表现出来。爱除了要大声说出来，还要用身体的行动来表现。

最后，夫妻之间应该有意识提高沟通能力，采用非暴力沟通的方式。在痛苦的夫妻关系中，沟通能力不良是显而易见的，缺乏沟通能力，只会使不幸福的夫妻之间的不满更多，使事情变得更糟。罗兰·米勒在《亲密关系》中提到，不幸福的夫妻通常会有三种不良的沟通模式：第一种是沟通语言表述不精确，小题大做，把小问题上升到人格和品德的高度，而且存在同时抱怨几个问题的情况，并且常常偏离主题。第二种不良的沟通模式是缺乏倾听能力，缺少仔细思索伴侣所说的话的耐心。第三种不良的沟通模式是沟通中常常表现出消极情感，沟通中充满对对方人格的讽刺挖苦、贬低和鄙视。

拓展阅读

三种不良的沟通模式

一是语言表述不精确：

"不只是因为你粗心，都是你和你那帮狐朋狗友瞎玩，对家里的事情从来不上心。"

"我说的你从来不去做，你和你母亲一样顽固，你老是站在她那边。"

二是缺乏倾听能力：

"你这么说就是要惹我生气，是因为昨天的事向我报复。"

"是的，我可以试一试，不过这并不可行，因为……"

三是表现出消极情感：

A："我讨厌你把盘碟丢在洗涤池里不洗。"

B："哼，我也讨厌你把衣服随便扔在地板上。"

——《亲密关系》

存在沟通问题的夫妻，应努力做好以下几点。第一，需要在精确表达方面下功夫，尽可能清楚明白、详细具体地指出惹怒自己的特定行为，专指某一特定时间，不涉及普遍性，不使用"总是""从不"等词语，同时用第一人称陈述来说明自己的感受。

错误表达："你总是这么不为我着想，从来不让我把话说完。"

精确表达："你刚刚打断我讲话的时候，我感到很生气。"

——《亲密关系》

第二，要学会积极倾听，要准确理解对方话语所表述的意思，要向对达关注和理解，使对方知道我们对他的话是在意的。其中，复述接收到的信息，即用自己的话复述对方的意思，是检查自己对对方的话理解得是否正确、避免争吵和冲突的好办法。

妻子："（叹气）我感到高兴，婆婆决定下周不来我们家住了。"

丈夫："（发怒）我妈怎么了？你总是拿她说事，你真是个忘恩负义的人。"

复述有可能缓和关系：

妻子："（叹气）我感到高兴，婆婆决定下周不来我们家住了。"

丈夫："（发怒）你是说你不喜欢她来咱们家？"

妻子："（吃惊）不，我一直欢迎婆婆来我们家。只是我的课程论文就要交了，下周我没有多少时间在家里。"

丈夫："（松了口气）哦！"

——《亲密关系》

第三，夫妻在沟通中被对方激怒的时候能保持清醒，学会暂停情绪，在开始生气的时候就能觉察到生气不但无法解决问题，反而会使事情变得更糟，能冷静下来是非常可贵的技能。

2.尊重和包容

夫妻双方对对方的情绪、行为或者个性品质中存在的缺点或不足（如暴躁、吸烟、抱怨、指责、不主动、缺乏赞美等）的合理性的承认，对对方立场的尊重，是进行良好的沟通最关键的因素。尊重是夫妻关系幸福的关键，目前婚姻关系治疗的一个核心要素。

尊重并不需要我们一定与对方的观点一致，而是即使夫妻之间的观点相左，仍然可以对其观点表示适当的尊重和认可。思考以下三种对抱怨的不同回应方式，哪一种更能体现尊重呢？

丈夫："我讨厌你那样做。"

妻子：

（回应一）"哼，我也讨厌你和老李喝醉酒。"

（回应二）"好吧，你说的对，我不会那样了。"

（回应三）"是的，我明白你的感受。你说的有道理。但我希望你也能理解我的感受。"

3.对夫妻关系充满信心

对夫妻关系充满信心是指夫妻之间对目前婚姻状态的满足，即使目前处于婚姻冲突的状态，仍然抱有对成功处理婚姻冲突的信心，对未来亲密、愉快和健康关系的信心。对夫妻关系充满信心会推动夫妻双方想办法提升自己、尽全力去解决问题，维持健康的婚姻关系，而不轻言放弃。若夫妻缺乏对彼此关系的信心，则会对婚姻关系失望甚至绝望，进而导致放弃婚姻甚婚姻破裂。

四、隔代关系处理

隔代养育是在我国的特殊文化背景及时代背景下，父母因为各种原因不能依靠或完全依靠自己养育下一代，需要祖父母或外祖父母参与到养育过程的社会现象。比如，父母是双职工，需要去工作，父母因缺少优良的社会支得不让祖辈参与到孩子的养育过程当中。如果父母一代人是独生子女，那么祖辈会更多地介入下一代养育过程当中。

在这种情况下，隔代养育家庭中祖辈与父辈为照顾孙辈而生活在一起，隔代养育关系就产生了，而祖辈与父辈在生活习惯、养育观念、行为方面难免存在诸多分歧和矛盾，在祖辈与父辈缺乏沟通的情况下，容易导致家庭的矛盾纠纷。有仅仅因为尿布之争就几乎爆发战争的婆媳，也有因为送孩子去幼儿园的问题横生嫌隙的翁婿，这伤害的并不仅仅是祖辈和父辈的关系，还有可能伤害到孩子。

因此，父母学会处理好隔代养育中与祖辈的关系，对孩子的成长具有非常重要的意义。

（一）隔代养育中父辈与祖辈关系问题产生的原因

从临床心理的观点看，在隔代养育中，家庭生活和育儿方式，是一个显示并争夺权力的地方，隔代养育方面的冲突，往往是成年人争夺权力的表现。

拓展阅读

常见的隔代养育婆媳权力冲突形式

1.婆婆的经验教训作用大还是媳妇的受教育经历更有用？　　——知识冲突

2.工资卡究竟是放在婆婆手里还是放在媳妇手里？　　——地位冲突

3.奶奶和妈妈，你和谁好？　　——情感冲突

这种权力争夺首先表现为地位的争夺，我国传统孝伦理要求父辈对祖辈绝对服从，所以封建伦理思想固化的祖辈，希望在家中孙辈的教育有决策权，然而年轻父辈则在当代自由、平等教育环境中成长，推崇人与人之间的平等权利，这样祖辈和父辈二者的冲击难免造成碰撞。其次是知识的冲突，表现为祖辈与父辈在养育观念上的差异，到底是传统的好，还是前卫、科学的育儿理念好。最后是情感的冲突，表现为在孩中，祖辈更好，还是父辈更好；或者在丈夫心中，媳妇更

重要，还是婆媳重要（或在妻子心中，丈夫更重要，还是岳父更重要）。

（二）站在孩子的利益角度来看待和处理隔代养育的问题与冲突

解决隔代养育中可能出现的问题需要注意几个方面：一是不要在孩子身上解决大人之间的权力争夺问题。例如，最常见的是在婆媳关系中，如果婆婆和媳妇都认为，对方对于怎样养育孩子是在表达"我是一家之主，养育孩子应该听我的"，婆婆和媳妇就可能会加入权力的斗争当中。如果这种斗争一发不可收拾，对于孩子的成长是非常有害的。

案例9

一床被子引发的争吵

小明出生以后，小明奶奶来照顾月子。按照老家的风俗，小明的被要用奶奶从老家买来的被子。小明妈妈发现包被还没有洗过，有重的化学用品味道，和奶奶说把被子洗一下再用来包小明，奶奶答应，但不付诸行动。妈妈又和小明爸爸沟通，爸爸也和奶奶商量了，奶奶仍然无动于衷，爸爸也毫无办法。最后妈妈愤然把被子丢在地上，奶奶也不高兴，以发生争吵告终。

二是从孩子利益出发，探索包容和合作的途径与方法。无论是父辈还是祖辈，其实都是为了孩子更好地成长，所以应该跳出权力争夺的局限，换一个视角来看隔代养育冲突，站在孩子的立场上，处理父辈和祖辈在育儿理念与育儿方法方面的冲突。

三是厘清家庭成员之间的责任和界限。在家庭教育问题上，每个家庭成员都有自己要承担的责任，谁是负主要责任的，谁是进行协助的，具体分工要清楚，也需要家庭成员之间的配合和不断磨合。

小贴士

共同学习，交流育儿理念

为了与祖辈达成包容和合作，父辈可以和祖辈们交换彼此的育儿心得与经验，共同交流一些育儿的方法。祖辈们意识到日新月异的现代生活也要求与时俱进，父辈们认识到祖辈的传统经验也有可取之处。在遇到分歧时可以共同查阅一下书籍，从而避免矛盾的产生。同时，还可以利用一些信息互联网技术，父辈和祖辈一起学习现在孩子的心理和年龄特点，了解现代教育方式方法。

四是促成解决矛盾冲突的良好沟通方式。父母需要和祖辈明确养育的方针是什么，或者具体该怎么做，这是成年人之间需要达成的共识。如何能达成共识，需要的是在处理关系问题时良好的态度、方法和勇气，需要的是对矛盾双方内心的理解和同情，需要的是处理问题时有效的方法和平静的情绪表达，需要的是不期待矛盾消失、关系瞬间变好的耐心。

案例10

一个媳妇的成长

我婆婆经常指责、批评别人也是有原因的，说明她缺爱，很没安全感，她满身刺是因为防备心很强，生怕别人伤害到她，她也是很可怜的。

思前想后，改变不了别人，那就改变自己，从自己做起吧，由心出发，顺着自己的心平静地走，面对婆婆的越界行为我就平静对待，因为她也可怜。我首先按我的内心做事，我就是我，做事快慢由我说了算。同时，我也不再介意婆婆的越界，因为我的内心已经强大了，她碰不到我，但她也很可怜，所以我也不会攻击她，我会先沉默对待。等婆婆发现她的方法对我已经没用后，我再跟她就事论事交流，整个过程都保持内心平静。

所以婆婆也听得进我们的话，遇到她不赞成的观点和行为也会继续保持批评与指责，但她已经觉得说了没用，所以慢慢也不说了。就算一说，我跟我爱人也就背地里说"你看，又开始说了"，然后一笑而过，她的批评和指责已经对我变得没杀伤力了。

大家都在变化中，所以家庭氛围越来越好，甚至比以前更好了。

五是维系良好的亲子关系。许多父辈会担心，隔代养育会破坏与孩子的亲子关系。其实，不论什么关系的维系，都在质不在量，虽然父母照顾孩子时间有限，但只要以尊重的态度、全身心地与孩子相处，就可以培养出良好的亲子关系。而且，祖辈参与到孩子的照顾、教育和关心中，可以为孩子提供不可得的精神和情感财富，可以提供不同角色的学习，可以和孩子之间建立安全的亲子关系，帮助孩子拥有自信的人格。

五、单亲与离异家庭关系处理

进入21世纪，随着经济和社会的不断发展、变革，多元文化的不断碰撞、融合，传统婚姻观念和家庭模式已经发生了巨大的改变。随着我国离婚率的不断攀升，单亲家庭日益增多，单亲与离异家庭子女数量也随之剧增。和完整的家庭相比，单亲家庭往往要克服更多经济、社会、人际交往和感情方面的困难，而且家庭教育中的亲子关系矛盾也日益凸显出来。

（一）单亲与离异家庭关系及其影响

在全球范围内涉及成千上万人的研究表明，父母离异对孩子成长的影响是确凿无疑的，这些影响一般来说不是很严重，但整体影响都是负面的。与那些父母存在矛盾，但仍然致力于解决问题，维持较和谐婚姻状态的人相比，单亲与离异家庭的儿童在青少年期和成人早期幸福感都较低。这些孩子心理适应力较差，生活满意度较低，会有更多的消沉和焦虑的情绪，也更容易产生学业不良、早恋、沉迷网络和违法犯罪的问题行为。而且这些孩子成年后的亲密关系也比其他人更为脆弱，比其他人更容易离异。

研究也表明，如果父母持续发生冲突，但没有尝试改进问题又没有离婚，孩子的状况会更糟，如果离婚能结束一个愤怒、困难重重的家庭，孩子的幸福感几乎没有下降。因此，痛苦的夫妻是否应该"为了孩子而不离婚"，这一点取决于他们是否彼此以礼相待。

也有研究表明，并不是所有的单亲与离异家庭的孩子都遭受了不利的影响，"影响儿童适应的是家庭功能，而不是家庭结构"。也就是说，家是否完整不是造成儿童适应问题的关键因素，只要条件具备，单亲与离异家庭的孩子仍然可以不受影响。

（二）单亲家庭亲子关系存在问题的类型

1.拒绝型

拒绝型亲子关系可以分为积极拒绝型和消极拒绝型两种。积极拒绝型的父母有可能将家庭的变故、婚姻的失败归咎于孩子，把孩子当成情绪发泄的出口，把经济压力、情感失败而产生的不良情绪发泄在孩子身上，更容易在家庭教育中使用体罚、虐待、威吓、苛求的教育方式。父母如果以这种态度教育子女，很容易使子女产生粗暴、攻击、反抗等不良行为。

消极拒绝型的父母为了逃避精神、情感的伤痛，或者为了家庭经济情况拼命忙于工作，对孩子的教育放任自流，对孩子不理不睬，忽略孩子的想法和感受。在这样的环境中成长的孩子性格容易自我封闭，不容易对别人产生亲密感和信任感，不容易与人建立亲密关系。

郭平从小品学兼优，是父母的骄傲，也是邻居羡慕的对象。父母本来也一直相处融洽，一家三口日子过得不错。一年前，郭平父母突然离婚，母亲与邻居同居且合伙骗取钱财，郭平因此遭受了多重打击，丧失了奋发向上的动力，没有继续接受大学教育。辍学后，他又无法找到合适的工作，与邻里和奶奶的关系也十分紧张，经常争吵。

2.期待型

期待型是指父母把孩子视为自己唯一的精神支柱和寄托，将自己的愿望投射在子女的身上，忽视子女的性格与兴趣爱好，希望孩子完全遵从父母的要求和标准去做。在这样的养育方式下，孩子因为怕父亲或母亲失望，会产生过重的心理负担，即使可以成为父亲或母亲心中的"精英"，也容易敏感，缺乏自信，独立性差，被动，不善与人交往，也容易出现意志消沉、缺乏热情和自制力差及适应不良的情况。

董哲现在读高三，从小妈妈就对他说："你是妈妈的希望，一定要努力学习，考上名牌大学我们家才有希望……妈妈一辈子的心愿就寄托在你身上……"现在一到月考的时候，董哲就特别紧张，担心自己考不好，甚至睡不着觉，脑海中总是浮现出妈妈期待的眼神。

3. 干涉型

干涉型是指父母对子女虽然有爱，但对子女的日常生活、学习、身体健康和人际交往等方面，具有完全不必要的担心，或者为了能使子女在各个方面变得更好，给予其全面、细致的要求、嘱咐和帮助。

对于渴望独立的孩子来说，若父母以严厉、顽固、强迫的态度或禁止、命令的方式对待孩子，会加剧亲子之间的对立，尤其是青春期的子女更容易出现叛逆。而对于依赖性较强的孩子来说，这种养育方式会使孩子出现缺乏独立自主能力、意志薄弱、遇事推卸责任等行为，人际交往方面也会受到影响。

子曦总是觉得我干涉他，我其实只不过是想好好照顾他，让他明白事事都要考虑周到，要做对做好，所以不小心谨慎怎么能行呢。子曦还小，好习惯是从小养成的，一定要多嘱咐、多操心，怎么能放手不管呢，万一学坏了怎么办？

4. 溺爱型

溺爱型是指单亲与离异家庭的父母为弥补失败的婚姻给自己和孩子带来的巨大伤害，一切以子女的需要为中心，不管付出多大努力，只要是子女提出的要求、主张和意见都会无条件地接受，想方设法迎合孩子的要求。这样的教养方式容易产生"花盆效应"，孩子自我意识较弱，缺乏独立生活能力，在交往中经常以自我为中心，为人处世也容易出现畏难情绪。

拓展阅读

花盆效应

"花盆效应"是教育生态学术语，又称为局部生境效应。首先，花盆在空间上有很大的局限性；其次，它是人为创造出来的一个适宜生长的空间，由人工来控制湿度和温度。因此，在一定时间内，作物和花卉可以长得好。一旦离开人工控制的环境，就会出现经不起温度的变化，更经不起风吹雨打的情况。"花盆效应"会削弱教育生态个体（或群体）的生存能力，泯灭个体的抗争精神，形成逆来顺受的个性，对个体（或群体）的成长十分不利。

5. 矛盾型

矛盾型亲子关系的出现，往往是因为父母自身的安全感不强，因为自身心境的变化，对子女的教育行为有时严厉、斥责，有时又安慰、鼓励，在教育态度和行为上缺乏一致性。处于矛盾型亲子关系中的孩子，对父母的情绪和行为变化无法预期，对受到父亲或母亲的优待有很强的希望和期望，但时刻担心会被斥责，有比较强烈的不安感和紧张感。长期处于这种关系中的孩子，无所适从，难以作出决定，时间长了容易出现焦虑症、强迫症等症状，不能很好地适应日常生活。

（三）单亲家庭亲子关系的解决途径

1.单亲家庭家长要积极寻求社会支持

单亲家庭家长有很大的可能会在一段时间或者更长时间陷入经济压力，以及无奈、无助、自卑、孤独和痛苦等负面情绪之中，影响面对生活的积极性和自我能力的重建。加之单亲家庭的社交圈子变小，单亲家庭家长个体社交圈的朋友未必全都是支持性的，导致单亲父亲或母亲很难获得足够的社会支持，各种不良情绪难以得到排解，可能严重损害身心健康发展。在各方面巨大的压力下，家长可能会出现把自己的压力和坏情绪发泄到孩子身上的情况。

多数单亲母亲表示离婚之初，自己的心理和精神都处在非常糟糕的状态，自信心降到最低点，对未来感到十分迷茫，她们特别希望那时能得到专业的辅导和帮助，帮助她们认真地审视婚姻和重新认识自己。

在这种情况下，单亲家庭家长积极寻求社会支持是非常重要的，不仅需要从家人、亲属、朋友那里获取情感、经济和生活照料等非正式的社会支持，还需要积极寻求专业的社会支持，如社工的介入、社区的专项服务、专业的心理辅导等。

拓展阅读

三类社会支持

情感性支持：指个体的价值、经验等受到他人的尊重、称赞和接纳，使个体实现与他人的社会交往，能帮助个体从生活困境中解脱出来，保持积极的情感状态。

信息性支持：指帮助个体界定、理解和应对问题，给予忠告、评价和指导。

工具性支持：指提供财力帮助、物质资源或所需服务等。

目前社会上对单亲家庭有专项社会支持服务，有研究表明一些单亲妈妈寻求专业的社会支持后，取得了较好的效果。

"我和老师谈过后非常舒心，我能感受到力量，我想之前如果能早点儿得到这样的社会支持，我也不会那么无助了。"

"我一直不知道找谁才能把自己心里的痛苦和难受讲出来，也不知道要不要讲出来……我一直很压抑，情绪很低落，有机会参加这个沙龙，我得到倾诉的机会，仿佛一瞬间就轻松了，我的心病治了百分之九十。"

2.激发自身潜能，做好家庭的支柱

寻求帮助对单亲家庭父母来说具有重要的作用，更能激发自身的潜能，独立自主地去迎接生活的挑战。单亲家庭父母需要想办法调整好心态，从婚姻失败和家庭变故的巨大负面情绪与困境中走出来，看到自己的优势所在需要增强自己的自信心和抗压能力，积极主动地去寻找能够提供支持的社资源；需要加强与他人的交往，积极参加各项社会活动，主动建立和维护社交网络，激发社会支持网络的支持功效，改善自己的弱势地位，发挥家庭支柱作用。

3.了解子女的心理，学习和采用合适的教育方法

有研究表明，单亲家庭子女在学业上相对更容易出现问题，幼儿期的孩子在心理行为上更多地表现为退缩，小学生则表现为情绪低落或较多的问题行为，初中生则表现为行为暴躁、易怒等。

国内外研究和现实生活也表明，只要条件具备，单亲与离异家庭的孩子仍然可以不受影响。单亲与离异家庭的父母只要能够给孩子免于贫困的经济环境，使孩子得到双亲慈爱、可靠和持续的养育，免受离婚后父母双方冲突的戕害，孩子就可能幸福地成长。因此，单亲家庭父母更多地学习和应用合适的亲子关系与教育方式，将给孩子带来更多的爱和成长。

六、家长与教师的关系处理

家长与教师之间的关系好坏影响着教师和家长的教育是否可以形成合力，影响着孩子人格、人际关系形成和学业发展。在我国当前，教师与家长之间的互动、交往整体上表现为事务性互动，教师与家长之间的互动主要为解决学生中突发事件、询问与汇报学生的成绩这些事务性的活动。

拓展阅读

事务性互动和情感性互动

人际交往和互动类型可分为两种：事务性互动和情感性互动。在事务性互动中，互动开启的原因在于参与互动的主体担负着某种制度要求的职能，主体围绕职能进行你来我往的互动行为，互动结束则意味着互动主体职能履行完毕。

而在情感性互动中，互动生发有赖于一方对另一方或是双方彼此都怀有某种兴趣，互动的过程是主体之间沟通情感、交流信息的组合行为，互动的结果或是继续以互动双方自身需要满足与否为标准。

根据哈贝马斯群体内互动行为的分类，家长和教师之间的种事务性互动属于B类型和C类型。在这两种类型的家长和教师互动过程中，教师会因为学生出现行为偏差给予父母意见或指令，在得不到父母有效回应的情况下产生不满，而抱怨父母；而许多父母因为孩子的学习成绩不好，会对教师的行为表示反对，对教师的指令表示异议，产生不满而埋怨教师。

无论是B类型还是C类型，这种家长和教师的互动关系，都表现为较少地从

对方的角度考虑问题，较少照顾对方的情感需要，可能会出现较多的消极情绪。不仅会给家庭教育和学校教育带来不便，也可能使孩子感到焦虑、不甚至引起身心发展异常，影响学业发展。

（一）家长与教师关系问题的类型

事务性和消极性互动的家长与教师关系，不利于家长和教师双方有效地对孩子进行教育，更容易使家长和教师的关系出现问题，出现相互疏离、相隔甚至相互冲突的情况。

1.相互疏离

教师不认识家长，也不了解家庭；父母也不过问学校的事情。他们也不会常见面，教师与家长之间的联系、互动仅仅是偶发性的联系和互动，教师家长之间是相互疏离的关系。

针对有些家长很少主动与老师沟通的情况，有研究者进行了调查，发现家长们不主动和老师沟通主要源于以下几点想法：老师忙，不好意思打扰；不知道和老师说什么；不知道老师愿不愿意和家长交心。

如果我们把教师与家长之间的关系用两个圆的位置关系来比拟的话，教师与家长间的这种相互疏离关系则可描述成两个完全不相交的圆，两个圆存在于各自的封闭界限内，很难有碰撞、相融的机会。

2.单向支配

单向支配是指教师与家长的关系是一种非逆性指导的关系。这种关系最突出的特征表现在，教师作为指导者与家长作为被指导者的位置恒定不变，家长成为教师教学的配合者，或者教师成为家长教育要求的配合者。

某小学以"优""良""合格""不合格"四个等级评定学生学业成绩，因此在家长们眼中，孩子能拿到多少个"优"，是衡量学业成绩好坏的标准。"全优生"应运而生，顾名思义，所有科目全部是"优"，其中当然也包括音体美等学科。

近年来，有些父母会直接找任课老师沟通，甚至据理力争，要求更改等级，非拿"优"不可。有校长告诉记者，曾有一位家长硬逼着体育老师改成绩，结果把年轻的体育老师给气哭了。

"把年轻的体育老师气哭了"源自家长对教师教育权力的强势干预，家长没有考虑到教育教学方法的科学性、公平性和长期性。

同样用两个圆的位置关系比拟家长和教师的关系，以上的案例中教师是小圆，家长是大圆，小圆融入了大圆，家长对教师是高高在上的强制要求关系。在现实生活中，当然也存在家长是小圆、教师是大圆，家长要求绝对遵从教师的教育指令的现象。

3."战时"联盟

"战时"意指在孩子出现问题的时候，同时也指称时间的有限性。"联盟"是指教师与家长互动行为的表现形式：相互合作，共同应对。"战时"联盟是指为了解决发生在孩子身上的问题，教师与家长在短期内，相互间在认识上、行动上达成一致。随着问题的解决，这种即时的联盟也就解体了。

最近几天，班主任安老师发现景然上学常迟到，这天上午他居然没上学，问其原因，说是妈妈生病了。下午，安老师给景然爸爸景先生单位打电话，才得知景然撒谎。

安老师："景先生，我们可以断定这孩子一定有事瞒着老师和父母。"

景先生："我今晚一定质问他。"

安老师："为了不让他再撒谎，我觉得我们还是弄清楚他在那段时间做什么。"

景先生："好。"

第二天，景先生跟着景然，发现他去了一家游戏厅。为了防止他再去游戏厅，安老师和景然的父母为景然配备了签到联系本，老师和家长严格地规定景然上学、放学的时间。当景然不在游戏厅驻足时，老师与家长间的联系取消。

我们同样分别用两个圆来表示这种教师与家长关系：从相交走向。

4.相互敌对

教师与家长间发生较为明显的冲突、指责，呈现相互敌对的关系。

某学校的老师经常在家长群里点名批评家长："昨晚赚了几百万元？""你这样，将来你的孩子和你一样可悲！"

这种行为引起了家长们的普遍不满，但又敢怒不敢言。后来家长终于不能忍受了，向其发问："你的所作所为对得起这三尺讲台吗？"

如同两个相互撞击的圆之间的关系，教师和家长的关系中出现的冲突，不仅会伤害一方，也伤害另一方。

（二）家长与教师关系问题的解决对策

通过改善家长和教师的关系，形成亲师良性互动、亲师合作的氛围，是促进教育效能的必要条件，通过父母与教师的密切联系，针对孩子的做正面、有效的互动，可以帮助孩子成长、进步，顺利地学习并培养健康人格。

1.树立家长和教师合作的理念

作为家长，要充分认识到家长与教师形成合力对孩子学习和成长的重要性，应该抛开"家长是教师工作的配合者"的观念，努力建立相互支持、与家长合作的关系。

家长不仅是孩子教育的启蒙者，也是他们永久的教育者，如何与教师一起为孩子的成长创造有利的环境也是家长的职责所在。

家长与教师合作的关系最大的特征表现在，家长和教师是平等的、尊重的，在教育孩子成长方面，家长不仅是不可或缺的，而且具有重要作用。家长需要充分发挥主观能动性，与教师在情感上相互理解，在孩子的学业上相互支持，促成积极有效的沟通方式，使家长与教师形成教力，为学生的生活、学习造就一个完整的、积极的、有促进作用的外部环境。

2.就孩子的学习和学生生活与教师保持沟通合作

要建立家长和教师之间的良性亲师互动，为孩子的学习和成长创造良好的环境，家长应积极支持、参与到有助于学生学习和成长的班级活动。家长要通过多种方式与教师保持持续不断的、频繁的联系，多参加班会、亲师座谈会、学校亲职培训及相关讲座会议，或者利用家校沟通联系本、小卡片、微信等方式保持联系。在各项活动的沟通互动中，家长和教师不仅要抱着相互学习有利于孩子成长的心态，而且要真诚地进行思想和情感的交流。

通过家校互动，我深深懂得学生综合素质的形成和培养离不开良好的教育环境。作为家长，我认为应从以下三个方面积极主动地与老师沟通：一是家长、老师心连心，与学校的教育形成合力；二是家长、学校面对面，及时了解学生的情况，对问题与老师达成共识；三是家长、老师一线牵，通过电话、网络了解子女的在校情况。通过以上方法，达到与老师和学生的沟通。

3.针对孩子的问题做正面、有效的互动

家长除了主动与教师进行沟通，还要在沟通方面表现出积极性，确保沟通正面、有效地进行。这要求家长与教师就孩子的学习和生活问题进行沟通的时候，首先要做好情绪管理，平静的情绪是沟通的前提。其次要充分意识到孩子的成长问题是多种因素引发的，不仅要了解学生的身心发展特点，而且要关注学生成长的环境因素。最后家长与教师的沟通要以解决问题为导向，做到沟通行为具有目标感、沟通语言要讲求分寸感、沟通方式具有艺术感，沟通要注意时机和场合。家长与教师进行交流时，总能找到有效、合适的角度和方法。

七、孩子与朋友的关系处理

孩子与朋友的关系是孩子人际关系的重要组成部分，良好的朋友关系对孩子身心健康成长和人际关系发展具有重要意义。不良的朋友关系可能伴随着同伴交往危机，导致孩子脱离群体，变得孤僻、冷漠、抑郁，限制孩子社会技能获得的途径，影响孩子的学习，更会严重影响孩子的心理健康。为解决孩子和朋友的关系问题，家长应对孩子与朋友的关系问题给予足够关注，帮助孩子疏通交往障碍，以促进孩子正常的人际交往和同伴交往。

（一）孩子与朋友关系的特点

1.学前期的特点

学前期，幼儿进入班级群体，开始与同伴进行稳定而持续的互动，朋友逐渐成为幼儿的重要他人。如果幼儿能快速与同伴建立起稳定、亲密的朋友关系，就更容易适应幼儿园的学习生活，而且对未来与同伴关系的发展和环境适应有重大的影响。

小班阶段，幼儿更多的是关注自己，忽略其他的同伴，一般没有的朋友。受同伴喜欢是因为"良好的交往态度"，受同伴拒绝是因为"不陪伴活动"，或者有攻击行为等消极社会行为，被同伴拒绝的原因一旦经过外界有意无意的强化，以至于幼儿受拒绝的地位被奠定，就会影响的发展。

中班阶段，幼儿开始关注同伴，对朋友关系进行广泛探索。在这一阶段，几乎没有哪个幼儿是被忽视的，几乎所有的幼儿都参与到交往互动中。随着同伴社会交往增多，幼儿对选择谁做朋友、和谁更多地交往开始固定，朋友关系开始变得明确了。中班是幼儿朋友关系培养的关键期，如果发现孩子与朋友交往不良，父母要关注并给予引导，因为同伴地位定型后幼儿很难改变在同伴心目中的形象。

大班时期，幼儿的朋友关系基本稳定下来，幼儿与同伴之间的互动经历了中班的极大面的尝试互动后，已经具有稳定的朋友交往偏好，喜欢谁、和谁一起玩已经确定。由于幼儿的朋友关系已经稳定，对于朋友关系不良的孩子来说，需要家长、教师和班级同伴团体共同努力才有可能解决问题。这个时期如果转学、加入新班级会给孩子的朋友交往和朋友关系带来较大的负面影响。

2.小学期的特点

小学是儿童心理发展转折期、孩子朋友关系发展的关键期，被同伴忽视或被拒绝的孩子面临着同伴交往方面的苦恼。如果这类孩子得不到有效的辅导和干预，朋友关系不良会导致他们的社会适应性以及心理健康等方面受到不良影响。

（1）接纳程度低。接纳程度是指儿童在同伴中受欢迎的程度，在小学阶段，孩子存在比较严重的同伴之间接纳程度低的问题，直接影响孩子与朋友的关系。研究表明，在小学，伴随孩子与同伴的交往互动，会出现四种不同的同伴接纳水平的孩子：受欢迎的孩子、受忽视的孩子、遭拒绝的孩子和有争议的孩子。而国内调查均显示，在一个班级里有高达20%~42%是被拒绝和不受欢迎的孩子。

拓展阅读

影响青少年同伴接纳性的因素

第一，美感。

古希腊哲学家亚里士多德曾经说过："美丽比其他任何一封介绍信都更具有推荐力。"人们在交往过程中，对外貌有一种特别的注意力，并且容易使人产生好的印象。但是我们最经常犯的错误是将美泛化，认为一个人长得漂亮，就一切都好。实际上，语言美和气质美比美貌更重要，更使人产生美感。所以，青少年朋友大可不必为自己的"形象"产生焦虑，只要加强自身的修养，重视对自己的形象塑造，培养自己的能力，优化自己的性格，拥有了内在的、更具魅力的美，那么你就可以充满自信地与别人交往。

第二，行为特征。

美感很多时候会成为受同伴欢迎的重要因素，但若行为不适当或有反社会行为，则同样不受欢迎。调查发现，友好、亲社会、有反应和积极交往往往使儿童易于被同伴接纳。相反的反应和反社会行为则可能引起同伴的拒绝。一般来讲，参与校内俱乐部和参与各种校外社会活动是青少年寻求社会接受的一种途径。

第三，认知技能和交往技能。

认知技能与交往技能都与青少年是否被同伴接受有联系。智力与被同伴接受程度有正相关。在许多团体中，智商高的青少年更受欢迎。

第四，个人品质。

青少年能否与他人友好相处，外部因素是一个影响因素，但更主要的是内在因素。要获得社会接受，个人品质是非常重要的。一项有关青少年的研究指出，在友谊关系中，人际因素比成绩或物理特征都重要。可见，个人品质比学业成绩、相貌更为重要。

——王艳华《青少年人际关系的发展》

（2）朋友交往功利化。小学期间的朋友关系的另一特点是朋友交往目的功利化。由于受社会环境和学校教育环境的影响，首先，小学生交友追求学习"实用型"。孩子更愿意有选择地与各科学习好的同学交往，这样就容易造成两极分化，学习好的同学与学习好的同学形成友谊关系，觉得学习不好的学生只知道玩，和他们交朋友没有任何好处可言，从而影响到学习成绩好的孩子和学习成绩不好的孩子的正常交往。

其次，孩子之间为了结交朋友、维持友谊，会出现以金钱支撑友谊的现象，攀比风盛行。朋友交往技能欠缺的孩子为了交到朋友，可能会出现请同学们吃好吃的、分享玩具的现象，更有甚者可能会出现拿钱请同学出去吃饭、玩耍的行为。

（3）同伴关系冲突。同伴关系冲突在小学期间会出现比较多，是指在孩子与朋友的互动过程中出现情绪失控、争吵或攻击性行为，校园欺凌也从小学阶段开始出现。出现同伴关系冲突主要有两个原因：一是攻击性行为引起的同伴冲突。这是同伴交往冲突中最突出的问题，主要由孩子在同伴交往中情绪失控引发的攻击性行为导致。二是孩子为"追求"公平、"捍卫"利益不惜冲突，一些具有强烈自我。

3.青春期的特点

与童年期相比，青少年的人际关系重心逐渐由父母转向朋友。随着青少年与朋友之间基于互相了解和喜爱出现更多亲密互动，朋友成为青少年寻求支持陪伴、价值感和归属感的重要来源，朋友关系成为支持青少年身心发展和社会适应的重要力量，积极的同伴关系有助于缓解不良家庭环境对青少年身心发展的消极影响。

随着青少年生理和心理的发展，青少年异性之间交往的愿望日益强烈，青少年时期成为异性交往的敏感期和频繁期。对青少年来说，异性交往有利于他们增进自我认知，增加对异性的了解，扩大社会交往的范围，促进人格的全面和健康发展，为成人后的恋爱和婚姻做好准备。如果孩子在青少年期缺乏异性交往的心理准备，又缺乏相应的经验和技巧，就有可能会产生心理和行为问题。因此，在这一时期有效指导青少年培养异性交往能力、积累异性交往经验十分必要。

（二）处理孩子与朋友关系的方法和原则

1.提高孩子与朋友交往能力的途径

（1）重视家长自身的榜样示范作用。孩子最擅长的就是模仿，而家长是孩子的第一位老师，所以家长需要身先示范，为孩子创造模仿学习的好机会。家长在日常生活中要让孩子看到人与人交往要有关爱、理解、信任、体谅。一个不善于与他人交往的家长很难教育出乐于结交朋友的孩子，一个待人冷漠的家长同样很难教育出热情的孩子。所以，家长要在乐于与人交往、善于与人交往方面为孩子作出表率，切实用自己良好的人际关系教育熏陶孩子。

在日常生活中家长也需要给孩子营造交往学习的氛围。养成召开家庭会议的习惯，让孩子在参与家庭事务中学会与人交往、解决问题的技能，而且应适当地带孩子进入父母的社交圈，给孩子在待人接物方面创造模仿和锻炼的机会。

（2）教给孩子基本的交往技能。孩子交往技能的形成，除了需要家长以身作则，还需要家长从幼儿期就开始对孩子进行培养和训练，而且要保持训练的经常性。例如，如何邀请同伴开展活动或参与到同伴的游戏活动中去，如何表达自己的情绪和想法，如何有效倾听，如何觉察交往对象的想法和感受，并给予同情、关心和帮助，都需要家长给予耐心的培养和训练。

（3）积极创造孩子与朋友交流的机会。孩子正是在不断与朋友交流中，体验同伴交往，形成同伴交往愿望，学习和提升观察、倾听、表达等交往技能的，在不断的体验中，学会角色转换，学会接纳，学会关爱他人、尊重他人。因此，要尽可能地为孩子打开生活空间，家长可以鼓励孩子广交朋友，参加各种团体活动。鼓励孩子邀请朋友来家做客，为孩子创造与同学、朋友以及成人接触、交往的机会。

2.对孩子进行性别角色意识的辅导

（1）帮助孩子了解男女之间的差异并塑造健康的性别形象。社会对不同性别的差异对待，可能会影响到孩子对自身性别的正确认识，要引导孩子明白男性和女性在心理、社会角色方面的差异不是天生的，而是受到社会文化影响而成的，从而确立正确的自我态度，塑造健康的性别形象。

（2）注意在青春期之前朋友关系中的性别疏离现象。受早期人类的性别文化的影响，青春期之前的孩子倾向于避开异性同伴，偏爱同性同伴并与同性别同伴游戏。由于这种性别疏离情况的存在，孩子在各自同伴群体内形成了不同的交往方式。为使孩子更早地对自己的性别有所意识，形成良好的性别形象，家长需要有意识地在青春期之前，甚至从幼开始就为孩子创造与异性同伴交往的机会。

（3）帮助孩子接受并完善自我的性别意识。对于家长来说，目前青春期的异性交往教育还是较为薄弱的环节，部分家长视青春期异性交往为洪水猛兽，把孩子的异性交往视为"谈朋友""早恋"，对孩子的异性交往讳莫如深，甚至严禁孩子与异性交往，这不仅不利于孩子形成健康的性别意识，而且不利于孩子形成健康、良好的性别形象。

拓展阅读

男女性别之间的差异

由于社会文化的长期影响，男女两性在智力、情感和社会交往中表现出了一定的差异。只是就总体而言是这样，每一个女孩或男孩会有很大的差异。

在智能方面，总的来说男女之间没有差异，都能达到同样聪明的水平。但是在一些特殊的智能上有有不同，女孩子通常在观察的细致和全面、机械记忆、形象思维、语言表达、按照所学的知识思考、联想和解决问题等方面占优势；男孩子则在理解记忆、抽象与逻辑思维、数学能力、创造性地运用知识解决问题等方面占优势，等等。

在情感表达方面，女孩子一般比男孩子外露，喜欢对同伴诉说，不太稳定，男孩子较为稳定些，不太爱说出来；情感体验上女孩子更细腻与敏感，男孩子则要粗一些；在同情心上，女孩子比男孩子更容易被打动、同情别人；另外，女孩子比男孩子更容易产生焦虑，更容易害羞，等等。在人格倾向、自我意识等方面，女孩子内向的多，男孩子外向的多；男孩子一般比女孩子更加自信；女孩子往往自我评价偏低、更重视别人对自己的评价，男孩子则自我评价偏高、不太介意外界评价，而且更容易产生逆反心理；女孩子比较倾向于依附与服从别人，男孩子的支配性较强，倾向于支配他人；女孩子的生活目标更倾向于从追求安全出发，而男孩子则更倾向于追求成功，等等。

第十一章　家庭、学校和社区的教育协作

近些年，由于对教育的不断追求，学校、家庭、社区的合作概念开始进入人们的视野。在以往的经验中，学校作为人才培养的主要机构，一直以来都处于教育系统的核心位置。然而，现代社会的快速发展对人的发展提出了越来越高的要求，仅靠学校单方面的力量已经难以完成人才培养的重任；家庭作为社会的基本细胞，是孩子的第一课堂和学习场所，家长是孩子的第一任老师，也是影响最持久的老师，他们不仅塑造着孩子的个性，也影响着孩子的社会化水平；而所有的家庭又都居住在不同的社区，社区是影响孩子社会化进程的另一个场所，对儿童成长的影响同样不可忽视。因此，我们需要改变传统的狭隘的教育观念，以大教育的视野来审视今天的教育状况，打破学校教育、家庭教育、社区教育相互封闭、割裂的局面，寻求三种教育力量之间的相互支持和配合，以统一教育力量，发挥最大的教育效果，更好地引导和促进青少年儿童健康成长。

第一节　家庭、学校和社区教育对个体成长的影响

在探讨家庭、学校、社区教育三方的合作前，我们有必要先介绍相关的基本概念，为后面的深入学习打下坚实的基础。

一、家庭教育的含义、特征及对个体成长的影响

（一）家庭教育的含义

家庭教育是人类的一种教育实践活动，主要表现为父母对子女的教育影响活动，也包括家庭中各成员间发生的各种互动。家庭教育有广义和狭义之分。广义的家庭教育既包括家长对子女的教育，又包括子女对家长的教育，甚至包括双亲

之间、子女与祖辈之间相互产生的教育影响。狭义的家庭教育主要是指父母对子女所形成的教育影响。

（二）家庭教育的特征

1.非正规的教育

家庭教育作为非正规的教育是相对于正规教育而言的。正规教育的教育者通常是经过专业培训、有一定的专业知识和技能，并且经由国家或教育行政部门考核并任命或聘任的专职教育工作者，有专门的教育机构和完整的教育评价体系。但家庭教育中的教育者一般都没有经过专门的训练，未必具有专门的知识和技能，并且一般没有严密的组织和计划，是在家庭或亲子共在的场合根据需要随时随地进行的，没有固定的教育场所。

2.强烈的感染性

强烈的感染性指的是人的情感在家庭教育中的作用或感化。人的喜、怒、哀、乐等内心的情感变化具有强烈的感染性，对家庭中的成员起着感动和感化的作用。家庭成员之间一般都具有血缘关系，在情感上存在着十分亲密的联系。因此，在进行家庭教育的过程中，家长要有正确、健康的情感，和年幼者建立正常的情感关系。

3.特殊的权威性

权威是一种社会关系，它以意志服从为特征。权威和服从是相对应的，二者是相辅相成的，有权威，就必须服从。家庭教育与学校教育、社区教育相比，具有更大的权威性。但与封建社会家长制下的"权威"是有原则上的区别的。我们提倡的家长"权威"，是建立在相互尊重和信赖基础上的权威，不是子女对家长的绝对服从。

4.天然的连续性

家庭教育是一种终身教育，人的一生始终都直接或间接地接受着家长的教育和影响。随着终身教育理念不断深入人心，家庭教育在这方面的作用日益凸显。

5.内容的丰富性和方法的灵活性

家庭是社会组成的基本单位，也是社会的缩影。家长需要积极努力配合学校做好孩子的教育工作，让孩子具有多方面的知识和能力，为孩子提供各种成长所需要的教育资源，让孩子成为学会生存、学会共同生活、学会认知、学会做事的人，以适应未来学习型社会的需要。家庭教育机动灵活，"遇物则诲""相机而教"，具有针对性，适合青少年儿童的心理特点，易于为青少年儿童所接受。

（三）家庭教育对个体成长的影响

1.有利于个体良好社会行为规范的养成

家庭教育蕴含着一种潜移默化的教育力量，家庭生活规范是个体最早接触到的社会规范。年幼者以家庭中年长者的言行为认同对象，通过同化作用，逐渐形成自己的行为规范。除此之外，家庭中年长者对年幼者行为规范的指导也有利于年幼者形成良好的社会行为规范。笔者的亲身经历证明了这一点。小时候家里生活比较拮据，父母为了全家人的生计不得常年在外奔波劳碌，于是爷爷奶奶就成了我的实际监护人。也许现在很多人看到这里就觉得，爷爷奶奶帮忙带出来的孩子大多都是娇生惯养的，但是想告诉大家的，并非所有都如此，就好像现在大家都在批判独生子女的自私自利，错了，并非所有独生子女都如此。我和爷爷奶奶差不多共同生活了18年，直到爷爷去世。但是爷爷对我的教育影响却没有因此而消失。印象最深的是，在上初中的时候，有一次去上学，爷爷悄悄给了我10元钱，并告诉我："你想要什么，可以跟爷爷说，爷爷可以给钱你买，作为大人我们看见别人吃好吃的，我们也想吃，更何况你们孩子呢，但是一定不要偷拿家里或者别人家的钱。"简单的一句话对我的影响很大，以后我有什么需要都会跟爷爷奶奶说，也不会乱拿家里在桌上放的钱。虽然此前我也没有这样的行为，但是爷爷的教导使我会更加注意自己的行为，进而养成良好的社会行为规范。

2.有利于个体个性的形成和发展

个体的成长具有差异性，其成长的需求也是千差万别的，因此在教育方法上才会提出因材施教、因人施教。家庭教育不同于学校教育，多对一的教育形式，可以更好地发挥教育作用，可以更好地在了解个体兴趣爱好的基础上，对个体进行有针对性的教育和管理，以促进其个性的形成和发展，并且在个性形成和发展的过程中提供有力的支持和帮助。

3.有利于个体独立性和自主能力的锻炼和提高

西方发达国家很重视孩子的家务劳动。德国法律规定，孩子必须帮助父母做家务。相比之下，我国的家庭教育最缺失的正是这种必要的家务劳动以及相应的独立自主能力。虽然在我们的中小学学生规范里明确指出，要帮助家长做力所能及的家务事，但是现在的家长大都对孩子自己该做的事情进行包办代替，以至于对这方面能力的培养有所忽视，久而久之孩子的依赖思想也愈来愈严重。家长可以让孩子自己做一些力所能及的事情，但是在这个过程中要给予孩子鼓励和支持，不能一味地批评和指责，这样不仅会打击孩子的自信心，不利于自主能力的养成，还会让其原本的自主能力下降。

二、学校教育的含义、特征及对个体成长的影响

（一）学校教育的含义

教育是培养人的一种社会活动。教育这个概念有广义和狭义两种解释。从广义上说，教育泛指一切增进人们的知识、技能、身体健康，影响人们的思想意识的活动，包括社

会教育、学校教育、家庭教育等；从狭义上说，教育专指学校教育，是教育者根据一定社会（或一定阶级）的要求和年轻一代身心发展的规律，对受教育者所进行的一种有目的、有计划、有组织的传授知识技能、培养思想品德、发展智力和体力的活动，其目的是把受教育者培养成为一定社会（或一定阶级）服务的人。

（二）学校教育的特征

1.有目的地培养人，规定人的发展方向

教育不管是有组织还是无组织的，系统的还是零散的，家庭的还是学校的、社会的，都是有目的地培养人的活动，它是以教育人为主要目的的。学校教育能排除和控制一些不良因素的影响，给人以更多的正面教育，使人按照一定的思想政治方向发展，使年轻一代健康成长。

2.有专门负责教育工作的老师

学校教育是通过专门培训过的老师来进行工作的，老师受国家授权和社会的委托来教育学生。他们有明确的教育目的，熟悉教育内容，懂得教育的规律和教学方法，能自觉地促进学生的思想、学业、身心按照一定的方向发展。随着社会的发展、科学技术的日益进步，学校教育对人的发展的作用日益明显。

3.影响比较全面、系统和深刻

学校教育根据一定的社会要求，按照一定的目的，选择适当的教学内容，利用集中的时间，有计划地、系统地向学生传授科学文化知识，并进行一定的思想品德教育。而环境中其他方面的影响，往往是自发的、偶然的、片面的，是不能与学校教育相比的。

除以上特征，学校教育作为一种教育形态，还具有其他的一些特征，如有专门的教育机构、有比较充裕的教育经费、有精心设计的课程和教学计划、有比较及时的学习反馈和完整的学业成就评价等。

（三）学校教育对个体成长的影响

1.个体个性化

个性只是个体在社会实践活动中形成的独特性。心理学认为，个性具有一定

的意识倾向和鲜明的个体差异性。前者体现为个体的理想、信念和价值观，后者体现为个体的能力、气质和性格。个性化是指个体在社会活动中形成独特性、自主性和创造性的过程。人的个性化的形成和发展依赖于学校教育的作用。学校教育作为一种有目的、有计划、有组织地对受教育者的身心施加影响的活动，旨在培养具有独特个性、主体性、创造力的个人。学校教育无疑具有促进人的个性化的功能。

学校教育的个体个性化功能主要体现在促进人的主体意识的发展、促进人的个体特征的发展以及促进人的个体价值的实现三个方面。首先，人的主体意识可以视为人对自我主观能动性的认识。学校教育正是通过对人的智力、能力、品德的培养来提高人对自我的认识。其次，人的个体特征是指人的身心发展的个体差异性。人的个体特征虽有先天因素，但其形成和发展却更多地取决于后天的环境和教育，不同的教育内容和不同的教育形式，可以帮助个体充分挖掘其内在的潜力并使其个性得到充分的发展。最后，人的个体价值归根结底是通过其在社会生活中发挥作用的大小来衡量的，人越有知识、越有能力、越有道德，便越能展现其生命的价值。而学校教育能够使人意识到生命的存在，并努力追求生命的价值与意义，赋予人创造生命价值的信心与力量。

2.个体社会化

社会学通常认为，社会化是指人接受社会文化的过程，即人由一个"自然人"或"生物人"成长为"社会人"的过程。学校教育对个体发展的功能，除了表现为促进人的个体个性化，还表现为促进个体社会化。个体的个性化与个体的社会化是统一的，教育的功能在于促进两者的有机结合与统一。

学校教育的个体社会化功能主要体现在促进个体观念的社会化，促进个体智力与能力的社会化，以及促进个体职业和身份的社会化三个方面。首先，个体观念的社会化，就是个体人生观和世界观的形成。我们期望于学校教育的，即"好"的教育，就是在个体观念社会化的过程中，能有目的、有计划地按照一定的社会要求帮助学生形成社会所需要的观念。学校教育促进个体观念的社会化尤其表现为促进个体政治观念的社会化和道德观念的社会化。其次，个体智力与能力的发展离不开学校教育，学校教育对个体的智力与能力的指导、规范和促进作用是任何其他因素都无法比拟和取代的。最后，个体的身份是个人在整个社会结构中的地位。人所从事的职业与人在社会中所处的地位，在很大程度上以其所接受的教育和训练为前提，学校教育是促进人的职业社会化和身份社会化的重要手段。

三、社区教育的含义、特征及对个体成长的影响

（一）社区教育的含义

"社区"是由德国社会学家滕尼斯提出的。1887年他出版了《社区与社会》一书，在书中他用社区表示一种由具有共同习俗和价值观念的同质人口所组成的、关系密切、守望相助、存在一种富有人情味的社会关系的社会团体。现在人们对社区的解释较为一致：指聚集在一定地域范围内的社会群体和社会组织，按一套规范和制度结合而成的社会实体，是一个地域性社会生活共同体。

在我国，一般认为，社区教育是整合了社区、家庭和学校教育的终身教育体系。从现代教育层面上讲，社区教育作为协调社会、家庭和学校教育关系的组织形式，是以一定的地域为界，协调、管理、优化、整合地区教育资源，学校与社区、家庭具有共同教育价值观和参与意识，并双向服务，互惠互利，学校为社区服务，社区依赖于学校，旨在促进社区经济、文化和教育协调发展的一种组织体制。在全国社区教育实验过程中，教育部把社区教育定义为：在一定地域范围内，充分利用各类教育资源，旨在提高社区全体成员整体素质和生活质量，充分开发社区教育资源，在较高层次上实行教育的统筹领导，可以动员较多的部门、团体参与社区教育，便于在较大的范围内通过构建教育培训网、创建学习型组织满足社区居民的学习需要。

（二）社区教育的特征

关于社区教育的特征，不同学者有不同的看法。有学者认为，社区教育有五大特征：社区教育是大教育观念；社区教育以社区内全体成员为教育对象；社区教育是与社区发展相结合的教育；社区教育是各种教育因素的集合、协调和互动；社区教育只能根据本地区自身特定的人文、地理和社会特点进行与发展。也有学者认为，社区教育有四大特征：为社区的建设、发展服务；全民参与、资源共享；非正规的教育；是实现教育化社区、实现终身教育、建立学习化社会的一种途径。还有学者认为，社区教育有四大特征：社区特色性、"三全"统一性、整体性、广泛参与性。归纳以上学者的看法，我们提出社区教育的六大特征：

1.社区性

社区教育的社区性指各类教育形态、各种教育机构、教育力量、教育资源、教育因素之间互相协调，实现教育社会化与社会教育化的统一，形成整体的"教育合力"，共同为社区及其成员发展服务。

2.灵活性

社区教育是把教育纳入社会大系统，使教育与社会融合的非正规的教育。社

22222222222222221222222222

区教育没有严格的规定、界限，社区的各种教育机构、设施都可依据实际需要举办各种教育活动，社区居民想学什么就办什么，想怎么学就怎么学，想在哪儿学、学什么都可以，学习内容、形式没有固定的模式。

3.“三全”性

“三全”性是指面向社区全体成员的全员教育，指向社区成员的终身发展的全程教育，满足社区成员各方面的教育需求的全方位教育。社区教育着眼于提高社区内全体成员的全面素质，着眼于建立终身教育体系，为个人完成终身教育提供条件。

4.目的性

社区教育不同于学校教育，它是为解决社区面临的许多社会问题而组织、实施的，是为社区的建设、发展服务的。发展社区教育本身并不是目的，真正的目的是使教育更好地为建设和发展社区服务，满足社区居民不同的教育需求，为提高社区成员的生活质量服务。

5.时空性

社区教育是将家庭、学校及社区融为一体，成为一个生活、学习的社会环境。社区教育为每个社区成员提供了按照自己的意愿，随时随地选择学习内容、学习方式的自由时空。社区教育是实现教育化社区、实现终身教育的途径。

6.特色性

社区教育是根据社区特定的人文、地理和社会特点，开展的多形式、多层次、多类型的教育活动。这是相对现代其他教育而言的，是社区教育的主要特点，社区教育的发展目标、重点、模式、内容等均应有社区的特色。

（三）社区教育对个体成长的影响

1.有利于促进个体正确人生目标的形成

社区教育会给人带来潜移默化的影响。一个相关案例的内容大致是：一个老师对班上的20多名学生进行家访和调查的过程中发现，20多名学生中有一个典型案例，这个学生在班上排名第二，但是家庭情况很一般，父母都在家里种地，而且她的父母都没有辅导她，但是她有一个读完初中的姐姐。老师对她的成绩为何好非常好奇，结果在询问之下发现：第一，她非常喜欢去请教周围的高年级学生；第二，她家邻居有两个学生成绩非常好的学生。老师问：“是不是因为他们成绩都好，所以你也要好好学习？”她说：“是的。”从这一点，我们可以看出，社区的一群朋友对一个人的成长能产生巨大的影响，社区一旦形成一种学习的氛围，对每一个孩子都有非常重要的影响。从这个案例中我们可以看出社区环境对孩子的影响十分重要。

2.有利于促进个体的社会化

在社区教育中，物质文化与精神文化的建设会积极影响学生的社会化。社区物质文化建设包括社区自然景观、人文环境、生产与生活服务中的文化因素。而精神文化包括制度文化与观念文化。制度文化是社区成员共同遵守的行为准则、规则；观念文化是社区成员在长期的社会生活和生产中形成的一种共同的价值观念、心理倾向和道德水平。物质文化建设和精神文化建设潜移默化地影响青少年儿童的价值观念的养成，并促进其观念和思想意识的社会化。

3.有利于个体个性的养成

社区教育的内容和学校教育相比更加广泛，形式更加多样，从而可以更好地满足个体的需求。随着社区对教育的关注度不断提高，现在许多社区会不定期举行一些相关的活动，并邀请社区的家庭参与。家庭会根据自己的兴趣和爱好参加相应的活动。相比之下学校教育因为在校时间的原因很难满足孩子和家长的这一需求，孩子长期生活在社区之中，甚至一生都生活在社区之中，这是社区教育的一个天然优势。

四、家庭教育、学校教育与社区教育之间的关系

在回答家庭教育、学校教育与社区教育之间的关系前，我们应该先把最基本的概念——"家庭、学校、社区合作"弄清楚。家庭和社区成员一起工作、分享信息、指导学生、解决问题、收获成功，让合作的单位或个人认识到家庭、学校和社区对孩子的学习和发展共同承担着责任。学生是成功合作的中心，他们存在于这三种环境之中，他们将这三种环境的成员相互连接起来，在学校、家庭和社区通过交流、活动、投资、决策和其他一些联系促进学生的学习，学生在这其间是主角，是贡献者，并不是旁边者和接受者。

我们认为家庭、学校、社区合作是指家庭、学校、社区为了青少年儿童的健康成长，建立三方互动的友好伙伴关系，通过相互尊重、相互协调、相互配合、相互支持，达到优势互补、互利共赢的目的的教育活动。

第二节　家庭、学校和社区教育协作的必要性

一、家庭教育的局限性

从前面的章节中，我们知道家庭教育虽有诸多的优点，然而并非万能。与正规的学校教育相比，家庭教育作为一种非正规教育也有其不可忽视的局限性。家庭教育的局限性主要表现在以下几个方面：

（一）非专职的教育者

家庭里的教育者并非都接受过专门的"职业"培训，家长往往有自己的社会职业，在社会发展日益加速和竞争日益激烈的情况下，父母或年长者既要胜任自己的工作，又要不断地学习、"充电"，因此，很有可能无法将主要的时间和精力放在子女的教育上，即使有，也是在工作、劳动之余进行的，花费的时间和精力相对来说都是有限的。

（二）非专业的水平

大多数的父母是"兼职"的教育者，一般都没有接受过系统的职业训练，也缺乏教育理论修养和知识，因此在教育的过程中会出现教育价值观、教育方法的迷茫，从而对学校产生过分的依赖。

（三）无监督的场所

家庭是最私密的场所，该特点决定了家庭成员在家庭内的言行举止，不可能像在其他场所那样受到太多的限制和约束。因此，父母的言行举止对青少年儿童的影响可能是积极的、有益的，也可能是消极的、有害的。

（四）缺乏系统的教育内容

在家庭中，对儿童和青少年的教育是随时随地进行的，但是在教育内容上却缺乏系统性和连贯性，往往是在具体的情境中进行的，青少年儿童不能形成整体的认知，不利于儿童认知的发展。

（五）教育者的主观因素较强

在家庭教育进行的过程中，由于家庭中教育者与被教育者之间的紧密关系，教育者主观性较强，家长或年长者会把自己的主观意愿强加在孩子的身上，不管孩子是否感兴趣或愿意。这在我们的生活中随处可见，中国家长是这方面的典型，为孩子做好的选择他们必须遵循，因为是为他们好，为他们的将来考虑。家长认为女孩子学师范专业是最好的选择，是一份稳定的工作；男孩子学医学专业，是一份体面的工作。殊不知这些都不一定是孩子感兴趣的，只会耽误他们宝贵的时间。除此之外，更常见的是，家长或年长者将自己年轻时没有实现的愿望强加于孩子的身上，希望通过孩子去实现，殊不知这都是大人的一厢情愿，没有考虑孩子的真正需求。

尽管家庭教育有如上的局限性，我们也不能过分夸大，应该辩证地看待家庭教育的优势和局限，充分发挥家庭教育的优势。

综上所述，我们在全面分析家庭教育的局限性之后，也看到了学校教育和社区教育在这些方面显现出来的优点，因此，家庭教育有必要和学校教育、社区教育进行协作，从而扬长避短，真正实现科学育人的教育目标。

二、学校教育的局限性

终身教育理念的提出，给学校教育带来了巨大的挑战。"终身教育"这一术语自1965年在联合国教科文组织主持召开的成人教育促进国际会议期间，由联合国教科文组织成人教育局局长法国的保罗·朗格朗正式提出以来，已经在世界各国广泛传播，近30年来关于终身教育概念的讨论可谓众说纷纭，迄今为止也没有统一的权威性定论。对于终身教育比较普遍的看法是"人们在一生中所受到的各种培养的总和"，它指开始于人的生命之初，终止于人的生命之末，包括人发展的各个阶段及各个方面的教育活动，既包括纵向的一个人从婴儿期到老年期各个不同发展阶段所受到的各级各类教育，也包括横向的从学校、家庭、社会各个不同领域受到的教育，其最终目的在于"维持和改善个人社会生活的质量"。根据终身教育理念，学校教育的局限性主要体现在以下几个方面：

（一）学校教育的时间限制

从终身教育的理念来考察，一个人单靠学校教育是远远不够的，应该把家庭教育纳入终身教育体系之中，这是由家庭教育的终身性特征决定的。在进入学校接受正规教育前，儿童的模仿能力、观察力、感知能力、机械记忆力等都会得到较大的发展；同时，儿童在这一时期的自制力、判断力还比较薄弱，正处于无律到他律的发展阶段，生活自理能力也较差，这一时期如果家长不给予适时适当的教育，对儿童的身心发展是弊大于利的。在正规的学校教育结束后，青少年还会面临许多的问题，如就业问题、恋爱问题、人际问题等，这都需要相关人员的指导。但是学校教育随着在校时间的结束就结束了，在这个过程中就需要家庭和社区的指导。而且，在接受学校教育的过程中，家庭教育也在积极地发挥着作用，是对学校教育的支持和补充。

（二）学校教育的内容限制

当下在应试教育的压力之，学校教育的主要教育内容大都集中在智育上，对孩子的性格、兴趣爱好、情感以及道德品质方面的培养在某一程度上有所忽视。每当报道室友杀室友、学生因为失恋自杀等消息时，我们都在想到底是哪里出了问题，这些孩子智商不高吗？来自名牌大学的学生的智商是毋庸置疑的，但是为什么会出现这样的悲剧呢？因为缺乏心理辅导？因为情感方面的缺失？学校教育往往不重视青少年这方面的教育，每天都只强调科研、强调论文的发表，学校教育没有切身关注学生这方面的需求，即使在出现问题时也很难发现问题的根本。面对这些问题的出现，学校教育应该开设一些相应的课程对学生进行指导，同时也应该更加关注学生的情感和心理的健康发展。

（三）学校教育的教学组织形式单一

学校教育的教学组织形式单一主要体现在，大多数的学校以班级授课为主，老师面对整个班级的学生进行授课，由于老师时间和精力有限，不可能对全班的每个学生的兴趣爱好和学习上的不足进行培养与指导。社区教育和家庭教育则可以根据青少年儿童的实际需要做出相应的教育补救措施，因材施教，从而实现全面、和谐、可持续的发展。

三、家庭、学校和社区教育协作的必要性

经过对家庭教育、学校教育和社区教育特征、局限性的分析，我们可以确定的是，只有家庭、学校和社区教育三方面合作，才能够形成教育合力，发挥教育的最大效果。

四、家庭、学校和社区教育协作的意义

家庭、学校和社区教育协作的意义主要表现在以下几个方面：

（一）有利于各种教育互补

表11-1　家庭、学校和社区教育比较

单位	特点	目标、任务	影响方式	接收方式	存在问题
家庭	非计划的、亲情的、启蒙的	形成文明礼仪、习惯、性格、道德倾向	个别的	习得的、服从的	具有智能中心、超常化倾向
学校	有目的、有计划、有组织、专门的、理性的、基础的	传授知识技能，培养理性、科学的价值观，养成理想、情操	主要是集体的	双向的、记忆的	偏重于智育，其他各育相对薄弱，具有一定的封闭性
社区	灵活的、时空的、特色的、"三全"的、公共的	增加见识、拓宽思路、了解社会	公共的	单向的、选择的	偏重于经济效益，轻视社会效益，教育意识较差

从表11-1可以看出，家庭、学校和社区教育在培养目标、教育环境、教育内容、教育方法、教育过程等方面都不尽相同，发挥着不同的教育功能，既有各自的长处，又有自身的不足。学校教育的优势在于，其目的性、系统性、组织性最强，能使学生全面发展；但学校老师的教育对象是班级集体，一位老师同时负责

多个孩子，一对多的教育形式必然使得对孩子的个别教育、有针对性的管理很难进行。与此相反，家庭教育的优势则在于，家长一般面对一两个孩子，能有针对性地对他们进行个别教育，因材施教，从而避免学校中顾此失彼的现象；但家庭教育的局限性是专业性不强，这样就会导致其学科性与计划性不强，并且由于亲子关系密切，家长主观性强，可能会将自己的意愿强加给孩子，所以，学校教育与家庭教育具有很强的互补性。社区教育内容广泛，形式多样，开放性较强，青少年在这样的环境中生活能弥补家庭教育与学校教育的不足。开展社区教育能够更有效地优化校内外的教育环境，充分挖掘、发挥社区的德育资源，提高德育的实效性。同时，我们也必须认识到，未成年人在社区教育中所接受的信息鱼龙混杂，需要家长和老师对这些信息进行筛选、调控，因势利导，教给孩子获取信息、辨别信息的方法。

综上所述，我们可以得出这样一个结论，学校、家庭和社区教育应该是合作互补的关系，而不是分离或相互排斥的关系。学校、家庭和社区教育相互协调、相互配合，实现优势互补，才有可能达到一种理想的教育状态，促进教育质量的最大发展。

总之，家庭、学校和社区教育各有各的教育功能，不可替代。只有三者相互结合与协调，扬长避短，整体大于部分之和，才会产生巨大的教育合力，产生最佳的教育效果。

（二）有利于培养目标的高度一致

教育过程中，各种教育的方向是否一致，直接影响着青少年儿童的发展。如果家庭、学校和社区教育的方向是一致的，那么将形成一股巨大的教育合力，有利于青少年儿童的发展；如果三种教育各行其是，在方向上不一致，甚至出现反方向，那么会大大削弱甚至抵消教育所带来的积极作用，这样就不利于青少年儿童的发展。因此，积极促进家庭、学校和社区教育三者的结合，增强社会各方面对青少年儿童的教育责任感，提高家长的教育素养，使家庭、学校和社区在教育方向上高度一致，形成高度统一的培养目标，各有分工的教育内容，各具特色的教育方式，对于青少年的健康成长是十分重要的。

（三）有利于教育时空上的紧密衔接

青少年的生活环境主要是家庭、学校和社区，其中大部分的时间主要分布在家庭和学校，社区相对较少。这样，家庭、学校和社区无论是哪个方面出现了失误，都会使教育在时空上出现断裂。现如今，很多青少年犯罪，大都因为行为不良，家庭教育的不足，学校教育的不当，以及社区教育的监管不当都与其有着直接或间接的关系。正因如此，我们才要加强三者之间的协作，从而促进青少年儿童家庭、学校和社区教育三者在时间和空间上更好地衔接。

第三节　家庭、学校和社区在教育协作中出现的问题与误区

一、家庭与学校在教育协作中出现的问题与误区

（一）家庭教育与学校教育的界限过分僵化

家庭教育与学校教育之间的界限过分僵化主要体现在责任上。现在我们在家庭教育和学校教育的合作上，最大的一个问题就是在责任的划分上。很多老师现在都流行签字式家庭作业，即孩子完成家庭作业以后，需要家长检查、改正，然后签字。且不说现在很多家长没有很多的时间，还有许多家长或监护人没有相关的文化知识基础，他们不具备这样的能力，可是怎么办呢？很多学校、老师现在都把家长帮助检查作业视为衡量家长对学校工作支持力度的最重要指标。可是检查孩子的家庭作业和任务到底是谁的责任呢？这句话并不是想帮家长推卸责任。很多明智的家长对于家长检查作业有不同的想法：有的家长认为，只要检查了，不用签字。还有的家长认为，检查作业可以让孩子自己来做，因为在检查作业的过程中，他可以清楚地知道自己错在哪里，为什么会做错，下次遇到同样的情况应该怎样避免等，从而养成儿童自己对自己负责的一种意识；而不是每次父母帮忙检查，然后让其改正，孩子只知其然而不知其所以然。有的孩子，每次做算术题都会错一两道，是他不会做吗？不是，只是粗心大意。可是为什么每次都会犯相同的错误呢？大家可想而知。可能是家长的原因，没有和老师沟通；也可能是老师的原因，老师没有修改孩子的作业，让其父母代劳，从而不知道孩子发展的不足在哪里，不能对症下药；还有可能是孩子自己的原因，过分依赖父母帮他找出错误，自己没有相应的意识，一错再错。

在这个问题上，我们也不能说谁对谁错，合作是最好的选择，不能把家庭作业全权交给父母。首先，父母时间精力有限，可以让其对孩子的作业进行辅导，但主要还是培养孩子自己对自己负责的意识；其次，老师也不能认为在这上面没有处理好就是对学校工作的不支持；最后，还是应该加强学校和家庭之间的合作，这样才会有利于青少年儿童的健康发展。

（二）家庭教育与学校教育的界限过分模糊

家庭教育和学校教育界限模糊现象主要集中在那些对教育比较重视的家庭、学校和社区。从表面上看，这里的教育办得红红火火、蒸蒸日上，家长也十分关心教育，学校也渴望家长的配合和支持。可仔细探究起来，目前很多的热闹场面

都暴露出两者的界限比较模糊。

一方面,以学校为代表的教育专业机构的专业性丧失导致家庭教育和学校教育界限的模糊。学校教育本应保留着教育的独立性,并对家庭教育和社区教育进行一定的指导。但是目前很多幼儿园相关课程以及活动的制定都是由幼儿的家长在操纵,对外还美其名曰"尊重民意",其实学校教育的专业性话语权已经由家长夺去。在这里先给大家介绍一个概念——剧场效应。剧场效应最早是由法国教育家卢梭提出:一个剧场,大家都在看戏。每个人都有座位,大家都能看到演员的演出。忽然,有一个观众站起来看戏(可能是为了看得更清楚,也可能是因为身高较矮),周围的人劝他坐下,他置若罔闻,求助剧场管理员,管理员却不在岗位。于是,周围的人为了看到演出,也被迫站起来看戏。最后全场的观众都从坐着看戏变成了站着看戏。用剧场效应来解释这一现象最好不过。最初,幼儿园里的课程都是按照国家的教育目的以及学生的身心发展规律制定的,并且效果还不错;但是有一天,某幼儿园应了家长的要求开展了一门兴趣班,并且取得的效果不错。于是,其他的幼儿园迫于无奈和压力也开展相应的课程;但是家长们还不满足,还要求幼儿园开设更多的课程。但最终的结果是大家更累了,孩子的发展还是和原本一样。在面对这种问题时,学校方面应该表现出应有的话语权,不能任由家长胡来。

另一方面,以学校和教育主管部门为代表的教育专业机构在面对民意时不能体现出足够的专业性。现在很多农村的幼儿园在家长的压力之下开设了很多不应在幼儿园开设的课程,如"计算""拼音""写字"等。而且,我们还了解到,在家照顾孩子的大都是祖父母或外祖父母,在他们的观念和思想里,幼儿园应该教给孩子拼音、计算这些实实在在的知识,而不是一天就知道玩。只有教孩子这些东西,他们才会觉得幼儿园是好的,老师教得不错,否则就是老师不好,幼儿园不负责。迫于无奈,幼儿园和老师会开设相应的课程,以迎合家长的需求。作为幼教工作者应该清楚什么对孩子的发展才是好的,应该用所学的专业知识来告诉青少年儿童的家长或监护人,应该表明态度,而不是一味地服从民意。若不这样,试问我们所学的专业背景知识和教育理念、理论有什么意义?

(三)家庭教育与学校教育之间的不信任与对立感

家庭教育和学校教育的共同目标都是促进儿童全面、和谐地发展,两者的有效合作会带来教育的最大效果。但是,现在生活中会有很多这样的例子,学校老师组织家长给学生买学习资料时,家长会在心里产生抵触和不满情绪,这其中不仅仅是家庭开销的问题,更重要的原因是老师对资料的利用和学习没有达到应有的重视。身边就有这样的例子,每到寒暑假回家都会听到亲戚对学校的抱怨和不满，亲戚总觉得孩子的老师总是组织买各种学习资料，尤其是一种被称为学报的资料。作为家长给孩子买学习资料是很乐意的，谁不想自己家的孩子变得更优秀呢？但问题是，每次学校组织买的资料都是放在家里，老师并没有组织全班学生一起学习，每一学期结束，资料买来什么样，现在还是什么样放在那里。久而久之，每次老师在班级微信群里通知交钱的时候家长会选择不搭理或直接拒绝，因为钱花得不值。更有甚者，老师直接扬言说："你不交钱也可以，以后你的孩子就自己管。"在这里突然为教育感到一丝丝悲伤，这样的语言恐吓和威胁迫使家长浪费不必要的钱，对于经济宽裕的家庭来说不算什么，但是对于经济困难的家庭来说，无疑又是一笔很大的开支。

（四）家庭与学校之间缺乏沟通

家庭与学校之间的良好沟通有利于更加顺利地开展、改善家庭教育和学校教育。家庭教育贯穿于个体的一生，无时无刻都发挥着巨大的教育作用，同时，当个体进入正规的学校教育以后，家庭教育更是作为学校教育的"好帮手"发挥着不可忽视的作用。学校教育对个体的发展有一个最基本的要求，也是所有的学生在学校教育结束时都应该达到的基本要求，这里不是不强调学校教育也有因材施教和因人施教，但是家庭可以更好地进行个性化教育。因为时间、场地的原因，家庭教育能完成学校教育所不能完成的任务和目标；同样，因为家长专业性不足，学校教育也可以完成家庭教育所无法完成的目标，前提是家庭和学校两者之间能够进行有效的沟通。

前段时间在和亲戚聊天的过程中，她总是会向我谈及她家孩子的学习情况，我也很乐意帮助。有一次她谈到最近学校放学很晚，回到家就更晚了，还不算吃完饭、休息时间，单是做完作业就已经快十点了。她家的孩子表现还算不错，离开学校算早的了，其他孩子若是延堂的话都六七点了。对此我就不解了，为什么会这么晚呢？她家的孩子在当地的镇上上小学二年级，家里离学校大概有十多公里的路程，于是我就建议她找老师去给领导反映一下这个情况，是否可以将时间稍作修改。时间太晚首先，对孩子来说很不安全，有的孩子离家较远，更不安全；其次，休息时间不够，对孩子的身体不好；最后，长期很晚回家做作业对孩子的眼睛不好，并且我了解到他们的家庭作业也很多，又是背语文课本，又是读国学课本，还有数学计算作业。亲戚家有一辆电动车，接送孩子还比较方便，若是老人在家帮忙带孩子的话怎么办？没有代步工具的家庭怎么办？当我提出这个建议的时候，亲戚立马就回绝了，她说老师不会因为你一个人而去给领导反映的，所以还是算了吧。因此，家庭和学校之间缺乏沟通和交流，就不能解决在家庭教育和学校教育实施的过程中所出现的问题。

（五）家庭教育对学校教育过分依赖

何为家庭教育？家庭教育是人类的一种教育实践活动，主要表现为父母对子女的教育影响活动，也包括家庭中各成员间发生的各种互动。在与学校教育的对比中可以发现，家庭教育的基本特征之一是：家庭教育是一种非正规的教育。非正规的教育是相对于正规教育而言的，主要体现在以下几个方面：首先，教育者一般都没有经过教育方面的专门训练，未必具有专门的教育知识和技能，教育资格的取得无须通过考核，只是生育了孩子便自然成为孩子的教育者；其次，家庭教育通常并无严密的计划和组织，目的也不清晰；最后，在教育内容上，家庭教育没有统一的要求，没有固定的教学组织形式，一般是在家庭中或亲子共在的场合中随时随地进行的，内容和方式通常都是由家长决定的，不具有系统性，往往受家长的生活阅历、思想状况、文化修养、兴趣爱好等决定。

再者，现在在家看护孩子的除了父母，更多的是祖父母或外祖父母，他们大多不懂怎么教育孩子，在他们的观念里只要孩子吃饱穿暖就行，对孩子的教育更多地是依赖于学校教育。并且，许多家长表示，一年级的时候，简单的拼音自己可以先学习，然后再教孩子做作业；但随着课程越来越难，自己根本学不会，有心无力，所以只能指望和依赖学校教育。

二、家庭与社区在教育协作中出现的问题与误区

（一）家庭无视社区环境对青少年儿童的影响

社区教育的含义极为广泛，对青少年儿童的影响体现在诸多方面。这就要求家庭在遇到积极的社区教育时要加以整合和利用，在遇到消极的社区教育时要采取有效的措施加以回避和控制。但是现在存在着这样一种趋势：许多家庭在面对积极的社区影响与教育时，不加以整合和利用；在遇到消极的社区教育与影响时也不采取相应的措施进行回避和处理。这样的家庭在面对社区教育对孩子的影响时总有这样一种心态，只要管好自己的孩子就行，事不关己，高高挂起。殊不知，孩子的学习就是在环境的相互作用中进行的，尤其是一些社会行为规范的养成和习得，社区教育对孩子的影响是潜移默化的。"孟母三迁"的故事告诉我们，一个人所处的环境对其有重大的影响，这也是值得现在很多家长注意的。因为现在很多社区有不好的现象存在，不是所有的社区环境给孩子带来的影响都是积极的，例如，现在很多老人在社区的广场跳起了广场舞，这势必会影响青少年儿童的注意力；大多数的老人聚集在一起玩麻将；不良商家在社区里进行不正当的经营；等等。这些都会对青少年儿童的行为习惯和学习习惯的养成带来或多或少的影响，但是我们不能因为其影响很小就置之不理，也应该引起足够的重视。

（二）家庭对不良的社区教育环境采取消极、封闭的防御手段

面对不良的社区教育环境，不少家长采取消极、封闭的防御手段，试图将不良的社区影响与青少年儿童的成长、学习隔绝开来。我们应该清楚知道，社区在某种程度上来讲，也是一个大环境，不仅有消极的影响，也会给孩子带来积极的影响，我们不能顾此失彼，不能因为消极的影响就切断孩子与社区的一切联系。而且，青少年儿童始终是要进入社会生活中去的，作为一个社会人存在，家长也不可能每天都盯着自己的孩子，去帮他把不好的、消极的影响隔离开来，所以，作为家长应该积极和社区教育的负责人沟通协商，更好地管理社区的物质建设和精神文明建设，从而更好地促进社区的发展，进而更好地发挥社区教育的作用。

第四节　家庭、学校和社区教育协作的原则

前面的章节我们分析了家庭、学校和社区教育在培养青少年儿童的过程中的优势和劣势：它们具有共同的特征，都承载着培养人的重大任务；同时三者又有局限性，任何一方面都不可能离开其他两者独自承担培养人的所有任务；它们都有其各自内在的价值。

为了培养全面可持续发展的人，家庭、学校和社区三面有必要进行协作。在教育的实践过程中，由于观念的差异、认识的不足、制度的缺失、方法的陈旧等原因，三者之间的协作存在许多的问题和误区。那么，三者在协作的时候应该遵循一些什么样的原则呢？

一、尊重性原则

为了确保家庭、学校和社区教育三方的协作顺利进行，首要的前提是相互尊重，要尊重对方的独立性、尊重对方的价值观、尊重对方的内在运行规律等。没有尊重，所有的合作只能是纸上谈兵。要做到尊重首先需要做到理解和宽容。

（一）理解

三方彼此尊重的第一要务是要对除了自身以外的两个因素有充分的认识和理解。任何内心的尊重都是建立在理解的基础之上的，没有理解，所有的一切都是空谈；有了充分的认识和理解，尊重才不会成为无源之水、无本之木，才不会显得那么苍白无力。

首先，作为孩子成长起点的家庭，除了需要了解自身运行的规律和重要性在孩子发展的每个阶段，如孩子在开始进入幼儿园或进入学校之前，都需要充分了解学校教育的理想和现实、学校教育的困惑和无奈、学校教育的内容和形式、学

校教育的运行规律、学校老师的处境和角色等。只有真正了解了学校教育的相关运作规律，才能够更好地配合学校以促进青少年儿童的发展。除了认识学校教育的发展和运作规律，作为家长，还需要了解社区教育的相关运作。社区教育在我国的发展才刚刚起步，还有很多地方尚未完善，对它的了解不仅需要家长的努力，还需要大量学者对其不断深入地研究。但是作为家长，首先应该承认的是，社区作为一个社会存在，肯定是有好的方面，也有不好的方面，这就需要家长去深入地了解，并理解其存在的意义。

其次，作为承担主要培养任务的学校也应该对其教育协作伙伴家庭进行深入的了解，这也是对学校教育不足方面的补充。随着经济社会的不断向前、向上发展，学校教育已经远远不能满足青少年儿童的发展，学校已经不再是指导和影响青少年儿童的垄断者，为了实现"一切教育为了孩子"的教育理想，需要学校教育与家庭、社区之间的协作。认识并理解家庭的现状、问题以及教育优势，才能真正理解家庭教育的重要性，做到尊重家长和家庭教育。一方面，学校需要对家庭以及家庭教育有所了解。当今时代很多家长愿意花血本在孩子培养上，家长的这种"望子成龙、望女成凤"的心情是可以理解的，但是他们基于这种想法所采取的各种措施和行为是否都是正确的呢？这就需要学校教育对家庭进行了解，在了解的基础上提出相应的指导措施。另一方面，学校教育也要全面了解社区以及社区教育在培养青少年儿童任务上的特点、优势与不足。只有在全面了解其存在的合理性，以及它是如何对青少年儿童的成长产生影响的，才能够更好地整合社区的优质教育资源。

最后，作为青少年儿童除了家庭、学校以外接触最多的社区也一样需要对家庭教育、学校教育的运作和规律有一定的了解。只有在全面了解的基础上，社区教育才能够采取合理的措施，更好地配合家庭教育和学校教育。社区作为家庭和学校教育的协调者其作用不可忽视，很多时候家庭教育和学校教育不能满足青少年儿童成长的需要，还需要社区教育来进行补充和完善。

（二）宽容

三方彼此尊重的另外一个重要心态是宽容。三方仅仅停留在彼此认识和理解的基础上是不足以形成尊重的心态进而顺利完成合作的。彼此的尊重是建立在了解基础之上的宽容，包括宽容彼此所犯的错误、宽容彼此的发展阶段、宽容彼此的固有局限等。当然，宽容不是无原则地退让和妥协，而是彼此客观地了解对方的困难、不足以及各方面的制约。家庭、学校和社区之间的顺利合作，宽容显得尤为重要。

爱泼斯坦曾提出一个包容性的家校社区协作模式。在这个模式中，家庭、学校和社区既有分工也有合作，家长的力量可以通过在不同的领域参与得以发挥和发展。根据该协作模式我们可以知道，家庭与学校、家庭与社区、学校与社区都有各自合作的领域，而三者合作的交叉角色是家长，家长在爱泼斯坦的协作模式中发挥着重要作用。在我国，社区教育发展水平受到限制，家长的素质也参差不齐。因此，家庭、学校和社区合作进行得较为缓慢，且困难重重，于是就更需要包容理论对三者合作的指导，从而更好地促进青少年儿童的发展。

对家长来说，应该更多地宽容学校教育和社区教育的局限和无奈。家长希望自己的孩子可以得到较好的发展，常常提出一些超过学校教师和社区能力和精力的要求，家长需要考虑到学校和社区发展的实际情况。家长在对待学校教育中出现的疏忽和繁忙应该抱有宽容之心。同样，身兼数角的老师同样也需要学校、家长的理解和宽容。他们作为社会人，有的担任着子女的角色，有的担任着妻子或丈夫的角色，有的担任着父亲或母亲的角色，有的担任着领导者的角色，有的担任着学生的老师的角色等，担任着不同的角色意味着得履行不同的义务，那么他的全部不仅仅是为了学生，还为了自己父母、子女等。有时候我们自己也可以体会到自己一双手一个脑子不够用，那么作为老师可能更会觉得不够用，所以希望家长和学校可以更多地理解和宽容。此外，对社区教育也应抱有宽容之心，任何社区都处于一定的发展和建设之中，并且我们也应清楚地认识到，我国的社区教育才刚刚起步，其中肯定存在许多的问题和弊端，因此需要家长和学校更多的理解和支持，从不完善走向完善，从不成熟走向成熟。

学校一般是三方协作的枢纽和核心力量，学校整合教育资源力量的发挥决定了三方协作的效果。作为教育资源的集中地，学校在公众心中具有一定的权威性。这种权威性容易造成话语霸权，且所形成的话语霸权因家庭和社区对学校的依赖会影响父母对孩子的判断和心态。因为家庭中的成员大都是没有接受过专业培训的，且每个家庭对教育的理解和关心程度也不同，所以学校也应该抱有宽容之心，尊重每个家庭的文化背景与文化之间所带来的差异，尊重每个家长"望子成龙、望女成凤"的迫切心情。学校教育同样也应理解社区教育的不足，欣赏社区教育中的优质资源，并加以整合利用。

二、主动性原则

学校、家庭和社区的彼此理解和包容的尊重心态为三方的合作打下了坚实的基础，但这仅仅是停留在思想层面上，还需要采取实际的行动。在这里，我们需要注意合作和配合的区别：配合即配合作业，具有主和次的区分，一方主导其他诸方配合，它们之间是不平等的关系。配合一般都是没有经验的配合有经验的，不专业的配合专业的。在教育过程中一般都是家庭教育配合学校教育，学校一般是主动方，家庭则是被动方。这样的配合在某种程度上可以最大限度地发挥学校的教育力量，但是家庭教育应有的教育优势并没有体现出来。合作三方之间的关系是平等的，即在教育孩子的过程中，三方不存在程度的高低，只存在层面的不同。任何一方都是教育的主体，主体的任何一方都需要目标明确地、积极地挖掘自身的教育优势，为了同一个目标合作。

（一）家庭方面的主动

以往的家校合作中，家庭往往都是配合学校教育，处于次要和被支配的地位，很少有主动地合作与参与。在三方合作的理念下，家庭应该积极参与到孩子的教育中来。

首先，家长要发挥家庭教育的主动性。家庭是孩子的第一课堂，不管家长的教育程度、文化水平如何，从孩子呱呱坠地那一刻起，家长的一言一行都对孩子产生直接或间接的影响。随着社会的不断向前、向上发展，家长的文化水平和受教育程度不断提高，对孩子的教育也越来越重视，便会积极、主动地去思考和关注孩子的发展，思考家庭教育对孩子成长的影响，从自发的家庭教育走向自觉。只有当家长有了家庭教育的自觉后，才能成为教育孩子的主体，才能够担任其教育孩子的责任，而是不在教育的过程中迷失方向。

其次，家庭也要发挥与学校教育积极合作的主动性。家庭首先是学校教育的参与者，同时也是学校教育的合作者。家长不能把孩子送到学校之后便什么都不管，认为这应该是学校的责任，出了问题也只是一味地追究学校的问题，而忽略了自身在教育过程中的问题与责任。现实生活中这种现象很普遍，尤其当孩子的监护人是祖父母或外祖父母时，他们也不是不想管自己的孩子，把责任都推给学校，他们只是有心无力。家长应该把孩子在家中表现出来的问题，以及在学习中遇到的问题及时地与学校的老师进行沟通，不应等到学校和老师要求家长见面的时候才去沟通和反映孩子在生活和学习中出现的问题，只有两者有效合作才能更好地促进青少年儿童的发展。

最后，家庭还要主动和社区教育合作。家长要带领孩子熟悉社区，融入社区的活动，参与社区的文化建设。这里的建设包括积极利用社区的教育资源，为孩子创设一个良好的环境。

（二）学校方面的主动

当今社会，学校教育的功能已经不再只是传递知识。在以人为本、以学生为中心的理念的影响下，人们越来越关注人的可持续发展和全面发展。因此，仅仅靠学校的单方面作用不足以完成这样的任务，这就需要学校积极、主动地与家庭、社区合作。

首先，学校需要放下曾经拥有的架子，走近家庭，充分了解每位学生的个性特征和家庭特征，当学校主动和家庭拉近距离时，就会了解到家庭教育对孩子成长的重要影响，并且逐步了解学校应该如何利用现有的教育资源对家庭教育进行有效的指导。

其次，学校也应该和家长保持联系和沟通，这样才能够更好地了解家长和孩子的需求，了解家庭教育中的优势和不足，从而对孩子进行更有针对性的教育，对家长进行更有效的指导，使其在家庭教育中可以更充分、有效地利用家庭中的教育资源。

最后，学校还应和社区教育主动合作。社区教育和学校教育最大的不同就是社区教育的环境是庞大的，其中不仅有积极的影响因素也有消极的影响因素。但是，两者都有一个共同的目标，就是促进青少年儿童的健康发展。学校在面对社区教育发展中的优势和优质的教育资源时，应该主动和社区进行交流和沟通，学习社区教育成功的地方；但是，学校作为一个专门的教育机构，其专业性是毋庸置疑的，面对社区教育发展中存在的缺点和不足，应该主动地加以指导和协调。

（三）社区方面的主动

由于社区教育的发展刚刚起步，它的主动主要体现在以下几个方面：第一，积极组织社区教育活动，促进各个家庭之间的教育交流；第二，邀请著名的专家、学者来到社区对社区教育、家庭教育过程中出现的问题进行指导；第三，为了促进社区的良性发展和青少年儿童的健康发展，可以积极和学校方面取得联系，争取合作的机会。

三、全面性原则

全面性一方面是指合作内容的全面性。既然协作的总体目标是促进青少年儿童的健康成长，我们就要了解受教育者全方位的发展需求，这就需要三方进行全面的协作。这不仅仅是智育的合作，还应包括德育、体育、劳动教育等方面。另一方面是指合作形式的多样性。为了提高合作的水平和效率，合作的方式不能仅仅局限于开会、访问等形式。我们可以采取多元、新颖的合作方式，如建立家长代表制，定期和学校、社区进行交流等。

促进孩子全面发展的三个维度包括：

第一，知识与技能方面。在以往的家庭教育中，知识与技能这方面也是家长最在乎的。当然这也是孩子发展，乃至将来在社会上生存所必需的。家长在关心孩子的学习情况时，简简单单地问一问成绩是远远不够的，应与孩子多沟通，与老师多交流，及时了解孩子学习中的困难，为孩子提供必要的辅助，为孩子的学习构建一个良好的家庭环境，与孩子一起学习，调动孩子的学习积极性。此外，还要注意培养孩子的学习习惯和学习方法。

第二，过程与方法方面。家长要引导孩子关注过程，认识到质变是量变的必然结果，没有中间积累的过程，要想有质的飞跃是不可能的。方法就像一种工具，为量变到质变的过程搭建一座桥梁。家长还要培养孩子的方法意识，促进孩子高效率地学习、生活与发展。

第三，态度、情感与价值观方面。在培养孩子的态度、情感与价值观方面，家长需要有意识地培养孩子良好的道德品质，如乐于助人、文明礼貌、热爱劳动、感恩长辈、关心他人、勤俭节约等。孩子端正的态度、积极的情感、正确的价值观往往从家庭开始，受家长影响，这就要求家长自身要做好榜样。

第十二章 构建有效的中国家庭教育管理体制

对人的教育和培养，是一个繁杂的系统工程。这一系统工程主要由家庭教育、学校教育和社会教育三大支柱构成，它们各自承担着不可替代的教育义务和教育责任。这三大支柱既相对独立，又紧密相连，它们在人的教育和培养中实现了无缝对接，缺一不可。而家庭教育是一切教育的基础和起点，也是唯一贯穿个体生命周期的终身教育。

2016年，全国妇联联合教育部、中央文明办、民政部、文化部、国家卫生和计划生育委员会、国家新闻出版广电总局、中国科协、中国关心下一代工作委员会共同印发了《关于指导推进家庭教育的五年规划（2016—2020年）》（以下简称《规划》）。这份《规划》对家庭教育工作，家庭教育管理的内容、形式等问题做了宏观上的规范。应该说，这份《规划》对于构建有效的中国家庭教育管理体制具有十分重大的意义。

然而，我国幅员辽阔，各地区经济、教育发展不平衡，家庭教育管理工作面临着许多亟待解决的现实问题。这些问题极大地制约着我国家庭教育的规范、有序、健康发展。

第一节 中国家庭教育管理体制的演进

什么是家庭教育管理体制呢？时至今日，社会各界仍然没有达成共识。江西省教育科学研究所戚务念认为，家庭教育管理体制是指由国家层面建立的、对家庭教育工作进行组织管理的机构体系和各类管理制度的总和，内容涉及机构设置、隶属关系、职责范围、运行机制等。

从戚务念的观点中可以看出，家庭教育管理体制包括"体"的部分和"制"

的部分。"体"的部分主要是指家庭教育的管理机构、实施机构，以及两者之间的运行方式；"制"的部分，主要是指对于家庭教育工作颁布的各类法律、法规，包括家庭教育的方针、政策、内容、规划等。

我国的家庭教育管理工作有着怎样的过去呢？应该说，我国的家庭教育管理工作有着悠久的历史，从氏族社会时期开始，先民们就已经积累了不少有关家庭教育的朴素思想和管理方式。但是，直到西方工业革命之后，现代教育制度才慢慢定型，其中包含了家庭教育的制度。

一、中国古代的家庭教育管理思想

在中华几千年文明的进程中，出现过许多有关家庭教育的思想以及家庭教育管理的模式。这些形式有"国"层面的，也有"家"层面的。而且是先有"家"的层面，之后才出现了"国"的层面。

在我国古代的文官体系中，并没有设立专门的家庭教育管理机构，因此也就没有制定正式家庭教育的管理制度。但是，家庭教育的思想却非常活跃。早在氏族社会时期，以生母为主的女性群体承担了教育下一代的主要责任，而男人们要外出狩猎、劳作，没有精力和时间教育下一代。

（一）氏族社会时期的家庭教育管理

在氏族社会时期，并没有"小家庭"的概念，大家同吃同住同生活，过着大集体的生活。先民们认识到，保护和抚养下一代是氏族部落所有人的共同职责，因为儿童是氏族部落的未来。在这样的社会背景下，氏族社会时期已经出现了"儿童公育"的教育形式，其背后是一种大同思想，即这些儿童归氏族部落所共有。那个时代，并没有分学校教育、家庭教育和社会教育。可以说，这三者很大程度上是重叠的。这个时期，家庭教育的管理者主要是部落首领和女人们。

（二）奴隶社会时期的家庭教育管理

奴隶社会形成后，体力劳动与脑力劳动开始相分离。大集体的生活模式开始分化，出现了许多相对较小的"小家庭"。奴隶制社会里，氏族部落逐渐分化成奴隶与奴隶主两个阶层。相应地，"儿童公育"的教育形式也开始变成奴隶主子女的教育，而奴隶的子女根本没有条件接受良好的教育。这时，奴隶主阶层为了让孩子受到更好的教育，学校教育的雏形开始形成，并逐渐从家庭教育中分化出来。可以说，从奴隶社会开始，教育已经变为一种专门培养人的活动，学校教育成为教育活动的主要形式。统治阶级也认识到，王侯们的家庭教育是国之大事，家庭教育受到极大重视。这是国家层面参与家庭教育的起始点。

西汉思想家贾谊在《新书·胎教》中记载："周妃后妊成王于身，立而不跛，坐而不差，笑而不言誼，独处不倨，虽怒不骂，胎教之谓也。成王生而仁者养之，孝者襁之，四贤傍之，成王有知，而选太公为师，周公为傅。"翻译成现代文就是：在母亲周妃怀着周成王的时候，注意实施胎教。站立时，两脚平放，从来不用一只脚着力；坐着的时候，从来都是端端正正，正襟危坐；遇到高兴的事，也不放声大笑；一个人在家休息，也注意坐立姿势；遇到生气的事，也不任意骂人，保持情绪稳定。成王出生之后，父母注意实施早期教育，先是由具有仁爱之心、懂得孝道的人进行照料，进而让教师、慈母、保姆、奶妈"四贤"侍候和教导。

"小家庭"出现以后，不同的"小家庭"由于文化素质、价值观念、道德水平不同，出现了不同的家庭亚文化。随着社会的发展，这种家庭亚文化的差异性越来越明显，"小家庭"的家庭教育也逐渐呈现出不同的特色，并出现了相互学习、共同进步的现象。应该说，我国古代的家庭教育也是在这个时期开始快速发展的。

在奴隶制时期，除了奴隶和奴隶主之外，还有一部分平民阶层。那么，统治阶级又是如何看待平民的家庭教育的呢？自西周开始，主管民政的机构有一项职责，即慈幼。慈幼是什么意思呢？慈幼也就是爱护儿童。慈幼对于保护儿童成长、推动家庭教育提供了有力的保障。

（三）封建社会时期的家庭教育管理

到了封建社会时期，家庭教育中的"妇人之仁""父母溺爱"等问题逐渐为人所重视。"易子相教"的家庭教育管理思想开始出现。事实上，"易子相教"在奴隶制社会时期已经出现。为什么要"易子相教"？因为教育自己的孩子，尤其当孩子不听话时，下不了手。

在春秋战国时期"百花齐放，百家争鸣"思潮的影响下，家庭教育的内容鱼龙混杂。直到秦始皇统一中国后，因为政治统治的需要，秦始皇统一了度量衡、文字、货币。到了汉代，连思想也被统一了，即"独尊儒术"，也就是独尊孔子、孟子的儒家学说。"独尊儒术"的结果，就是学校教育和家庭教育有了统一的指引方向和内容，"修身、齐家、治国、平天下"成了教育的终极目标。尤其是到了隋唐时期，科举制度的兴起大大促进了儒家学说的发展。

自唐宋到明清，家庭教育管理的思想蓬勃发展，出现了像《颜氏家训》《朱子家训》《弟子规》等影响深远的著作。这个时候，典型的家庭教育和学校教育的管理形式就是私塾制和书院制，而祠堂、乡约、祖宗家法，也可以视为家庭教育管理的一部分。自唐宋到明清，虽然战事不断，但是文化上的动荡并不显著。元朝、清朝少数民族建立政权后，十分注重与汉文化的交融，蒙汉之间、满汉之间的文化冲突并不明显，对家庭教育的影响也并不深远。

直到鸦片战争之后，西方列强入侵，让汉文化受到了强烈的冲击。一方面，西方列强的侵略让国人开始反思科学技术的发展；另一方面，西方列强的社会文化让国人开始反思中国的教育模式，其中包含了家庭教育模式和学校教育模式。新式学堂代替了传统的私塾和书院，国人也开始反思中国的家庭教育模式。从这个时候开始，家庭教育的法制化进程开始启动。例如，光绪二十九年颁布的《蒙养院及家庭教育法》，标志着我国教育史上第一次实现了家庭教育法制化。

到了民国时期，1940年南京国民政府颁布了《推行家庭教育办法（草案）》，对政府机关、各级学校推行家庭教育作了国家层面上的规定，对家庭教育的对象、内容、形式、经费、考核方法等内容也作了详细的规定。

历史的发展证明，以学前教育为例，封建社会的经济特征是封建宗法制度下自给自足的小农经济与家庭手工业相结合的经济，其学前教育的基本形式必然是家庭教育；资本主义大工业生产以后，才出现了有组织的学前社会教育；自鸦片战争后，中国出现了近代工业革命，为适应近代工业革命的需要，学前教育的形式又发生了新的变化。可以看出，教育的形式或家庭教育的形式，深受社会经济发展的影响。

几千年来，中国家庭教育的模式有很多东西传承了下来，也有很多东西发生了巨大的变化。"孟母三迁"与当下的"学区房"热，其背后有非常相似的心理驱动，就是良好的环境与教育的关系。"养不教，父之过，教不严，师之惰"，其背后透露出的就是家庭教育和学校教育的重要意义。

二、古代家训、家规中的家庭教育管理思想

目前为止发现的最早的、有文字记载的家训是西周的《姬旦家训》。从先秦到明清，中国古代流传下来的各类家训不计其数。其中，像颜之推的《颜氏家训》、朱柏庐的《朱子家训》、唐太宗的《诫皇属》、包拯家训、李毓秀的《弟子规》等堪为经典。这些古代的家训实际上就是当时的家庭教育管理制度，从中，我们可以看到灿烂的家庭教育文化。

（一）《颜氏家训》与家庭教育管理

《颜氏家训》成书于约公元6世纪末，它是中华民族历史上第一部内容丰富、体系宏大的家训。作者颜之推，是南北朝时期著名的教育家。这部著作是颜之推记述个人经历、思想、学识以告诫子孙的著作。全书共有二十篇，分序致、教子、治家、勉学、养心等内容。1400多年来，这部著作一直被当作传统社会的典范教材。据说，宋朝朱熹的《小学》、清朝陈宏谋的《养正遗规》都曾取材于这部著作。而著作中的"慈威并济方得良子""妇人之仁终败儿""教化须自上而下""宽严贵在恰到好处""言谈举止有礼有致""独学无友易孤陋寡闻"等内容，至今仍

深深影响着我国的家庭教育。

《颜氏家训》对于当下的家庭教育有许多启示：父母应注重环境、言行对孩子的影响；父母应注重胎教与早教；父母应了解孩子身心特点，因材施教；父母应遵循"慈而有度，严而有格"的原则；父母应对孩子进行劝学和勉学教育等。

（二）《朱子家训》与家庭教育管理

《朱子家训》成书于清朝，是清代社会的家庭教育名著。作者朱柏庐是明末清初江苏人士，是著名的理学家、教育家。他潜心于研究程朱理学，主张知行并进，躬行实践。

《朱子家训》共524字，非常精辟地论述了治家之道。书中的内容继承了中国传统文化的优秀思想，其中"一粥一饭，当思来处不易；半丝半缕，恒念物力维艰""祖宗虽远，祭祀不可不诚；子孙虽愚，经书不可不读"等安全保障、勤俭持家、和睦邻里、尊敬师长的内容，至今仍具有重要的现实意义。它告诉人们，对于孩童的教育必须从家中的小事做起，例如，文中提到"黎明即起，洒扫庭除"，个人的品格就是从这些小事中培养起来的。读了《朱子家训》，家长会懂得如何管理家庭、教育子女，孩子会懂得怎样做人、怎样在日常生活中规范自己。

中国传统的家庭教育观是"要子成人"，而不是"望子成龙、望女成凤"。"望子成龙、望女成凤"是现代人的家庭教育观，其背后是个人的功利心在起作用。应该说，家庭教育的真正要义是道德教育而不是知识教育。《朱子家训》的核心是要让人成为一个光明磊落、宅心仁厚、明辨是非、生活严谨、理想崇高的人，这对于推动家庭道德文化建设、强化家庭的社会教化具有积极的意义。

（三）《郑氏规范》与家庭教育管理

每个家庭的教育不可能都千篇一律，那就是"制器"而不是"育人"了。"制器"的结果是"千篇一律"，"育人"的结果应该是"百花齐放"。

浙江浦江县有一个人类社会发展的奇迹，那就是郑义门。历史上，一个家族如果累世同居，可以被朝廷旌表，可称"义门"。历朝表彰的"义门"中，一般五世、七世就属难能可贵，而郑义门却足足延续了十五世.从北宋崇和元年（1118年）至明天顺三年（1459年），郑氏家族在此合族同居了约340年，并以孝义治家闻名于世。明朝开国皇帝朱元璋闻听当时郑义门已经九世同堂，特赐匾"江南第一家"。

这个家族为什么能这样世代聚居？这与《郑氏规范》的家庭教育管理思想是分不开的。《郑氏规范》共有168条内容，从祖宗祭祀、婚姻嫁娶礼仪、家庭管理、家长职权、人员分工、财产分配、妇规、社交和睦邻关系等方面，都做了详细规定，堪称世上最齐全的家庭管理规范。鼎盛时，这个家族有成员3300多人同居在一起。他们黎明即起，钟鸣四下，盥洗八下，全体到祠堂聆听祖训，然后分男女集体进膳。饭后各就所业，种桑绩麻，耕读传家，秩序井然。可以看出，大家风范的基础就是教养。《郑氏规范》中还有"家业之成，难如升天，当以勤俭朴素为准绳"等内容。

三、当代中国的家庭教育管理思想

新中国成立以后，旧的封建家庭制度彻底瓦解，社会主义的家庭制度正式形成。公有制下的家庭人际关系替代了原来私有制下的人际关系。在传统社会里，子女同家庭的其他财产一样，为家庭所私有，对子女的教育也是外界不得干预的家事。那时，每个家庭都可以把孩子限制在家里，家长可以任凭自己的主观意愿去教育孩子。在社会主义制度下，每个家庭的孩子都是社会主义事业的接班人，因此，家庭教育受到了全社会的高度关注。

1949年3月，全国妇联正式成立，妇联的基本功能是代表、捍卫妇女权益，促进男女平等，同时维护少年儿童权益。妇联的成立，对于推动社会主义中国的家庭教育管理具有重要的历史意义。

文献资料显示，民国时期的文盲比例高达80%。1954年，毛泽东同志在《论联合政府》的报告中提出："从百分之八十的人口中扫除文盲，是新中国的一项重要工作。"我们知道，家庭教育的核心是家长教育。因此，扫盲工作成了非常重要的家庭教育工作。

1986年，第六届全国人民代表大会第四次会议通过了《中华人民共和国义务教育法》（以下简称《义务教育法》）。这是我国首次把免费的义务教育用法律的形式固定下来，也就是说，适龄的"儿童和少年"必须接受九年的义务教育。义务教育主要是指学校教育，由于历史原因，新中国成立37年后，国家才有条件强制开展义务教育。《义务教育法》的颁布，对我国的家庭教育和学校教育都产生了深远的影响。

当今中国社会，家庭教育仍存在诸多问题。农村的留守儿童、城市独生子女问题等都成了社会敏感话题，引起了社会、学校、家庭的重视。我国之所以有6000万留守儿童，除了父母外出谋生，其中一个很大的原因就是很多人做了父母后，没有意识到孩子需要陪伴和教育，认为孩子交给老人抚养就可以了。全国妇联的调查显示，约八成家长缺乏家庭教育知识，许多家庭存在不同程度的养育焦虑，现有家庭教育服务资源又极其缺乏，监督管理也很不规范。

2003年，台湾地区颁布实施了"《家庭教育法》"。该法共有二十条，主要内容可归纳为十四个方面。该法认为，家庭教育，系指具有增进家人关系与家庭功能之各种教育活动，主要包括亲职教育、子职教育、两性教育、婚姻教育、伦理教育、家庭资源与管理教育、其他家庭教育事项七个方面。该法还对家庭教育的主管机关、家庭教育职责、推展家庭教育的机关团体、家庭教育参与人员、家庭教育的原则和方式、家庭教育课程教材研发及经费筹措等内容做了规定。

那么，大陆的家庭教育立法工作进展如何呢？2016年，全国妇联联合教育部、中央文明办、民政部、文化部、国家卫生和计划生育委员会、国家新闻出版广电总局、中国科协、中国关心下一代工作委员会共同印发了《关于指导推进家庭教育的五年规划（2016—2020年）》（以下简称《规划》）。

《规划》明确提出，要推进家庭教育立法进程，全国层面，由全国妇联、教育部协同有关部门全面启动家庭教育法的研究工作，形成立法草案，推动立法进程；要制定、完善家庭教育政策措施；要将家庭教育事业发展纳入国家和地方"十三五"经济社会发展规划、部门相关专项规划等。

2016年3月，教育部副部长郝平在进行"两会"微访谈时表示，《国家中长期教育改革和发展规划纲要（2010—2020年）》已经明确提出要制定家庭教育法，目前，教育部正在配合全国妇联起草《家庭教育法（草案）》，下一步将进一步向社会广泛征求意见。

第二节　中国家庭教育管理体制的构建

2011年，国务院颁布了《中国儿童发展纲要（2011—2020年）》（以下简称《纲要》）。《纲要》将家庭教育指导服务纳入城乡公共服务体系，计划在2020年前，普遍建立各级家庭教育指导机构，90%的城市社区和80%的行政村建立家长学校或家庭教育指导服务点。《纲要》还提出，要建立家庭教育从业人员培训和指导服务机构准入等制度，培养合格的专兼职家庭教育工作队伍，加大公共财政对家庭教育指导服务体系建设的投入，鼓励和支持社会力量参与家庭教育工作。可以看出，国家对于家庭教育这项工作是十分重视的。

家庭教育的实施者主要是家长，因此，对家长的教育管理是家庭教育管理的核心。然而，家长的素质千差万别。尤其在我们这样一个发展中的超级大国，各地区经济发展不平衡，教育发展参差不齐，家长在家庭教育中存在许多的问题。更何况，很多年轻的家长外出谋生，长年不在家里，带来了约6000万名留守儿童，这6000万名留守儿童的家庭教育长期缺失。要在我国建立起符合当下国情的家庭教育管理体制，面临着许多的问题和困难。

一、加快颁布家庭教育管理法律法规

当前，我国的家庭教育管理工作比较混乱，其中的一个重要原因是没有相关

的法律法规加以规范，指明方向。我们知道，我国的家庭教育法已经在起草中，不过，从征求意见到形成《家庭教育法（草案）》，再到提交全国人大通过，立法工作还有很长一段路要走。法律法规总是滞后于实际需求，这是可以理解的，我们期待着由全国妇联牵头起草的这部《家庭教育法（草案）》能够尽快出台。

那么，由全国妇联联合其他部委共同颁布的《关于指导推进家庭教育的五年规划（2016—2020年）》（以下简称《规划》）到底对家庭教育做了哪些规划呢？

这项《规划》出台的其中一个原因，是在贯彻落实习总书记关于"注重家庭、注重家教、注重家风"的重要指示。《规划》主要有五项基本原则：

第一，坚持立德树人，始终把培育和践行社会主义核心价值观作为家庭教育的核心和根本，突出思想道德教育。

第二，坚持需求导向，始终把家长和儿童的需求作为家庭教育工作的出发点和落脚点，注重解决家庭教育中的突出问题。

第三，坚持家长尽责，通过家庭教育指导服务，进一步强化家长的监护主体责任，引导家长依法履行家庭教育职责。

第四，坚持政府主导，推动各级政府在指导推进家庭教育中发挥主导作用，建立健全部门联动的工作机制。

第五，坚持创新发展，将家庭教育事业发展置于国家创新发展和互联网快速发展的宏观背景下，以家庭教育理论创新为基础，注重思想观念创新、体制机制创新、专业人才培养和指导服务模式创新。

《规划》提出，到2020年要基本建成适应城乡发展、满足家长和儿童需求的家庭教育指导服务体系。《规划》还提出，在城市90%的中小学、幼儿园、中等职业学校中建立家长学校，农村要达到80%。可以看出，这项《规划》为我国今后几年的家庭教育工作描绘了宏大的蓝图。

那么，我国的《家庭教育法（草案）》可能会有什么特点呢？我们不妨先看看台湾地区的"《家庭教育法》"、清朝光绪年间的《奏定蒙养院章程及家庭教育法章程》和民国时期的《推行家庭教育办法》这三部法律。

（一）台湾地区的"《家庭教育法》"

2003年，台湾地区颁布的"《家庭教育法》"对家庭教育的内涵与范围做出了明文规定，提出家庭教育是指"具有增进家人关系与家庭功能之各种教育活动"。家庭教育主要包括亲职教育、子职教育、两性教育、婚姻教育、伦理教育、家庭资源与管理教育、其他家庭教育事项七个方面。

亲职教育是指父母职能的教育，即家长教育。主要指教育父母如何帮助孩子养成良好的品格，如何帮助孩子建立良好的人际关系等诸多内容。

子职教育是指子女职能的教育，主要指增进子女本分的教育活动，教育孩子去了解和学习做孩子应尽的职责。一是学习对自己的学业负责，二是学习对自己的言语、行为负责。

两性教育是指男性、女性的性别知识和能力教育。

婚姻教育是指夫妻双方的教育，包括如何增强夫妻间的亲密关系。

伦理教育是指家庭成员之间的关系教育，每位成员都要处理好自己的边界问题，相互尊重，不能逾矩。

家庭资源与管理教育是为了增进家庭各类资源的运用及管理。

那么，台湾地区的"《家庭教育法》"对我们有什么借鉴意义呢？从内容上来看，

"《家庭教育法》"关注家长、子女、家庭伦理、家庭资源等方面的问题，它的意义在于，打破了家庭教育、学校教育和社会教育三者分离的概念，注重对问题的预防，而非出现问题后的解决。当孩子已经出现问题，或夫妻双方已经出现严重问题，那时再弥补，往往已经来不及了。如果把台湾地区的"《家庭教育法》"与中国古代的家训作对比，我们会发现，两者之间也是一脉相承的。

（二）清朝光绪年间的《奏定蒙养院章程及家庭教育法章程》

1904年，即清朝光绪二十九年，曾颁布《奏定蒙养院章程及家庭教育法章程》，这是我国对家庭教育进行的最早的专门立法，是中国家庭教育法制化的开端。

这份章程充分肯定了学前教育的重要意义和作用，并指出学前教育处于国民教育体系中的基础地位。章程规定，蒙养院要保育教导儿童，发展其身体，渐启其心智，留意其性情及行止仪容等。用现在的眼光去看待，蒙养院即是幼儿园的雏形，它对儿童的德育、智育、体育、美育等内容均有要求。蒙养院还十分注重教育要量力适度，要遵循儿童的性情及心理特点。

蒙养院的宗旨便是蒙养、家教合一。不过，这种形式的蒙养院严重抄袭日本明治三十二年颁行的《幼稚园保育设备规程》，表现出显著的半殖民地半封建教育的特点。蒙养院既不放弃封建式的家庭儿童教育，又不去解决师资的培养问题，其封建主义的思想内容与资产阶级的教育形式之间产生了突出的矛盾。

（三）民国时期的《推行家庭教育办法》

1945年，国民政府的教育部颁发了《推行家庭教育办法》。这一法规中的家庭教育与我们当前所谓的狭义的家庭教育的概念不同。我们通常所说的家庭教育主要对象是家庭中的未成年人；而这一法规中的家庭教育的对象既包括未成年人，也包括其他所有的家庭成员。可以说，台湾地区的"《家庭教育法》"很大程度

上是参考了这一法规。《推行家庭教育办法》的目的是强加伦理道德教育，改进国民生活，建立现代家庭。

历史上的这些教育法律法规可以为我国起草的《家庭教育法（草案）》带来很重要的参考。结合《规划》和这三部法规，我国的《家庭教育法（草案）》可能会具备这样一些总体目标：突出家庭教育的核心和根本、拓展家庭教育指导服务的载体、提高家庭教育指导的专业化水平、深化家庭教育科学的相关研究、健全家庭教育工作的灵活机制等。

当前，台湾社会出现了这样四大特点：一是不婚，结婚越来越晚，离婚率越来越高；二是不生，生育率下降，人口老龄化；三是不养，未婚先育的一些婴儿与一些老年人遭遇了没人养育的问题；四是不活，自杀的比例很高，是青壮年人口的第二大死因。经济的发展，对社会文化、习俗带来了极大的冲击，这些问题逐渐凸显出来。如何增进家人之间的关系，如何充分发挥家庭的功能，这是我们面临的亟待解决的问题。

二、建立健全的家庭教育管理组织机构

家庭教育法律法规应该由哪个国家部门立法，又该由哪个部门实施呢？这直接关系到法律的具体实施问题。

民国时期的《推行家庭教育办法》，由国民政府教育部颁布，它明确规定各级主管教育的行政机关要督促所属各级学校、社会教育机构及辅导文教团体、妇女团体等积极推行家庭教育。它还要求各地方主管教育行政机关应在"社会教育科"内指定专人办理家庭教育事宜。在国民政府的"教育部"设有"社会教育司"，下边设有"家庭教育股"，负责全国的家庭教育工作。《推行家庭教育办法》这个文件也是当时的"教育部"颁布的关于家庭教育管理指导工作的第一个法规。

台湾地区的"《家庭教育法》"由台湾地区教育主管部门颁布，其具体实施的机关，在最高层面为教育主管部门，在直辖市为直辖市政府；在县（市）为县（市）政府。《家庭教育法》对教育主管部门、直辖市政府、县（市）政府的职能作了明确的规定。教育主管部门委托相关机构、学校进行各类家庭教育课程、教材的研发。各级主管机关筹集家庭教育经费，积极推展家庭教育。

台湾地区对家庭教育的一些做法是值得我们借鉴的，例如，推进家庭教育"五年计划"，以五年为一个发展阶段，逐步推进家庭教育；开展家庭教育从业人员认证，要求修满一定的必修课程和选修课程，家庭教育指导老师要持证上岗；对开展家庭教育培训的机构开展定期的督查，确保家庭教育的质量；在全台湾有20个县市设立家庭教育的咨询专线，接受民众的咨询；等等。

我国目前虽然没有相关的法律来规范家庭教育工作，也没有统一的机构来管

理家庭教育，但是，以"家长学校"为主要模式的家庭教育工作却发展迅猛。当前，我国的家庭教育指导机构主要有以下几类：

第一，由各级教育部门牵头举办，主要以"家长学校"的形式存在。现状是，大多没有统一的教材和专职老师，没有持续性和规范性的培训计划，没有明确的家庭教育目标。许多家长学校所开展的活动就是"家长会"，一年召开1—2次，主要工作是学校和家长沟通学生在校的情况。

第二，由各级妇联组织牵头举办，主要以"女性学堂"等各种形式存在。由于子女的家庭教育主要是母亲的教育，妇联基于关爱妇女儿童的本职工作，开展了大量的家庭教育普及宣传工作。然而，妇联的工作对象主要是妇女，而妇联缺乏强有力的师资人才、场地载体支持，因此，妇联虽然做了大量卓有成效的工作，但是影响力有限。

第三，由关心下一代工作委员会举办，其优势在于，可以充分整合教育、妇联、宣传、司法等各部门的力量，开展关心下一代健康成长的工作，其工作对象主要是未成年人。与教育部门和妇联组织相比，其组织机构并不丰满。

第四，由各类社区自发举办，这类社区主要出现在城市。社区在地理和管辖范围上有相当的优势，国内部分社区在家庭教育工作上也取得了一定的成绩。然而，社区的家庭教育工作更加缺乏强有力的工作队伍。

第五，由社会力量参与举办，这类社会力量多以营利为目的，很多社会教育机构家庭教育的内容很好，师资很强，然而费用也很高，令人望而却步。

由于参与的主体多，力量分散，缺乏统一的规划和管理，我国现阶段的家庭教育管理机构问题很多。归纳起来，主要表现为以下几点：

（一）缺乏统一的权威声音，缺乏系统的教育规划

由于政出多头，缺乏通力合作，当前的家庭教育管理混乱，缺乏权威部门牵头，也缺乏系统的教育规划。教育主管部门、妇联、关心下一代工作委员会、社区、社会力量，每个单位在家庭教育中都各自为政，各取所需，这就造成资源无法有效整合，优势难以充分发挥。其中，在家庭教育管理的问题上，教育主管部门和妇联的关系是最微妙的。教育部门的优势在于师资力量，在于学生的教育；妇联的优势在于组织机构更贴近家庭，在于妇女的教育。因此，教育部门和妇联系统在家庭教育工作中各有优势，应该通力合作。

（二）缺乏统一的教材资料，缺乏经验丰富的师资

由于历史原因，家庭教育在我国的发展比较滞后。到目前为止，缺乏权威、实用的教材，也缺乏稳定的教师队伍。当然，台湾地区虽然在家庭教育方面比大陆探索得要更久，但是，也面临着缺乏教材、缺乏师资的困境。

这些年，国内对"家庭教育指导师"的培训主要有两个项目，一个是国家人社部的"CETTIC家庭教育指导师培训证书"，一个是关心下一代委员会的"CCHAN家庭教育指导师资格证书"。作为家庭教育主要实施单位的教育主管部门和妇联反而没有相应的资质认定。国家人社部和关心下一代工作委员会的资格证书考试虽然培养了一批家庭教育指导师，但是，无论是从数量上，还是能力上，都还远远不能满足国内家庭教育的需求。

开展家庭教育的老师，既要具备深厚的理论功底，又要具备丰富的生活经验，同时，还要有良好的教师基本功。家庭教育是面向所有人的，这比一般的学校老师更具有挑战性。所以指导家庭教育的老师需要经过严格的遴选和专业的培训。然而，实际生活中，好多所谓的家庭教育指导老师缺乏理论知识，缺乏调查研究，只凭书本上的理论知识，这样可能会产生负面效果，误导了民众。

（三）缺乏稳定的教育基金，缺乏规范的物价监管

家长教育，如果是要收费的，那么民众参与培训的积极性就会大大降低。最终会主动参加培训的家长，要么是因为孩子已经出现问题，要么是家庭已经出现问题。他们参加培训的目的不是预防问题的出现，而是解决已经出现的问题。所以，家庭教育管理中，对家长的培训要建立在义务教育的基础上，这是一项利国利民的工作。只有家庭稳定，社会才会稳定。然而，教育主管部门、妇联的经费都很有限，这也是我国当前家庭教育管理无法全面铺开的最根本原因。

对于那些"不是为了预防问题的出现，而是为了解决已经出现的问题"的家长而言，教育部门、妇联举办的相关培训活动并不能满足于他们的需求。于是，社会上的培训机构开始强势介入，这些培训项目费用动辄数千、数万，令很多家长望而却步。

（四）缺乏办学资质的认定，缺乏教育质量的评估

由于没有相关的法律法规指导，许多"亲职""子职"教育的相关培训机构名目繁多，教学内容随心所欲，办学单位鱼龙混杂。许多机构随便租个教室，临时请几位家庭教育的讲师，就开始家庭教育的相关培训。这些培训机构缺乏相关办学资质认定，教学质量难以评估。

研究发现，中国有近60%左右的家庭存在着不同程度的问题，其中，亲子冲突、自闭自虐、婆媳关系、夫妻关系等问题相当突出。80%左右的家庭对于遇到的家庭问题无法处理好，甚至束手无策。在欧美发达国家，按比例大约每300—500人就有一位家庭教育指导师，美国的家庭教育机构大约有700多家，他们在50年前就已经形成了家庭教育的理念，对家长的教育重视程度甚至超过了对儿童的学前教育。因此，我国的家庭教育工作任重而道远。

三、大力宣传、普及家庭教育的重要意义

2016年，某市一位中学生因抑郁症请假在家治疗期间，坠楼身亡。家长埋怨学校把活蹦乱跳的学生教成了抑郁症患者。面对这样一起悲剧，学校有苦难言，家庭有怨难发。究竟是什么原因让一个中学生患上抑郁症呢？也许有学业的压力存在，也许有人际交往的困惑存在。但是，一个不争的事实是，家长长期在外经商，没有经常陪伴孩子。孩子在出事前一个月，曾以割腕抗议，不想去学校。父母带她去医院检查，被诊断为重度强迫症和中度抑郁症。从中可以看出，如果有得当的家庭教育指导，这位学生在家里休养治疗期间应该能得到更好的看护和照顾。

应该说，在高考的指挥棒下，中国的家长大致出现了以下共同的问题：

（一）重培训、轻陪伴

一般认为，除了学校教育以外的教育，基本上都属于家庭教育。很多父母面临"怎么开展家庭教育"这样一个困惑。他们自己没有充足的时间和知识去教育孩子，于是，给孩子报各种课外培训班，请最好的授课教师，以此来替代家庭教育。其实，在家庭教育中，陪伴比培训更重要。而陪伴也有三个层次：看孩子玩、陪孩子玩、和孩子玩。在这三个层次中，家长与孩子的亲子互动程度不同。中国的传统教育讲究"言传身教"，"轻陪伴"的结果就是轻"言传身教"。

（二）重智育、轻质育

虽然素质教育已经喊了很多年，但是在高考的指挥棒下，以"考试分数"为度量的智育仍然是非常重要的。很多家长认为，在身体健康的前提下，成绩好比什么都更重要。于是，在智育方面投入大量精力，而在德、体、美、劳方面的投入微不足道。本来好多家庭在孩子上初中前，已经开始重视多方面的素质培养。但是，一旦上了初中后，素质教育又退出了家庭教育的舞台。

（三）重体罚、轻体谅

轻陪伴、轻质育的结果，必然是教育的极端功利化。很多家长会把自己的人生梦想强加给自己的孩子，或者盲目地"揠苗助长"。一旦达不到自己的愿望，或是孩子的表现没有达到自己的内心标准，往往会以"己"为本，而不是以"人"为本，继而实施体罚，而很少去体谅孩子。

宣传、普及家庭教育，是家庭教育管理的一项重要内容。只有家庭成员尤其是家长认识到家庭教育的极端重要性后，才会主动参与家庭教育的培训和实施。而家庭教育也是家长在成家立业、生儿育女后的一项重要责任。为了学习专业知识，为了一份事业，我们寒窗苦读十几年；为了维系婚姻，为了良好的家庭教育，

家长也应该多学习家庭教育的专业知识。

有的家长可能会说，把小孩生下来，还要养大，我们已经够辛苦了。家长应该持有的理念是，不仅把孩子养大，还要把孩子养好。这里所谓的养好，不是非让孩子出人头地，而是让孩子享受充分的爱，让孩子在生活中有幸福感。很多家长在养育孩子的时候，全凭自己的主观认识，而不遵守客观的养育规律，这样，家庭教育势必会出现很多问题。

当然，家庭教育也会受到政治、经济、文化等诸多因素的影响。以家庭成员的居住行为为例，2007—2014年，受全球经济危机的影响，意大利、斯洛文尼亚和希腊的年轻人和父母同住的比例分别为80.6%、76.4%和76.3%，大大高于经济危机以前。美国二三十岁的年轻人有20%和父母住，其中60%的人需父母的经济资助，而他们的上一代，只有10%的人会搬回家住，且几乎很少向家里要钱。

都说家庭是社会的细胞，但是，有些家庭是"坏死"的细胞。这些家庭的存在，不仅自身不完整，还威胁到其他家庭的健康发展。家庭是每个孩子出生后，接受教育的第一个地方，也是最重要的一个地方。只有大力普及、宣传家庭教育的重要意义，才会有越来越多的人关心、关注家庭教育这个领域。

第三节　中国特色家庭教育管理体制的实践

在中国现有的政治体制下，如何有效地推进中国特色家庭教育的管理体制建设呢？我国走的是中国特色社会主义道路，我们最大的国情就是处于社会主义初级阶段。中国特色的家庭教育管理体制一定要紧扣这两个基本内容。家庭教育管理服务体制的建设应该呈渐进式的特点，一般包括家庭教育萌芽及观念宣传阶段、家庭教育管理体制建立阶段，以及家庭教育法治化阶段。

许多学者认为，只有建立起自上而下、条块结合的行政管理模式，家庭教育管理体制才能走上规范化、制度化的健康和可持续发展之路。在家庭教育工作中，要做到：第一，规划管理体制功能，优化家庭教育体系；第二，提高教师专业技能，确保教师服务效能；第三，整合家庭教育资源，完善教育服务网络；第四，落实家庭教育资金，保障家庭教育运行。对这四个方面的要求进行分类，可以从以下几个方面去实践：

一、明确家庭教育管理的主管部门

当前，全国妇联、教育部、中央文明办、民政部、卫生部、关心下一代工作委员会等许多单位在家庭教育工作中都发出了自己的声音。声音多了，头绪就多，内容容易杂乱，进而会影响到实际效果。

家庭教育管理体制与学校教育管理体制一样，必须服务、服从于中国特色社会主义初级阶段建设这一总体目标，必须坚持社会主义的核心价值体系，必须坚持正确的办学方向，它是我国教育体系的重要组成部分。家庭教育虽然不能全部由政府承担，但是只有政府的强势行为才能对各种资源进行有机整合。所以，在国家中央机关层面，如果没有新的部门或机关成立，家庭教育管理工作要明确由教育部或全国妇联负责，或是这两个部门的有机融合。

台湾地区，家庭教育管理的主管部门是"教育部"，民国时期颁布的《推行家庭教育办法》，其主管部门也是"教育部"；美国、德国、瑞士等国目前没有专门的家庭教育法出台。

按照2016年3月教育部副部长郝平的表述，目前，教育部正在配合全国妇联起草家庭教育法草案，从中可以看出，全国妇联成为今后我国家庭教育管理主管部门的可能性更大一些。相信党和国家一定能够审时度势，在全国妇联和教育部两大部门之间做好相应的制度设计和组织协调工作。

全国妇联是一个什么样的组织呢？全国妇联是一个正部级机构，全国妇联主席一般由全国人大常委会副委员长兼任，属于高配的副国级干部。从国家对这个机构的干部设置可以看出，这个组织拥有相当高的地位。

全国妇联是全国各族各界妇女在中国共产党领导下的社会群众团体，是国家政权的重要社会支柱。全国妇联依照法律和《中华全国妇女联合会章程》独立自主开展工作。全国妇联成立于1949年3月，其基本功能是代表、捍卫妇女权益，促进男女平等，同时维护少年儿童权益。

妇联的本职工作主要有：团结、动员妇女参与经济建设，促进社会发展；教育、引导妇女全面提高素质，促进妇女人才成长；代表妇女参加社会协商对话，参与有关妇女儿童法律、法规、条例的制定；为妇女儿童服务，推动社会各界为妇女儿童办实事、办好事；积极发展同世界各国妇女的友好交往。

经过几十年的发展，妇联组织已经形成了自上而下、条块结合的管理模式。妇联的最基层组织是村（社区）妇联，它的触角可以覆盖到全国任何一个有人居住的角落。因此，全国妇联如果成为家庭教育的主管部门，势必对推动这项工作带来深远的影响。

家庭教育的最理想状态，当然是每个村（社区）都创建一个家庭教育中心。这项工作类似于30年前的小学设置，那时候，在我国农村地区，几乎每个村子都有一所规模不大的小学。这些小学承担了农村儿童的教育任务。当然，依照目前的国情，在国内每个村（社区）创建家庭教育中心还并不现实。不过，以浙江省为例，浙江省几乎已经实现了每个村都建有一个文化礼堂的目标，家庭教育中心完全可以依托文化礼堂的阵地，将教育理念传播到千家万户。

在家庭教育管理机构主导的家庭教育中心之外，还应该引入各级、各类学校以及社会上的大众传播机构，使它们成为重要的家庭教育推展机构。唯有这样做，才能健全体系，理顺关系，才能建立起自上而下、条块结合的行政管理模式，家庭教育管理体制才能走上规范化、制度化的健康和可持续发展之路。

二、建立家庭教育的准入制度和课程教材建设

家庭教育关乎国家的未来，家庭教育应该和学校教育处于共同重要的战略地位。在家庭教育的准入制度和课程教材建设中，我们既要学习西方的先进教育理念，也要充分考虑中国的传统文化。

实施计划生育的这30多年，中国的家庭教育模式悄悄地发生了变化，传统的金字塔人口结构变成了倒金字塔。不过，现在二孩政策全面放开后，整个社会的家庭结构又悄悄地发生另一种改变。

中国的家长，有强烈的"望子成龙、望女成凤"观念。从小到大，我们无数次以"我的理想"为题写作文，科学家、艺术家、军事家、教育家是许多人的理想。可是，几十年后，真正成为这些"家"级别的却是极少数的。因此，有人说，理想是比较虚无缥缈的，有点接近于"dream"。而西方国家的父母，注重的是孩子的目标教育，他们让孩子自己设立一个目标，然后让孩子在以后的学习、生活中，为实现自己的目标而奋斗，即使这些子女不出人头地，也会得到家庭的支持。这种目标更接近于"goal"，可以是任何的"goal"。

在"理想教育"理念的驱动下，教育的目标更侧重于家长的目标和意愿，具有一定的强制性，对孩子的意愿不够尊重。随着现实和理想的差距越拉越大，孩子会觉得越来越找不到自我。在"目标教育"理念的驱动下，教育的目标更侧重于孩子的目标和意愿，大人只是起到辅助作用。这种意愿比较灵活，随着个人阅历的增长和兴趣的改变，个人的目标可以适时修改，达到"量体裁衣"的效果，最终发挥人的潜能。

（一）家庭教育师资队伍的建设

面对我国这样的一个大国，家庭教育的师资队伍需求量非常大。如何打造一支稳定、优质的师资队伍呢？可以参考学校教育的师资队伍建设。

学校教育对教师的准入制度就是教师资格证。教师资格制度是国家法定的职业许可制度，这项制度最早于1782年在美国佛蒙特州实施，后来陆续被世界各国所效仿。在我国，教师资格制度的法律法规、政策依据是《教师资格条例》。条例规定，在各类学校从事教育教学工作的，必须依法取得教师资格。

2015年，教师资格证考试实施改革，打破了教师终身制，实行五年一审。所

有符合条件的公民想要成为一名教师，必须参加国家统一考试。目前，我国的教师资格证主要分为幼儿园教师资格、小学教师资格、初级中学教师资格、高级中学教师资格、中等职业学校教师资格、高等学校教师资格等。

家庭教育的教师队伍有其特殊性，可以纳入《教师资格条例》，国家可以对《教师资格条例》作修订，增加"家庭教育教师资格"。

此外，《教师资格条例》对申请者的普通话水平、教师技能、身体素质、心理素质、学历水平等都有详细的规定，所有申请者还需参加省教育厅统一组织的教育学、心理学考试。应该说，家庭教育的师资也应该具备类似的基本条件，取得教师资格证书后，方可开展相应的家庭教育指导工作。

（二）家庭教育培训、指导机构的建设

家庭教育培训、指导机构应该作为一种实体存在，它应该有别于当前建立的很多"家长学校"。这些"家长学校"，往往只是一种虚拟的存在，它们主要是在各类学校、社区挂个牌子，偶尔针对家长上几次课，对全面推动家庭教育工作没有实质性的意义。

国家对家庭教育培训、指导机构应该实施准入制度，对办学条件、教学大纲、师资队伍、培训活动内容、培训效果等设置相应的标准。这些机构只有达标了，才能允许办学。家庭教育主管部门要有系统、规范的监督管理措施，经常对培训机构开展督导工作。同时，家庭教育的指导、培训机构必须依法办事、依章办事，为我国的家庭教育事业贡献智慧和力量。

所谓"家家有本难念的经"，每个家庭的具体情况都不一样。除了集体教学、指导，个别家庭的问题辅导、咨询同样非常重要。当前，我国的社区心理咨询室正在逐步建立，家庭教育主管部门可以有机整合资源，为广大家庭提供高效、便捷、优质的服务。每个地区的家庭教育发展情况也千差万别，西部地区和农村地区的家庭教育资源非常匮乏，需要国家在宏观层面予以调控。

台湾地区家庭教育的培训、指导工作是如何运作的呢？按照"《家庭教育法》"的规定，主要有以下几方面：

第一，家庭教育实施的主体。第七条规定，市、各县市主管机关应遴聘家庭教育专业人员，设置家庭教育中心。家庭教育中心应承担具体的事务。第二，家庭教育实施的机构。第八条规定，推展家庭教育的机构、团体包括家庭教育中心、各级社会教育机构、各级学校、各类大众传媒机构，以及其他与家庭教育有关的公私立机构或团体。第三，家庭教育实施的原则与方式。第十一条规定，家庭教育之推展，以多元、弹性、符合终身学习为原则，以其对象及实际需要，采取演讲、座谈、远距教学、个案辅导、自学、参加成长团体及其他方式为之。第四，

家庭教育实施的具体项目。该法规划了几个家庭教育实施项目：高级中等以下学校每年应在正式课程外实施4小时以上家庭教育课程；弱势家庭应被优先提供家庭教育服务；各级主管机关应为适婚男女提供至少4小时的婚前家庭教育课程；各级学校对于有重大违规或特殊行为学生，应通知其家长，并为家长提供家庭教育咨询与辅导。

（三）家庭教育教材的规划和建设

没有立法，就没有家庭教育的方向和内容；没有方向和内容，就没有科学的调查和研究；没有调查和研究，就没有专门的教学和研究人员；没有专门的教学和研究人员，就不可能有科学的、实用的家庭教育相关培训教材出现。可以说，科学、实用的家庭教育培训教材的编印还有很长一段路要走，而这些教材也只有在培训、实践中才能逐步完善起来。

当前，一些家长学校、社会培训机构所使用的家庭教育培训教材要么粗制滥造，要么脱离实际，要么从国外照搬照抄，未本土化。这些教材对于实际的家庭生活、家庭教育缺乏有效的指导。

由于我国幅员辽阔，家庭众多，具体家庭的情况复杂多样，独生子女家庭、多胎家庭、失独家庭、留守家庭、贫困家庭等不同类别的家庭，需要得到不同的家庭教育指导，也就需要不同的教材和不同的家庭教育计划。因此，家庭教育培训教材的编印既要具备普遍性，又要具备多样性；既要具备长期性，也要具备阶段性。

由于不同的家庭，其成员的文化水平参差不齐，差异性非常大，在教材编印的过程中，要充分考虑实用性，尽可能用通俗易懂的语言写作，用生动翔实的案例引导，保证绝大多数人能够看懂。

此外，对于家庭教育的内涵与外延，学术界应该尽快达成一致的认识。这直接关系到家庭教育管理的内容。现代家庭教育的理念有四个新特点：第一，家庭教育不仅是一个家庭的事，也是整个社会的事；第二，家庭教育不仅停留在生活技巧、习惯养成方面，它应该促进人的全面发展；第三，家庭教育不仅是长辈对晚辈的教育，也包括所有成员之间的相互教育；第四，家庭教育不仅停留在成年前的教育，也应延伸到人的一生。对于现代家庭教育的这些新理念，在规划家庭教育的教材时应该有所考虑。

三、确保家庭教育的经费来源和资金保障

制度有了，场所有了，队伍有了，接下来就缺资金了。资金的多少直接关系到家庭教育工作是否能够长期、稳定地发展壮大。台湾地区"《家庭教育法》"

第十七条明文规定："各级主管机关应宽筹家庭教育经费，并于教育经费预算内编列专款，积极推展家庭教育。"

国家教育经费包括教育事业费（人员经费和公用经费）和教育基本建设投资费（基础设施和教学设备）。2000年之前，我国财政性教育经费支出占国民生产总值的4%，世界平均水平是4.9%，一般欠发达国家是4.1%。2002年是3.32%，2007年是2.86%。自2012年以来连续5年超过4%，其中2016年占比5.22%，为历史最高。可是，目前，世界平均水平已提高到7%，发达国家达到9%，而我国仍然是5.22%，明显低于世界平均水平。人均公共教育经费方面，在瑞典为2000美元以上的时候，中国仅为9.4美元。很显然，家庭教育的经费想从国家教育经费里面分一杯羹，那是十分有限的。

那么妇联系统的经费呢？全国妇联2014年"三公"经费的决算数为511.51万元。2017年，北京市大兴区妇女工作的经费项目有家庭教育、低碳生活、创业就业、和谐家庭建设等25个项目，总资金才95万元。从中可以看出，每年能用于家庭教育的费用是非常有限的。而中西部地区就更加捉襟见肘。

如果没有持续的经费来源和资金保障，讨论如何构建有效的家庭教育管理体制显得没有底气。此前建设了很多年的"家长学校"为什么没有形成大气候，没有形成足够强大的社会影响力？其中一个非常主要的原因就是经费严重缺乏。

如何确保家庭教育管理有钱可用？按照我国当前的国情，家庭教育的经费筹措无非有以下几个途径：第一，政府拨款，重点用于基础设施建设。第二，单位拨款，主要解决家庭教育日常的用度。第三，社会赞助，在政策允许的范围内，接受社会捐赠。这是西方一些发达国家解决教育经费的一条重要途径。第四，市场运作，家庭教育培训机构通过适当的创收，贴补家庭教育的经费。第五，向参与培训的对象收取培训费。

很显然，全部依靠国家行政拨款，这种可能性并不大，家庭教育管理的主管部门在经费预算时，每年要有固定的投入。如果面向接受培训的家庭收费，除非国家强制要求家长像考驾照一样必须参加，否则家庭成员参与家庭教育培训的积极性肯定不高。况且，如果国家立法要在全国开展家庭教育，那么每个家庭都应该有义务参与。这两者之间的矛盾难以调和。看来，除了行政拨款，家庭教育的经费还要依靠社会捐助和一定的创收才行。大额社会捐助的前提是，捐助者拥有相当的经济实力。在我国文化中，向社会捐赠巨额资产的观念和风气还没有形成，我们的文化更倾向于将财产留给子孙后代。

因此，家庭教育的经费来源是摆在我们面前的一个大难题。

四、进一步推进家庭教育管理的法制化建设

除了家庭教育的体系、制度建设，队伍建设，场所建设，教材建设等诸多问题以外，家庭教育的法制化建设也是当务之急。"依法治教"是家庭教育管理工作的准绳。家庭教育立法也是时代发展的必须与必然。

几千年来，在中国人的心中有一个观念，就是家庭教育是私人的事情，是家庭的事情，其他人和其他家庭不得干涉。随着时代的发展，越来越多的人认识到，"家"是"国"的基本单位，终究还是属于"国"的。立法的目的，就是既要保护"家"，又要利于"国"。

那么，立法的价值体现在哪些方面呢？立法可以确保家庭教育的法律地位；立法更有利于普及家庭教育；立法可以对家庭教育进行规范和约束。目前，我国对于家庭教育的法律法规散落于《宪法》《中华人民共和国未成年人保护法》《妇女儿童权益保护法》《中华人民共和国婚姻法》等法律中。在美国有《家庭法》（1996年颁布），在俄罗斯有《俄罗斯联邦家庭法典》（2002年颁布），在澳大利亚有《家庭法法案》（1975年颁布）。为了加快推进家庭教育工作在我国的实施，我国的家庭教育法应该加快立法进程，早日向社会颁布。

家庭教育、学校教育、社会教育同属于我国公民的教育体系，由于家庭教育缺乏相应法律法规的保障，更缺乏相应的道德约束，出现了各种不良的社会现象。家长职责缺失、孩子道德失范、亲子关系淡漠已经严重影响到社会主义家庭教育事业的健康发展。家庭教育的法制化建设刻不容缓。

当然，对家庭教育立法，只做到了有法可依还不够，还要在有法必依、执法必严、违法必究等方面下功夫。

参考文献

[1] 刘晓，程毅.家是另一个学校 家庭教育思维工具 [M].上海：华东师范大学出版社，2023.02.

[2] 赵曼云.家庭教育真知道 家庭仪式提升幸福力 [M].北京：海豚出版社，2023.04.

[3] 毕诚.新时代家庭教育 孩子阅读 生活习惯 [M].北京：人民东方出版传媒有限公司，2022.01.

[4] 毕诚.新时代家庭教育 孩子阅读 为人处世 [M].北京：人民东方出版传媒有限公司，2022.01.

[5] 曾仕强.中国式家庭教育 破解家教的迷茫升华亲情的温度 [M].北京：北京时代华文书局有限公司，2022.01.

[6] 王希萍.学校·家庭·社会"三结合教育"育人之路 [M].天津：天津人民出版社，2022.01.

[7] 范业赞.家庭教育的智慧 [M].北京：中国人民大学出版社，2022.05.

[8] 刘梅.儿童心理发展与家庭教育 [M].北京：清华大学出版社，2022.05.

[9] 丁敬耘.社会发展与家庭教育 [M].上海：上海远东出版社，2021.08.

[10] 赵石屏.家庭教育原理 [M].北京：高等教育出版社，2021.07.

[11] 刘成绩.家庭教育的理论与方法研究 [M].南京：河海大学出版社，2021.

[12] 李全彩，王玉梅.家庭教育的道与术 [M].徐州：中国矿业大学出版社，2020.12.

[13] 赵忠心.中国家庭教育发展史 [M].南昌：江西高校出版社，2020.08.

[14] 宋振财.家庭教育的九大误区 [M].长春：世界图书出版公司长春有限

公司，2020.12.

　　[15]中国青少年研究中心，刘秀英，孟娜.中国城市家庭教育社会支持研究报告[M].天津：天津社会科学院出版社，2020.12.

　　[16]李国强.家庭社会资本与青少年教育[M].湘潭：湘潭大学出版社，2020.08.

　　[17]皇甫军伟.家庭教育的捷径[M].桂林：广西师范大学出版社，2019.12.

　　[18]李靖娟.家庭教育百问百答[M].苏州：苏州大学出版社，2019.07.

　　[19]朱梅林.静待花开 家庭教育指导用书[M].北京：知识产权出版社，2019.09.

　　[20]（美）约翰·E.孔斯，（美）斯蒂芬·D.修格曼.教育选择 家庭的权利与责任[M].桂林：广西师范大学出版社，2018.12.

　　[21]邓俊峰.家庭教育[M].北京：中国国际广播出版社，2018.03.

　　[22]杨超.家庭教育指南[M].哈尔滨：东北林业大学出版社，2018.06.

　　[23]薛立新.家庭教育学[M].延吉：延边大学出版社，2018.03.

　　[24]胡敏，陈采霞.培养国际化人才 家庭教育的作为[M].北京：世界知识出版社，2018.07.

　　[25]高闰青.家庭教育 为孩子的成长打好底色[M].北京：清华大学出版社，2018.09.

　　[26]陈武民.家庭教育常见问题解答[M].北京：中国财富出版社，2017.09.

　　[27]毛煦静.教师的头脑+母亲的心肠 家庭教育随笔[M].上海：上海教育出版社，2017.11.

　　[28]孙景祥，孟婧彦.合格家长 小学生的家庭教育[M].长春：吉林文史出版社，2016.

　　[29]王极盛.做个合格家长 成功家庭教育的秘诀[M].北京：北京出版社，2001.09.